Le codex de Qumran

Du même auteur
à notre maison d'édition

- *La reine des sables, l'extraordinaire épopée de la Kahéna* (2021)
- *10 Commandements* (2019)
- *Les Bûchers d'Isabelle la Catholique* (2018)

Maquette : Bruno Vergnas

EAN : 9782367603254

Didier NEBOT

Le codex de Qumran

Encre d'Orient

ERICKBONNIER

Une présentation du roman
est disponible sur YouTube.

Flashez le QR_code

Pour le souvenir d'Henry Bonnier

Qui m'a fait confiance et

Qui aurait apprécié ce livre

Pour Le souvenir de mon cousin Michel Nebot

qui séjourna

au kibboutz de Be'eri

Pour le souvenir de ce grand compositeur qui a mis en musique, avec brio, mes textes sur le conflit israélopalestinien et sur les manuscrits de la Mer Morte

Mon amie Rachel m'a raconté l'histoire de sa mère :

De retour des camps en Tchécoslovaquie, chez elle en Pologne, elle s'est fait éjecter et violenter par ceux qui avaient pris possession de sa maison et de son jardin. On lui a dit alors : *« ou tu te casses, ou tu meurs. »*

C'est identique avec le Peuple Juif qui retourne sur la terre de ses ancêtres après 2000 ans d'exil. On lui refuse même le partage.

Samedi 7 octobre 2023 : Kibboutz de Be'eri

(À 5 kilomètres de Gaza)

Dans ce Ciel si obscur, le soleil allait mourir. Les couleurs de la vie n'étaient plus triomphantes, les musiques bientôt feraient entendre leurs souffles funestes. Le Prince des ténèbres, qui glaçait les sangs sur ce puissant désert du Néguev, marquerait leurs destins.

Rachel, Salomon et les autres ! En route vers le Grand Passage, vous ne vous doutiez pas que votre départ abrupt et définitif de cette terre allait broyer le cœur de ceux que vous aimiez. Tout serait d'une extrême déchirure, une explosion inimaginable.

Aux frontières de la folie, la bête immonde, ivre de haine, gagnerait la bataille et vos cœurs, asphyxiés par la peur, rejoindraient le pays des chimères. Vous ne pouviez pas survivre à cette monstrueuse attaque d'une barbarie inhumaine.

Rachel, Salomon et les autres ! Votre vol allait s'arrêter, vous rentrerez dans le sommeil définitif et profond de l'éternité. Vous rejoindrez les lointaines étoiles, bombardées d'un silence immuable. Vous ne vous lamenterez plus, vous n'entendrez plus le chant des oiseaux du matin et votre allée restera à jamais silencieuse. Vous ne verrez plus vos enfants grandir, vous n'aurez plus de projets, vous n'irez plus nulle part, il ne restera que votre passé pour les présents. La vie est faite d'arides montagnes et de chutes inattendues qu'il faut accepter.

Rachel, Salomon et les autres ! Les armes iniques, coupables et meurtrières, ne vous épargneront pas et la course éperdue des secours impuissants ne vous sera d'aucune aide. Le vide vous envahira et votre barque n'atteindra plus le rivage. Vos cris clameront leur douleur. Votre peine sera infinie, mais Dieu l'a décidé ainsi. Vous ferez le tour de l'île pour tenter de trouver le chemin du repos.

C'est près de cette triste, lugubre et froide frontière d'un désert aride, transformé par vos soins en un Éden d'espérance, que le Maître Unique a décidé de vous rappeler à lui. Il vous a accueillis parmi ses fils de justice car il a choisi vos belles âmes, vous qui avez vu sa droiture. Lors de la bataille finale, vous entendrez les trompettes de la victoire. Au milieu des Justes, vous apparaîtrez avec des cris de joie pour que triomphent le bon sens et la vérité, et alors plus jamais, il n'y aura de Folie.

Le ciel était si bas en ce jour très noir de ce si minuscule coin de paradis. Les fleurs du mal venaient de vous abandonner. L'espoir terrestre était vaincu, et la pluie ne cessait de tomber dans vos cœurs meurtris. Vous ne fûtes pas épargnés.

Dimanche 6 octobre 1946
Kibboutz de Be'eri

(77 avant moins un jour)

À LA CONQUÊTE DU NEGUEV

En ce jour de Yom Kippour, où tous les adeptes de la loi mosaïque de par le monde étaient en prière, Mendel Chouraqui était assailli de peurs, de doutes et d'angoisses. Serait-il à la hauteur du défi qu'il s'était presque lancé à lui-même. 2000 ans d'histoire l'observaient. Sur la terre de ses très lointains ancêtres, lui, le juif d'Algérie, simple fétu de paille dans cet univers infini, perdu dans cette Palestine en lutte, allait participer, à son humble niveau, à la reconquête du Neguev. À ses côtés, Gabriel Rosenberg, les yeux fermés, psalmodiait avec ferveur. Au milieu d'une foule de jeunes gens, la plupart sans châle de prière, les deux Algérois écoutaient les oraisons du rabbin dans cette salle improvisée qui jouxtait le réfectoire et qui faisait office de synagogue dans le kibboutz Beerot Yitzhak. Créé trois années plus tôt par des juifs réfugiés de Tchécoslovaquie et d'Allemagne, ce village collectif, situé tout près de Gaza, avait accueilli l'avant-veille une cinquantaine de jeunes gens venus du reste de la Palestine, sous mandat britannique.

L'arrivée impromptue de ce groupe de volontaires avait incité les responsables du kibboutz à trouver un lieu de prière plus vaste que la minuscule synagogue habituelle. Les femmes s'étaient activées dans la cuisine communautaire, toute proche, pour doubler les rations du repas qui suivrait la fin du jeûne. Elles avaient fait bon accueil à la belle Éva Moatti, infirmière de son état, jolie brunette aux yeux noirs perçants. Elle était l'arrière-petite-cousine de Mendel et il l'avait rencontrée, avec son frère Moshé Moatti, trois mois plus tôt à Jaffa aux portes de Tel Aviv, lorsqu'ils étaient arrivés d'Alger.

La vingtaine de camions ainsi que de nombreux véhicules personnels, entrés discrètement dans le kibboutz deux jours plus tôt, avaient été dispersés et camouflés dans les champs alentour à l'aide de bâches et de feuillages. Des tentes de fortune avaient été dressées pour permettre aux volontaires de passer la nuit. Tout avait été tenu secret, même les hauts dirigeants de la Haganah – le groupe de défense juive chargé de protéger les villages juifs des attaques arabes – n'avaient pas été informés de l'imminence de cette action d'éclat, pour éviter des fuites et que l'opération ne puisse être menée à son terme. Il fallait absolument que les Anglais ne se doutent de rien. Depuis les instructions draconiennes qu'ils avaient instituées dans le pays, les rapports avec les juifs étaient tendus. Pour s'octroyer les bonnes grâces des Arabes et éviter que ces derniers ne fassent le coup de force violent et meurtrier comme ce fut le cas dans le passé, les Britanniques avaient serré la vis aux survivants des camps nazis. Malgré leurs promesses maintes fois renouvelées, les soldats de sa Majesté leur avaient interdit l'accès en Palestine ou avec des quotas ridiculement bas, les empêchant de s'installer sur des terres qu'ils avaient pourtant légalement acquises. L'objectif des Britanniques : réduire le foyer national juif, promis par la déclaration Balfour de 1919, aux proportions d'un ghetto confiné dans une étroite bande de terre située ente Tel Aviv et Haïfa.

Le groupe de Mendel et Gabriel l'avait d'ailleurs échappé belle puisqu'un des lieutenants d'Avidor – le chef de l'équipe qui dirigeait tout depuis son quartier général situé dans le kibboutz voisin de Nir Am – s'était fait interpeller, avec deux de ses camarades, l'avant-veille par une patrouille anglaise. Ils plantaient des piquets en plein désert pour délimiter l'emplacement d'une des futures colonies. Intrigués, les Anglais les avaient amenés au poste de police de Beersheba, les questionnant pendant six heures. Les trois hommes s'en étaient bien sortis en prétextant qu'ils procédaient à une étude géologique du sol. On les relâcha, faute de preuve. Le chef de la petite expédition avait raconté ce pénible épisode au groupe. Oui, on se devait d'être prudent, tout pouvait capoter à n'importe quel instant.

Il avait fallu récupérer des chaises et des fauteuils un peu partout dans le kibboutz et les amener dans cette synagogue improvisée pour que chacun puisse s'asseoir et méditer en toute sérénité. Les livres de prière étaient peu nombreux ici et chacun se les partageait à tour de rôle. C'était parfait pour Mendel, qui, perturbé, avait beaucoup de mal à se concentrer et à lire. Il s'en voulait quelque peu de ne pas vraiment pouvoir se recueillir en ce jour de grand pardon, mais l'objectif était tellement important qu'il serait pardonné, pour peu qu'il y ait motif à pardon. Il regarda l'horloge qui trônait en hauteur sur un pan du mur de la pièce, elle indiquait 11 h 30. Dans à peu près une demi-heure, Moshé Moatti, son petit-cousin, serait parmi eux. Médecin du groupe, il était parti très tôt à Tel Aviv pour récupérer la série de médicaments et de pansements qu'il avait commandée et qui n'était pas encore prête. Malgré ce jour particulier où toute activité devait cesser, on les lui avait promis pour ce matin même. Alors faisant contre mauvaise fortune bon cœur, il était parti dans la nouvelle grande cité de ce Moyen-Orient tumultueux, les attendant patiemment, sans rien dévoiler de sa mission top secret au pharmacien, qui était pourtant un de ses amis.

Mendel observa Gabriel qui fit un petit signe de la main à Éva dans le coin réservé aux femmes. Il eut un petit sourire aux lèvres. Décidément, ces deux-là semblaient fort bien s'entendre, dire qu'ils se connaissaient à peine. Mendel du haut de ses 17 ans, se mit à penser aux incroyables péripéties qui les avaient conduits jusqu'ici. Trois mois plus tôt, ils étaient à Alger, fêtant encore la fin de cette terrible Seconde Guerre mondiale qui avait tout bouleversé. Au fur et à mesure que les nouvelles leur étaient parvenues d'Europe, ils réalisaient la chance qu'ils avaient eue. Le fait d'avoir subi mille brimades dans cette Algérie anti-juive était peu comparé à ce que leurs frères d'Europe avaient enduré. Les informations de ces camps de la mort étaient arrivées récemment en Afrique du Nord, on avait découvert avec incrédulité tout d'abord, ce que la rumeur disait depuis un certain temps, à savoir l'étendue des exterminations. Lors de la libération de Dachau par les Américains, le monde avait vu avec stupeur l'ampleur du drame. La solution finale décrétée par la bête immonde n'avait pas pu, bien heureusement, aller jusqu'à son terme. Les deux garçons, ainsi que la communauté juive, avaient vite pris conscience qu'ils l'avaient échappé belle. Le débarquement en 1942 des Alliés en Afrique du Nord, facilité par le mouvement de résistance algérois, cette extraordinaire opération Torch, à laquelle avait participé une majorité de jeunes gens juifs, dont Gabriel, les avait sauvés d'une mort programmée, là aussi par les nazis. On avait d'ailleurs retrouvé dans les bureaux de la préfecture d'Alger des sacs remplis d'étoiles jaunes que les collaborateurs vichyssois allaient faire porter à la communauté juive si les Alliés n'avaient pas libéré l'Algérie.

Gabriel avait maintes fois raconté avec une foule de détails comment lui et 400 autres jeunes de sa communauté, avec une poignée de chrétiens, avaient pris de manière presque inconsciente, la veille du débarquement américain, tous les points stratégiques d'Alger pour permettre aux Alliés d'arriver sans trop de casse. Mendel, trop jeune, n'avait pas participé à cette action d'éclat.

Les juifs d'Algérie avaient eu beaucoup de chance et trois ans plus tard, en 1945, au moment de cette libération salvatrice, même si l'antisémitisme n'avait pas encore abdiqué, cette communauté se sentait renaître. Mendel et Gabriel en avaient bien conscience et ce dernier, surtout, était animé d'une force étrange qui, il le sentait, aller l'inciter à oser des choses insensées, à soulever des montagnes même. Puisqu'il était libre maintenant que les nazis étaient éliminés, il avait soif de cette autonomie qui touche tant de jeunes et qu'il voulait apprécier par tous les pores de son corps. Son audace, que sa jeunesse lui permettait d'avoir de façon presque insolente, et son action héroïque lors de l'opération Torch lui avaient donné une assurance à nulle autre pareille et il voulait en profiter pour parcourir le monde… et le monde, pour lui, passait par la Terre Sainte. Une pulsion étrange l'incitait à s'y rendre.

Terrifiante histoire que la sienne dont il ne connaissait que les grandes lignes. Une partie de sa famille, originaire de Fastov, près de Kiev en Ukraine, avait été exterminée lors des pogroms de 1919 qui avaient secoué ce pays, en faisant des dizaines de milliers de morts. Ces massacres avaient eu lieu au cours de la guerre civile qui avait opposé les bolcheviks aux armées «blanches» fidèles au tsar. Pour eux, la Révolution russe était un complot organisé par les juifs. Il fallait donc les éliminer, car derrière chaque individu de cette race se cachait un communiste. Une phrase revenait sans cesse : *«Tuez tous les youpins, ce sont tous des bolcheviks»*. Les soldats « blancs » forçaient les portes des maisons, sortaient leur sabre et assassinaient tous ceux qu'ils croisaient sur leur chemin, sans distinction d'âge ou de sexe. Ils tuaient les vieillards, les hommes, les femmes et les enfants. Les cadavres s'entassaient sur le pavé des rues et dans les escaliers des maisons. Dans les trains les monarchistes forçaient les voyageurs à réciter un *Pater noster*, ceux qui ne connaissaient pas ces prières, étaient suspectés d'être des juifs, alors ils étaient torturés et jetés sur la voie. Des centaines de corps inertes jonchaient le côté des rails. Des paysans en furie rassemblaient les « *youpins* » sur la place centrale des bourgades et les abattaient à la mitrailleuse, devant des paysannes extasiées qui marmonnaient : *« Merci à toi Seigneur ! Ceux qui ont crucifié le Christ sont punis »*. Les juifs égorgés entendaient souvent leurs bourreaux hurler : *« Vous payez pour Trotski! »* Ce calvaire dura plusieurs mois.

Désemparés, ceux qui avaient eu la chance de survivre attendirent que l'orage se calmât et ils se réfugièrent dans des petits villages en Ukraine où, pensaient-ils, ils seraient plus en sécurité. Une fois le calme revenu, une autre catastrophe survint une dizaine d'années plus tard : la grande famine ukrainienne de 1932. Staline avait décidé de briser, par l'arme de la faim, les paysans qui s'opposaient à la collectivisation forcée de leurs biens. Ce fut dramatique, il y eut plus de trois millions de morts. Les juifs plus miséreux que les autres furent particulièrement touchés. Les parents de Gabriel périrent à ce moment-là, mais juste avant ils eurent le courage et l'intelligence de confier leur fils à un de leurs amis qui partait vers la France. Ainsi Gabriel, à 10 ans à peine, se retrouva à Paris, avec quatre autres adolescents qui avaient eu la chance d'en réchapper. Les institutions juives l'avaient placé dans une famille d'accueil qui se trouva être celle de Mendel à Alger. Le chagrin et le désespoir de l'enfant purent se dissiper quelque peu, car Madame Chouraqui mère lui prodigua toute l'affection qu'un gamin de cet âge est en droit d'attendre. Bien choyé, Gabriel s'intégra rapidement à sa nouvelle vie, même s'il parlait souvent de ses parents qui lui manquaient tant. Il s'entendait très bien avec Mendel pourtant de sept ans son cadet et qu'il considérait comme son petit frère. il était passionné par l'histoire juive en Palestine. En Ukraine, son père lui avait parlé de ce pays où coulaient le lait et le miel, que ses ancêtres avaient habité il y avait fort longtemps, et que certains de ses amis venaient de rejoindre pour fuir ces pogroms épouvantables. Il envisageait de le faire lui aussi au moment qu'il jugerait opportun, malheureusement la vie en avait décidé autrement. Nostalgique des rares paroles de son père, Gabriel s'était promis de faire sien ce souhait paternel. Maintenant que la guerre était terminée, il pouvait donc partir en Palestine et tenter la grande aventure avec l'espoir insensé de retrouver, pourquoi pas, des parents ou des proches.

Pour Maman Chouraqui et son époux cette idée était un peu folle. Les juifs originaires d'Algérie se trouvaient bien en France, même si le régime pétainiste les avait fait douter un temps. Maintenant que les vents mauvais s'étaient dissipés, une ère nouvelle de liberté et de sérénité les attendait dans ce beau pays, patrie des droits de l'homme, qui avait vaincu, grâce aux gaullistes et aux Alliés, les forces du mal. Par contre, monter en Palestine était concevable pour des juifs d'Europe centrale, souvent tout juste sortis des camps, et dont la plupart des membres de la famille avaient été exterminés ; on pouvait donc le comprendre pour Gabriel aussi, vu ses antécédents familiaux. Il était quasi impossible pour eux de retourner dans leurs pays d'origine qui les avaient rejetés et qui leur avaient tout pris. On avait même raconté l'histoire d'une malheureuse rescapée du camp de Gross Rosen en Tchécoslovaquie qui était rentrée chez elle en Pologne. Elle s'était fait éjecter et violenter par ceux qui avaient pris possession de sa maison et de son jardin, en lui disant qu'elle n'avait plus rien à faire ici et que le mieux était qu'elle parte en Palestine, sinon ils la tueraient.

Jacob Moatti

Gabriel avait fixé son départ pour Tel Aviv au premier juillet 1946. Il était libre de tout engagement, n'ayant fait que peu d'études, trop perturbé par la guerre, par son histoire personnelle et par ce *numerus clausus* imposé aux jeunes de sa communauté, dont il avait fait les frais. Mendel l'accompagnerait aussi ; à 17 ans, il n'avait plus envie de se remettre à étudier, alors ma foi, pourquoi ne pas voir si l'herbe n'était pas plus verte ailleurs. Ses parents réticents acceptèrent finalement en lui faisant promettre de revenir. Ils lui confièrent la mission de retrouver les descendants d'un arrière-petit-cousin, Jacob Moatti, parti en Palestine aux alentours de 1840.

Étrange et extraordinaire histoire qui à l'époque avait secoué toute l'Afrique du Nord. L'arrivée des Français en Algérie, en 1830, avait libéré les ardeurs de quelques centaines de familles juives qui avaient alors décidé d'émigrer en Terre Sainte. Une foule de raisons expliquaient leur départ : la peur de la perte de leur identité, avec l'arrivée de la France dans ce Maghreb obscur, et l'insécurité patente due à l'autonomie de certains territoires donnés à Abd el Kader, avec la crainte de nouveaux massacres comme ce fut le cas en 1835, à Mascara, où les troupes de l'Émir se livrèrent à de nombreuses exactions, entraînant la mort de plusieurs milliers de juifs.

Pour d'autres, c'était le désir, devant cette liberté nouvelle, de rejoindre la terre de leurs ancêtres pour être en harmonie avec les textes bibliques. Ne disait-on pas, régulièrement dans les prières « l'an prochain à Jerusalem », eh bien ce vœu pieux ne serait plus un vœu pieux, il deviendrait pour eux une réalité.

La famille Chouraqui d'Alger avait eu peu de nouvelles de Jacob Moatti, sinon que les débuts avaient été difficiles et qu'ils s'étaient installés à Safed, depuis plus rien.

Mendel et Gabriel étaient donc partis un beau matin de juillet en bateau pour Marseille, sous le regard anxieux de leurs parents à qui ils avaient promis de donner régulièrement des nouvelles. La poste fonctionnait correctement et la famille possédait un téléphone, dont Mendel connaissait le numéro par cœur.

Ils savaient que les Anglais avaient institué une politique draconienne concernant les juifs débarquant en Palestine, certes les deux Algérois étaient français et ils ne risquaient pas grand-chose. Mais par sécurité, ils avaient préféré utiliser le canal égyptien pour arriver jusqu'à Tel Aviv. C'était un peu plus long, mais plus sûr.

À Marseille donc un bateau les amena jusqu'à Port Saïd, où ils passèrent une nuit dans un petit hôtel meublé. L'angoisse qu'ils avaient pu ressentir en débarquant en Égypte se dissipa presque immédiatement, personne ne faisait cas d'eux. Drôle de nation quand même avec son roi Farouk qui, incompétent et corrompu, acceptait l'occupation de son pays par les Britanniques, du moment qu'il pouvait continuer à vivre dans le luxe. Le lendemain, ils furent étonnés de la facilité avec laquelle ils purent prendre le train pour Tel Aviv. Ils n'en menaient cependant pas large, mais le voyage fut étonnamment serein. Mendel se remplissait les yeux d'images qui, il le savait, le marqueraient pour toujours. Il fut impressionné, près d'El Kantara, en voyant ce mythique canal de Suez longer la ligne de chemin de fer. Ils traversèrent les villes de Ramâ, Bir el Abd, El Arich, Rafah, Khan Yunis, Gaza et arrivèrent à Tel Aviv, cette nouvelle métropole, au nord de Jaffa, si vive et grouillante, sortie de terre comme par miracle au début du XXe siècle.

Mendel émergea de la torpeur qui était en train de l'envahir en entendant les douze coups de midi qui sonnait à l'horloge du kibboutz. Spectacle insolite, étonnant et anachronique en ce jour de recueillement et de méditation. Le rabbin commença à lire le Livre de Jonas consacré à la valeur du repentir et tellement de circonstances en ce jour de pénitence. L'assistance était attentive, toutes ces femmes et ces hommes qui, depuis déjà plusieurs décennies pour certains d'entre eux, étaient arrivés dans ce pays, venant d'horizons si différents, en parlant mille langues, avaient eu beaucoup de mal au début à se faire comprendre. C'était une véritable tour de Babel. Eliezer Ben-Yéhouda, pionnier pragmatique mais aussi romantique du début de ce début du XXe siècle en ces terres si nouvelles et si anciennes à la fois, avait trouvé la solution. Il réussit à imposer l'hébreu, longtemps réservé aux cérémonies religieuses, comme langue vernaculaire pour se parler dans le quotidien. Ce fut une rude tâche qui suscita de vives oppositions, mais il gagna ce combat du renouveau juif.

Le français n'étant pas très prisé ici, Mendel et Gabriel durent se mettre à la tâche, consacrant plusieurs heures par jour à l'étude de l'hébreu, pour pouvoir parler correctement avec leurs frères de Judée.

Le rabbin continuait à raconter le calvaire sur le bateau de ce malheureux Jonas, montré du doigt par les autres marins, qui le jetèrent à la mer pour calmer la tempête dont il était, lui l'Hébreu, bien sûr le responsable. À ce moment, Moshé Moatti pénétra dans la synagogue, grand sourire aux lèvres, manifestement avec la sensation du devoir accompli. Il s'assit à côté de Mendel et Gabriel à la place qu'ils lui avaient réservée.

— Bravo pour la ponctualité, lui dit Gabriel à voix basse.

— Oui ! Voilà, j'ai tous les médicaments et les pansements que j'avais commandés, nous pourrons être tranquilles si quelqu'un a un problème. Je les ai mis dans la tente.

Il les entreposerait dès le demain dans la salle d'infirmerie du nouveau « village agricole » qu'il construirait avec tous les gens du groupe, si tout se passait bien. Sa sœur Éva l'aiderait dans cette tâche. Il avait prévu de rester plusieurs jours avec le groupe de pionniers, ensuite il repartirait dans d'autres lieux, pour d'autres actions. Il viendrait après régulièrement à Bé'eri, tel était le nom qui avait été choisi pour ce kibboutz tout neuf, ainsi que dans les dix autres kibboutz qui allaient voir le jour, en même temps, dans ce Neguev, en attendant qu'un autre médecin ou qu'une infirmière veuille bien rester, de façon définitive, dans la région.

Au bout de quelques minutes, il dit toujours à voix basse :

— Cette histoire de Jonas, inscrite dans la liturgie de Yom Kippour, est bien adaptée à notre situation. Voilà un homme responsable selon les marins, aux multiples origines, de tous les maux de la terre et surtout de cette tempête qui sévit et qui va les engloutir. Alors, ils le jettent par-dessus bord en signe d'expiation. Mais le pauvre Jonas n'est pas oublié par Dieu qui lui envoie une baleine, dans le ventre de laquelle il restera trois jours et trois nuits pour ensuite être recraché sur la terre ferme. Eh bien voilà, aujourd'hui, tel Jonas, le peuple juif est détesté et montré du doigt par les autres nations. Mais Dieu se souvient de lui et va l'aider à retrouver son indépendance et sa liberté, c'est ce qui est en train de nous arriver. C'est pour ça que j'ai suivi ici en Palestine, moi, dont les ancêtres sont venus d'Algérie il y a plus d'un siècle, les groupes juifs qui luttent pour leur indépendance.

Moshé avait rejoint les équipes de Ben Gourion qui était devenu le leader incontesté du mouvement sioniste remplaçant le vieillissant Haim Weizmann qui avait été humilié par les Alliés. La paix en Palestine avait été à portée de main en 1919, puisque l'Émir Fayçal, le fils du chérif de La Mecque, tout auréolé de ses victoires sur les Turcs, et Chaïm Weizmann, avaient signé, avec l'aval de la Grande Bretagne, un accord prévoyant la création de deux États : un pour la nation arabe et un autre pour les juifs, selon les principes de la déclaration Balfour.

Mais les Occidentaux ne tinrent pas parole, ils eurent peur de l'émergence d'un État arabe trop grand et trop puissant. Aussi à la conférence d'avril 1920 de San Remo, au moment du partage de l'Empire ottoman, grand perdant de cette Première Guerre mondiale, la France et la Grande Bretagne se partagèrent donc, sous forme de protectorat, les territoires arabes. Ils ne laissèrent à Fayçal, à son père et à son frère que des miettes. Ainsi l'accord entre Fayçal et Weismann ne put voir le jour, laissant un grand ressentiment tant auprès des Arabes que des juifs.

Encore plus grave, les Anglais nommèrent en 1921 comme Grand mufti de Jérusalem, Hadj Amine el Husseini, antisémite notaire à la haine viscérale indescriptible. Son pouvoir politique et spirituel était immense et son aura s'étendait dans tout le monde arabe. Il changea par ses actions violentes toute la donne moyen-orientale, en repoussant aux calandes grecques toute possibilité d'entente avec les juifs.

Inquiets devant la tournure des évènements et ne voulant pas s'aliéner le monde arabe si riche en pétrole, les Anglais, mandataires de la Palestine, changèrent de tactique. Ils publièrent en 1939 un livre blanc très favorable aux Arabes, limitant l'immigration juive. C'était une catastrophe pour les juifs, la déclaration Balfour était bafouée.

Mais cette discrimination draconienne et injuste loin de décourager le Peuple du Livre lui donna au contraire encore plus de force. Le vent de la liberté était en marche et rien ni personne ne l'arrêterait. Les 2000 ans de souffrance et d'humiliation étaient terminés et les mouvements sionistes organisèrent la résistance. Bravant l'interdiction, des terrains furent achetés, en utilisant les vieilles lois ottomanes qui n'avaient pas été abolies et qui permettaient ce genre d'initiatives. Ainsi purent-ils acquérir en toute légalité des terres, avec l'accord des propriétaires arabes ou turcs. Sitôt achetées, des étendues de terre abandonnées depuis des lustres étaient cultivées, par des hommes et des femmes pétris de ce nouvel idéal et à qui rien ne faisait peur, devant le regard étonné, envieux et courroucé des Arabes.

La tâche était immense et les juifs avaient compris qu'il fallait changer d'allié, les Anglais n'étaient pas fiables. Ils se tournèrent alors vers les États-Unis et l'importante communauté juive de là-bas. Mais la Seconde Guerre mondiale calma leur ardeur et ils se rangèrent, sans aucune hésitation, derrière la Grande Bretagne, remettant à plus tard leur désir d'indépendance. Dans un discours tragique et émouvant, David Ben Gourion n'avait-il pas dit : *« Nous ferons la guerre à Hitler comme s'il n'y avait pas de livre blanc, nous combattrons le livre blanc comme s'il n'y avait pas de guerre. »*

La fin de la guerre fut accueillie avec bonheur et le mouvement sioniste reprit son activité de plus belle. Moshé était très impliqué dans la lutte pour l'émancipation de son peuple, il avait assisté à de nombreuses réunions, il participait à toutes ces actions plutôt secrètes destinées, par la grâce de Dieu, à permettre la promotion bientôt d'un état juif. Il était un adepte de Ben Gourion qu'il avait rencontré à plusieurs reprises, animant une « cellule » à Tel Aviv. Il n'était pas partisan des actions sanglantes telles qu'elles l'étaient imaginées par certains groupes. Les juifs avaient trop souffert de la violence pour l'utiliser à leur tour. Peut-être son métier de médecin, sauveur de vies, même celles de ses ennemis, l'avait-il, influencé jusque dans son moi profond. Une phrase de Ben Gourion l'avait particulièrement marqué : « *La Première Guerre mondiale nous a apporté la déclaration Balfour, la Seconde nous apportera un état juif.* »

Les juifs de Moghrabi

Moshé était à l'aise partout et avec tout le monde. Véritable autochtone dont la famille vivait dans ce pays depuis plus d'un siècle, il maîtrisait l'anglais, l'hébreu, l'arabe et quelques mots de français. Il connaissait ses lointaines origines algéroises, mais c'était si vieux. L'histoire mouvementée de sa famille était digne d'un roman d'aventures avec de nombreux épisodes plus ou moins dramatiques. L'épopée multimillénaire du juif errant s'était retrouvée même lorsque les siens avaient rejoint la Terre Sainte en 1836. Après une traversée chaotique, l'arrière-grand-père de Moshé avait accosté à Saint Jean d'Acre. Ils étaient 456 hommes, femmes et enfants venant d'Alger constituant 143 familles. Ce chiffre était attesté par un document que gardait précieusement Moshé et qu'il s'était empressé de montrer à Mendel avec fierté. Tous avaient pris rapidement la direction de Safed dans le Nord de la Galilée, centre spirituel de la tradition kabbalistique, abritant les tombeaux des rabbins sépharades, Yosef Caro et Shimon Bar Yo'haî, vénérés depuis le XVIe siècle. Ce lieu légendaire, représentant l'une des quatre villes Saintes juives après Jérusalem, Hébron et Tibériade, situé à 900 mètres d'altitude, construit sur une vaste colline, était pour eux béni par Dieu et c'est là qu'ils souhaitaient se rendre. C'est de cette ville d'ailleurs, dans les temps très anciens, à l'époque du Sanhédrin de Jérusalem, que des feux étaient allumés de proche en proche pour annoncer la nouvelle lune et les jours saints. Les juifs « Moghrabi » (comme on les avait appelés ici) étaient fiers et heureux de retourner, après presque deux mille ans d'exil, dans ces si apaisantes collines de Galilée où poussent les grenadiers et paissent les moutons. Certes ici, à l'époque, le maître des lieux était encore l'Empire ottoman, mais cela ne changeait pas grand-chose, puisque l'Algérie où ils avaient vécu durant des siècles avait été elle aussi était sous la coupe de la Porte. Du moment qu'ils étaient acceptés, même s'ils devaient payer une dîme, qu'importait.

Pourtant, les ancêtres de Moshé n'eurent pas le temps de profiter bien longtemps de cette nouvelle douceur de vivre, puisqu'un violent tremblement de terre en janvier 1837 et les nombreuses exactions qui s'ensuivirent de la part des paysans druzes de la région les obligèrent à abandonner Safed et à se réfugier à Jérusalem. Mais ils n'étaient pas vraiment à l'aise, la cité Sainte, peu active, ne convenait pas à ces juifs algériens. Ils étaient différents de leurs coreligionnaires hiérosolymitains dont l'existence dépendait presque exclusivement de la charité consentie par les juifs de la diaspora. On appelait ça, la *halouqa*, c'est-à-dire la pratique de la collecte des dons au profit des juifs pieux, pour qu'ils puissent mieux se consacrer à la prière et à l'étude. Les ancêtres de Moshé patientèrent dans cette ville désolée, ne comprenant que quelques milliers d'habitants, juifs surtout. Le *Grand Dictionnaire Larousse* de 1875 indiquait pour Jérusalem, une population évaluée, quelques années plus tôt, à 20 000 habitants, composée de « *8 000 juifs, 5 000 musulmans, 3 000 Grecs, 1 500 Latins, 1 000*

Arméniens, 100 à 200 Syriens et Coptes. » Bien heureusement, en 1867, Jaffa devint la porte méditerranéenne de la ville Sainte, grâce à l'ouverture de la route carrossable venant de Jérusalem et la modernisation de son port. Alors, beaucoup de familles de « Moghrabi », originaires d'Alger, de Tlemcen, d'Oran et de Blida, partirent à Jaffa, prenant une part active au développement de la cité. Ils étaient marchands, négociants, commerçants et certains, petits malins, se recommandèrent de la France en demandant protection au consulat de France pour échapper à l'impôt ottoman. Ce nouveau dynamisme de cette morne contrée, dont le moteur était ces juifs sépharades, renforcés par l'arrivée de juifs ashkénazes fuyant les pogroms, attira des Arabes venant des régions voisines. Les arrivées s'accélérèrent rapidement puisque vingt ans plus tard, en 1899, Jérusalem comptait 70 000 habitants, dont 45 000 juifs.

Puis tout changea. Les Anglais remplacèrent les Turcs après la Première Guerre mondiale et la famille Moatti joua le jeu de la modernité, s'adaptant à cette nouvelle donne. Éva devint infirmière et Moshé, à la belle intelligence curieuse, fut médecin et surtout participa activement, avec les mouvements sionistes qui se développaient en Palestine, à l'organisation du futur État juif. Quant à l'Algérie, après quelques contacts épisodiques le siècle dernier, plus rien, l'oubli, juste la notion d'avoir une famille quelque part là-bas à Alger.

C'est presque par hasard que Mendel et Gabriel le rencontrèrent le surlendemain de leur arrivée à Tel Aviv. Ils s'étaient installés dans une petite pension de famille et ils n'avaient pas encore de but bien précis. Ils déambulaient dans les rues en admirant le paysage. Tout ressemblait un peu à Alger avec cette étrange sensation d'être comme chez eux. Ils admiraient la beauté de cette cité toute neuve, avec ses maisons à terrasse en forme de cubes, certes au milieu de vastes étendues encore non construites, sorte de terrains vagues aux zones non goudronnées et pleines de trous et de bosses. Ils avaient lu quelque part que la ville, édifiée sur des dunes, construites au milieu d'arbres subtropicaux et de nombreux jardins, était la première métropole du Proche-Orient de conception et de structure entièrement européenne. La vie y était riche, intense et l'Occident semblait s'imposer dans ces murs où planait toujours l'ombre nonchalante de cet Orient mystérieux et inquiétant.

Soudain Mendel tomba littéralement en arrêt devant une jeune fille. Elle ressemblait aux femmes de sa famille, même style, même genre, même traits du visage. Une intuition subite ! Elle s'arrêta aussi ! Il osa l'aborder, il avait vu juste, c'était Éva, sa petite-cousine, oui, ses ancêtres étaient bien d'Alger. Surprise mais ravie, elle les amena immédiatement chez elle à Jaffa où elle vivait avec ses parents et son frère, de dix ans son aîné, trop occupé par son métier et son implication politique pour avoir une vie privée.

Moshé rentrait d'une visite auprès d'un patient et ce fut comme une révélation. Le téléphone arabe fonctionna assez vite et Mendel découvrit une ribambelle de petits-cousins. Eva semblait la plus heureuse, manifestement Gabriel lui plaisait beaucoup, cela se voyait à l'œil nu. Mendel informa immédiatement par téléphone ses parents, là-bas à Alger, de cette belle découverte, avec l'espoir que tous puissent prochainement se retrouver. Moshé avait une grande maison qu'il partageait avec sa sœur et ses vieux parents, la place ne manquait pas et il insista pour que Mendel et Gabriel viennent chez eux. Maman Chouraqui, ravie, poussa un soupir de soulagement, elle était rassurée, son fils chéri n'était plus en terre inconnue.

Moshé parla de ses activités politiques et de l'opération de grande envergure à laquelle il participait. Enthousiastes, les deux Algérois acceptèrent de faire partie de l'équipe, même s'ils n'avaient pas de compétences particulières, on trouverait bien à les employer, il y avait tellement à faire pour monter ces kibboutz. Ils pourraient aider à la construction des maisons, à l'élaboration des barrières de sécurité ou même participer au nettoyage des lieux. Moshé eut quand même un peu de mal à les faire accepter. Les juifs d'Europe centrale menaient toutes les opérations de Palestine, que venaient faire ici ces Sépharades, des Arabes pour eux. Ils tiquèrent quelque peu. Mais Moshé était apprécié et reconnu et en tant que véritable autochtone, même si ses ancêtres étaient originaires du Maghreb. Il put convaincre ses amis ashkénazes de les prendre avec eux. C'était vraiment quelque peu injuste puisque les premiers à revenir en Palestine dans la première moitié du XIXe siècle étaient des juifs d'Afrique du Nord et des Balkans. Ils avaient apporté un sang neuf à ce pays, désertique et sauvage, vivant passivement essentiellement de mendicité. Ils avaient permis le développement d'une nouvelle économie moderne, faisant revivre les villes de Judée qui étaient à l'état de ruines. Ils furent surtout le rouage essentiel, par l'achat de terrains, l'obtention de permis de construire ou de transfert de fonds, permettant aux réfugiés de l'Europe de l'Est de revenir sur la terre de leurs ancêtres après 2000 ans d'exil. Sans eux, leurs frères ashkénazes n'auraient jamais pu s'installer en Palestine.

Mendel revint à la réalité du moment dans la petite synagogue du Kibboutz à l'instant où, le rabbin laissa sa place sur la petite estrade à Itzhak, le chef du groupe, qui avec émotion s'adressa à la petite assemblée :

— Je suis fier et ému de vous accueillir ici. À minuit, commencera la grande aventure. Avant de vous en parler un peu plus en détail, je voudrais vous citer le nom de Joël Moshé Salomon. Connaissez-vous cet homme ?

Quelques rumeurs dans la salle, mais sans plus, alors il poursuivit :

— Peu de gens le connaissent. Écoutez. Joël Moshé Salomon était un barbu un peu fou, disait son entourage. En 1878, alors que la Palestine était dirigée par l'Empire ottoman et que la population juive était plutôt constituée de religieux, cet excentrique, comme on disait à l'époque, encore habillé en *roubachka* russe et bottes qui montaient à la hauteur des genoux, avait décidé de créer en Palestine un village, où les juifs travailleraient, comme leurs ancêtres, la terre de leurs propres mains. Grâce au concours de juifs locaux originaires justement d'Afrique du Nord – il regarda à ce moment Moshé Moatti – qui servirent d'intermédiaire et avec deux de ses amis il acheta des terrains dans la plaine côtière, tout près de la rivière Yarkon. La région était infestée de marécages et elle sentait la mort de par les maladies qui ravageaient les populations arabes voisines. Il fit venir un ami, un médecin grec, pour lui demander son avis. Surplombant sur leurs chevaux la région maudite, l'homme lui dit : « *L'air est empoisonné ! C'est une vallée de la mort ! Fuis !* »

— Que fait-on ? demanda Salomon à ses associés.

— Essayons ! répondirent-ils.

Et dans cette vallée désolée naquit la première implantation juive où la vie fut difficile. Mais le pli était donné et après d'autres villages agricoles virent le jour, construits par des illuminés, comme on les appelait, ayant fui les pogroms de Russie, jusqu'à la création en 1909 à Degania, près du lac de Tibériade, du premier kibboutz alors que nous étions toujours sous l'ère ottomane.

Ce soir vous serez à nouveau des pionniers. La vie est dure pour nous les juifs en Palestine, les Anglais veulent nous empêcher d'exister. Depuis le 11 juillet, ils veulent nous briser avec le rapport d'Herbert Morrison. Ils refusent à nos frères rescapés des camps nazis de venir dans la terre de leurs ancêtres, il faut aussi redoubler de vigilance car le grand Mufti de Jérusalem, Hadj Amine, cet allié inconditionnel d'Hitler a toujours la même animosité envers les nôtres et il mène son combat depuis Le Caire. Mais le temps du juif persécuté et humilié est terminé et nous ne nous laisserons plus faire. Ce soir vous ouvrirez une nouvelle page pour notre peuple, aussi belle que celles que nos bâtisseurs d'antan avaient créées, tels Saul le roi d'Israël, avant qu'il ne soit rejeté par Dieu, conquérant notre terre promise contre les Philistins ou Gédéon combattant les Madianites.

Oui, ce soir, vous créerez avec dix autres convois, qui partiront à la même heure que vous de six autres lieux, onze nouveaux kibboutz dans ce désert inhospitalier, mais que votre courage et votre force sortiront de l'obscurantisme.

Onze nouveaux espaces communautaires, onze nouveaux kibboutz donc où tout sera mis en commun, où il n'y aura ni riches, ni pauvres, mais des hommes dont l'idéal sioniste permettra de partager les richesses. Si l'un a mal l'autre le soignera, si l'un a faim l'autre le nourrira. Le monde entier parlera dans le futur de cette foi nouvelle, basée sur l'idée d'un socialisme moderne, humain et éclairé. Vous donnerez une nouvelle vie à la terre de nos ancêtres que l'Éternel nous confie à nouveau. L'idée de Théodore Hertz, ce foyer national juif qu'il a tant souhaité de ses vœux et qui va permettre à notre peuple de renaître enfin, est en train de devenir une réalité. Théodore Hertz était considéré comme un illuminé. Prenant son bâton de pèlerin il avait parcouru le monde, expliquant son projet avec fougue au Kaiser Guillaume, au roi d'Italie, au pape, au Sultan turc qui l'avaient regardé avec un sourire condescendant. Ce malheureux pays, point noir de l'Empire ottoman en lente désintégration, n'appartiendrait jamais aux juifs. De là-haut notre Théodore doit bien sourire puisqu'il est en passe de gagner son pari.

Plus jamais de massacres, plus jamais de persécutions, plus jamais d'extermination. Voilà votre mission, vous les nouveaux bâtisseurs.

Vous avez besoin de toutes vos forces et de toute votre énergie pour ce combat de la paix. Je vous suggère de vous reposer sur les lits de fortune mis à votre disposition dans les tentes que nous vous avons installées dans les clairières voisines. Vous reviendrez une heure avant le choffar pour terminer ensemble cet office qui nous ouvrira les portes de l'espoir. Vive la Palestine nouvelle, vive l'Israël des temps modernes.

Tous se retirèrent, émus, pour dormir ou méditer. Mendel était trop excité pour fermer les yeux et attendre le sommeil, lire lui ferait le plus grand bien. Il avait pris un magazine récent écrit en anglais qu'il comprenait assez bien, consacré au Grand mufti de Jérusalem. Tant pis si ce n'était pas un livre religieux en ce jour Saint, Dieu lui pardonnerait certainement.

Il découvrit en détail ce qu'il savait superficiellement concernant cet homme qui avait bouleversé la donne au Moyen-Orient par sa haine des juifs. Hadj Amine el Husseini, tel était son nom, né à Jérusalem dans l'une des plus importantes familles de la région, possédait richesse et pouvoir. Il s'était rendu à l'université El Azhar au Caire, où il avait suivi des études religieuses. Il avait effectué très jeune le pèlerinage de La Mecque et il avait fait figure de nationaliste intransigeant. Il s'opposa aux Alliés lors de la Première Guerre mondiale en fomentant des troubles contre les Anglais. Il leur en voulait beaucoup, car ils avaient trahi la promesse faite aux Arabes de leur permettre d'avoir un Grand État arabe. Ils avaient même fait pire en permettant, par la déclaration Balfour, l'établissement d'un foyer national juif en Palestine. Il avait été l'initiateur de plusieurs grandes révoltes arabes contre les juifs. Voyant qu'il ne pouvait obtenir l'aide des pays communistes, la plupart de leurs chefs en Palestine étant juifs, Hadj Amine el Husseini se tourna vers le régime nazi dont il devint un fervent soutien.

Il mit en garde les populations musulmanes contre les Anglo-saxons. Il fustigea les groupes de pressions juifs américains et anglais, obstacles sur la route des populations arabes vers leur indépendance. Il accusa les juifs du Maghreb d'aider les agresseurs américains en leur servant d'espions. Il proposa à Ribbentrop et à Ciano d'appeler les populations du Maghreb à participer aux côtés des puissances de l'Axe à la lutte contre les Alliés, en créant une armée de libération maghrébine. Il proposa de lancer un appel à la révolte aux soldats maghrébins de l'armée française d'Afrique et aux différentes tribus de la région contre les troupes alliées.

À la fin de la guerre, il trouva refuge dans la région de Constance où il fut arrêté le 15 mai 1945 par les troupes françaises. En tant que soutien inconditionnel d'Hitler, en approuvant entre autres la solution finale, il semblait être voué à la corde. Mais il en réchappa, s'enfuyant de Paris, où il était en résidence surveillée, par avion le 28 mai 1946 en direction du Caire. Les Britanniques et les mouvements sionistes américains étaient furieux. Le gouvernement français dut prendre des sanctions à l'égard du préfet de police indélicat pour prouver sa bonne foi. Les Britanniques ne purent obtenir son extradition pour qu'il soit jugé en tant que criminel de guerre. Il reprit alors du Caire la direction du Haut Comité arabe avec la même haine contre les juifs, en jouissant toujours d'un prestige immense auprès des populations arabes, sans que son action auprès des puissances du mal lui soit reprochée.

Mendel referma le journal, il hocha de la tête, écœuré, en se disant : « *Deux mondes ! Deux visions différentes ! L'Orient contre l'Occident. Sans cet homme on aurait peut-être pu s'entendre avec les Arabes. Quel dommage* ». Il ferma les yeux et s'endormit.

La nuit de Be'eri

Vers 18 heures Gabriel le réveilla.

— C'est l'heure, lui dit-il

Ils rejoignirent la petite synagogue du Kibboutz pour les derniers moments de cet important jour de repentance. Avant de sonner du *shofar*, cet étrange instrument de musique ancestral fait avec une corne de bouc, marquant la fin du jeûne, l'officiant, dans son châle de prière bleu et blanc, s'adressa une dernière fois aux fidèles, avec une voix empreinte d'émotion :

—J'ai appris que parmi nous, il y avait des coreligionnaires originaires d'Algérie qui vont participer à notre beau combat. En leur hommage et en celui d'un très cher ami, qui vient de nous quitter en France et que j'ai connu avant la guerre lors de mon passage dans ce pays, chez lui, du côté de Saint Rémy de Provence, je voudrais vous lire l'extrait du verset 17 du psaume 118, inscrit en hébreu dans le vieux cimetière juif de cette petite ville de Provence, où il faisait bon vivre. Ce vieux champ mortuaire date du XVe siècle, du temps des juifs du Comtat Venaissin, lorsque le Pape vivait à Avignon, il est écrit : « *Je vivrai, et je raconterai les œuvres de l'Éternel* ».

Vous qui allez demain partir et construire le kibboutz de Be'eri, ce verset vous est dédié.

Il leva les mains au ciel et poursuivit : « *Ouvre-nous, ô Seigneur les voies et les portes du Neguev.* »

Des Amen, se firent entendre dans l'assistance, puis ce fut le cri de délivrance du *shofar* pathétique et anxieux à la fois. Tous se dirigèrent vers le réfectoire pour se restaurer et échanger quelques paroles d'encouragement. Chacun savait ce qu'il avait à faire, certains même ayant participé avant la guerre à de telles opérations, mais jamais onze d'un coup.

Mendel et Gabriel firent plus connaissance avec les autres membres du groupe, ils étaient arrivés d'un peu partout. Une fois le kibboutz construit, ils rentreraient chez eux à Tel Aviv, Jérusalem, Jaffa ou ailleurs, laissant les agriculteurs développer leurs kibboutz, avec des hommes de garde, dont la présence était nécessaire.

Il avait été décidé de créer onze implantations sous le nom de Bee'ri, Kedma, Gat-on, Nevatim, Tékouma, Shoval, Hatzerim, Mishmar-Hanéguev, Nirim, Kefar-Darom, Ourim. Tous s'étaient regroupés l'avant-veille de Kippour dans une demi-douzaine de villages agricoles préexistants, situés dans ce sud désertique de la Palestine, en bordure du Neguev et tous partiraient à minuit. Ils avaient bien conscience de participer à une extraordinaire aventure. Il fallait mettre les Britanniques devant le fait accompli, eux qui refusaient aux juifs de s'installer sur la terre de leurs ancêtres.

C'est Levi Shkolnik, qu'on appelait maintenant Levy Eshkol, qui eut cette incroyable idée en août 1946, malgré les réticences d'un certain nombre de dirigeants sionistes. Pour eux, une telle opération était trop risquée pour les hommes et pour le matériel, mais surtout on se mettait en porte à faux avec les Anglais qui auraient mis leur véto, avec, à n'en pas douter, de graves conséquences. Mais, il fallait le faire, la survie de tous était en jeu avant un éventuel partage de la Palestine par les instances internationales, comme la rumeur le disait, très défavorable aux juifs. Levy Eshkol était déterminé à agir, d'autant qu'il avait reçu l'appui de Golda Meir. Son plan prévoyait d'occuper onze sites stratégiques d'un coup au sud et à l'ouest de Beersheba, par des pionniers choisis parmi les meilleurs ouvriers de tous les villages agricoles de Palestine. Il était décidé d'installer des stations de pompage, avec les multiples tuyaux pour amener l'eau nécessaire à la consommation et à l'exploitation des kibboutz. Il avait recensé les différentes entreprises du pays. Elles allaient dans le plus grand secret préparer l'importante quantité de matériaux nécessaires à l'installation des nouveaux villages. Il fallait également mobiliser de nombreux volontaires, des camions, des voitures privées pour transporter tant les hommes que le matériel.

La réussite de l'opération ne pouvait se concevoir que si, peu de personnes en étaient informées. Le secret était total, même la direction générale des mouvements sionistes, de l'agence juive et de la Haganah ne furent pas mis dans la confidence. À ceux qu'on était obligé de renseigner pour des raisons logistiques, on indiqua une date erronée.

À minuit, le convoi s'élança de Beerot-Yishak sous les applaudissements et les encouragements de ceux qui restaient. Un sifflet annonça le moment du départ. Ce fut le même spectacle dans les six autres bases d'où partirent les onze caravanes pour chacune de leur destination. Plus de 200 camions, 400 pionniers, de nombreuses voitures particulières, 600 ouvriers se mirent en route vers ce chemin du renouveau. La route leur était ouverte par des unités de la Haganah armées qui patrouillaient devant chaque caravane. Le trajet ne serait pas bien long, la destination finale étant située, fonction du point de départ, entre quinze et cent kilomètres.

La gorge nouée Mendel, Gabriel et Eva étaient avec Moshé dans sa voiture particulière au milieu du convoi, constitué d'une trentaine de camions, autant de voitures individuelles. La marche était ouverte par les véhicules avec des hommes armés qui assuraient la sécurité. Tout allait bien, l'obscurité était totale, troublée par les seuls phares des autos.

— C'est incroyable, s'étonna Mendel, comment tout ça est-il possible ? Comment avez-vous pu tout prévoir ? Les matériaux, les hommes, l'eau, les armes et que sais-je encore. Il faut de l'expérience pour ça. Et en plus construire onze kibboutz d'un coup !

— Je vais t'expliquer, répondit Moshé, un petit sourire aux lèvres. Oui, pour comprendre, il faut remonter à l'année 1936, où tout bascula. Comme en 1920 et 1926, le Grand Mufti de Jérusalem avait lancé la troisième grande révolte arabe contre nous, une sorte de nouvelle guerre sainte. Accusant les juifs de profaner une propriété près du Mur des lamentations et de vouloir s'emparer du rocher d'où Mahomet s'était élevé vers le ciel, il souleva les foules arabes qui, déchaînées, dans une véritable atmosphère de guerre sainte, massacrèrent des centaines de juifs dans tout le pays, aux cris bien sûr de *morts aux juifs*, malgré l'intervention tardive des Britanniques. La terreur dura plusieurs mois.

Tout s'était arrêté, on n'osait plus sortir ou en convoi armé, surtout dans les campagnes. Sur les routes des embuscades étaient tendues par des hommes venant souvent de Transjordanie. Le pays était transformé en un véritable champ de bataille, les récoltes étaient brûlées dans les villages, malgré les gardes armés qui tentaient de les protéger. Dans les quartiers isolés des villes, des bandes de brutes sanguinaires tuaient aussi bien les hommes que les femmes ou les enfants. Aidés financièrement par les nazis depuis l'Allemagne, les soldats du Mufti menaçaient toute la vie juive de Palestine. Les nôtres résistèrent, sans jamais abandonner quelque position que ce soit, mais plus personne n'osait créer de nouveau village agricole. De nombreux jeunes pionniers venus des pays d'Europe de l'Est se morfondaient dans les villages côtiers, plus sécurisés, où ils attendaient des jours meilleurs pour pouvoir, à leur tour, cultiver la terre de leurs ancêtres. Il était exclu de leur faire prendre des risques et de leur permettre de s'aventurer sur ces terres désertes et incultes, où ils risquaient à tout moment de se retrouver face à ces tueurs de juifs.

— D'ailleurs, surenchérit Éva, dans la voiture qui roulait à allure modérée, à l'époque dans la presse tous les jours, on donnait le nom de ces malheureux qui avaient été assassinés. Nous avons encore à la maison les journaux qui relatent ces tragiques évènements, tu pourras les consulter plus tard si tu le souhaites. Je me souviens d'un ami de la famille, très courageux, qui avait été pressenti pour surveiller la région, dans un poste de garde isolé, tout près de la vallée de Beth-Shéan. Ils étaient deux, bien armés, pourtant le lendemain leurs corps furent retrouvés criblés de balles, tués en pleine nuit par ces sauvages.

— C'est horrible, coupa Gabriel. Il vous a fallu beaucoup de courage pour supporter tout ça.

— Oui, mais à quelque chose malheur est bon, toutes ces difficultés ont permis à un homme, Shlomo Goor, de trouver la solution et c'est indirectement grâce à lui que nous sommes là ce soir.

— Ah ! s'étonna Mendel.

— Oui, à l'époque pour pouvoir s'en sortir dans ces régions si hostiles avec ces bandes armées, il fallait que les villages soient construits en quelques heures, avec des moyens de protections immédiats. Shlomo Goor proposa à la Haganah un plan incroyable et qui fut appliqué. On utilisa des éléments préfabriqués à l'avance et montables en quelques heures seulement : des doubles parois de bois montées qui formaient la clôture et tout ce qui était nécessaire pour construire le nouveau village. On les érigea sur place, en peu de temps, en les remplissant de terre et de gravats, permettant une défense immédiate en cas d'attaque. En six heures ce premier village fut construit, et c'est cette technique que nous appliquerons ce soir.

À ce moment, il y eut subitement un crissement des pneus et le convoi s'immobilisa en plein désert, Moshé sortit de sa voiture pour voir de quoi il en retournait. Il revint quelques instants plus tard.

— Rien de grave, un camion est un peu enlisé dans les sables. Sur ces chemins mal balisés avec cette obscurité ça peut arriver, on va le sortir de là. On a besoin de quelques bras vigoureux. Mendel et Gabriel, venez !

À plus de quinze personnes, ils déchargèrent partiellement le camion pour le rendre plus léger et ils le sortirent de l'impasse dans lequel il se trouvait. Il fallut tout réintégrer ensuite dans le véhicule.

— Allez, vite. On a une heure de retard sur l'horaire prévu. Ce n'est pas grave, mais il faut faire vite maintenant. Heureusement nous sommes presque arrivés, nous avons la chance d'être non loin de Be'erot Yitzhak, ce n'est pas comme dans d'autres convois où ils doivent parcourir presque 100 kilomètres. À tous les coups leurs voyages doivent être plus compliqués que le nôtre, les arrêts plus fréquents avec des chemins également difficilement praticables. Je leur souhaite bonne chance.

Un moment plus tard ils arrivèrent à l'endroit choisi. Gabriel posa une question qui pouvait paraître naïve :

— Pourquoi avoir choisi ce nom de Bé'eri pour ce kibboutz ?

— En hommage à Berl Katznelson, répondit Moshé, un des dirigeants du courant socialiste du mouvement sioniste. Il est arrivé en 1909 de Russie alors que la Palestine était encore sous l'emprise de l'Empire ottoman. Il a participé à la création du grand syndicat des travailleurs, la Histadrout, dont il a dirigé le quotidien. Son nom de plume était Be'eri. C'était un intellectuel, l'idéologue de ce mouvement. D'ailleurs la plupart de ceux qui sont là aujourd'hui partagent ses idées de gauche sur la paix et le partage. Il est mort il y a deux ans et pour lui rendre hommage, on a donné son nom à cette nouvelle implantation. Voilà l'histoire.

Telle une ruche bourdonnante, chacun sachant ce qu'il avait à faire, l'équipe se mit au travail, Mendel et Gabriel avaient été désignés pour aider à la construction des baraquements et de la barrière de sécurité. Ils étaient jeunes, solides et soulever des matériaux était dans leur corde.

Le groupe des Irakiens n'était pas le moins zélé. Ils avaient tant à donner! Ils avaient fui leur pays d'origine où ils avaient subi en juin 1941 un terrible pogrom, faisant de nombreuses victimes. Ô divine surprise! Ces derniers descendants des juifs déportés à Babylone, après la destruction du premier Temple par Nabuchodonosor, retournaient en Terre Sainte, près de 26 siècles plus tard.

Avec comme seule lumière les phares des camions, on délimita le périmètre du camp, doublé bien entendu d'une haie de barbelés. Une première équipe installa immédiatement une haute clôture, faite de deux rangées de planches de bois en préfabriqué selon la technique mise au point avant la guerre par Shlomo Goor. Un groupe clouait les parois de la palissade, tandis que d'autres la remplissaient de sable et de cailloux. Mendel et Gabriel, à qui l'on avait confié une pelle à chacun, mirent la main à la pâte.

Éva, les autres femmes et quelques soldats de la Haganah avaient reçu des armes qu'elles avaient cachées pour surveiller les alentours, dans le cas de venues intempestives d'ennemis potentiels.

Au milieu du danger, les forces galvanisaient ces bâtisseurs d'un lendemain nouveau. Parfois l'un s'arrêtait quelques instants pour souffler ou boire un peu d'eau.

Au centre du kibboutz en voie de formation, une dizaine d'hommes amena la tour de garde qui les attendait dans le camion qui l'avait transportée. Hissée par des bras vigoureux, grâce aussi à plusieurs câbles qui se tendaient, elle se dressa fièrement dans les cieux. Elle servirait de mirador et, surtout pour les premiers jours, de tour d'eau, alimentée par les camions-citernes qui avaient fait partie du voyage.

Une autre équipe, un peu plus spécialisée, s'occupait de la dynamo et des bobines de fil. L'électricité était indispensable pour que ce lieu puisse commencer à prendre vie, un puissant projecteur avait bien sûr été prévu pour sécuriser l'endroit.

D'autres, plutôt charpentiers ou menuisiers d'origine, montaient au centre du futur village une salle à manger collective, avec bancs et tables de réfectoire, et une cuisine provisoire. Il faudrait bien nourrir tout ce petit monde. Tout autour on installa des tentes et des baraques dortoirs, là aussi construites en matériaux préfabriqués tel que l'avait imaginé Shlomo Goor. Plus tard ils affineraient ces lieux de vie, avec entre autres, l'espace pouponnière qu'il faudrait envisager pour le futur, l'essentiel étant que tout ça existe.

Il ne fallut pas plus de six heures pour que tout soit terminé. La conquête paisible du Néguev avait réussi. Ce fut une nuit sans sommeil, c'est vrai, mais avec la fierté d'avoir réussi un pari impossible. Le matin, la plupart prirent quelques heures d'un repos réparateur, avant de poursuivre leur travail, alors que d'autres continuaient la garde pour éviter toute éventuelle attaque de l'extérieur.

Une surprise les attendait aux aurores, les Bédouins des alentours découvrirent avec étonnement ces nouveaux arrivants. Ils s'approchèrent prudemment, mais contrairement à ce qu'on pouvait imaginer les premiers contacts ne furent entachés d'aucune animosité. Bien au contraire, ces nomades du désert acceptèrent avec aménité de prendre le café avec ces « *Yihoudi* » venus d'ailleurs. Mieux leurs enfants, vivant dans leur village tout proche, vinrent leur donner un coup de main pour finir l'installation du kibboutz.

« Belle image », se dit Mendel, « malheureusement trop rare. Pourquoi les autres Arabes ne mettent-ils pas, comme nous, toute leur énergie à bâtir plutôt qu'à détruire. »

Comble de l'ironie, les patrouilles anglaises découvrirent avec stupéfaction, durant la journée du dimanche, les onze kibboutz.

— Qui vous a donné le droit de vous installer ici ? demandèrent les officiers britanniques, soupçonneux.

— Nous n'avons besoin d'aucune autorisation, cette terre nous appartient, nous l'avons légalement achetée ! dirent les pionniers en montrant leur droit de propriété.

Après vérification les Anglais acquiescèrent et aucune colonie ne fut démantelée. Quant à la presse régionale, elle fit la une de ses titres en parlant avec enthousiasme de ces onze nouvelles implantations, qui allaient mettre en valeur des milliers d'hectares de sol aride de ce désert ingrat. Véritable digue protégeant l'intérieur du pays, elles pourraient s'opposer activement à d'éventuelles invasions ennemies.

Mendel resta encore un mois en Palestine, Gabriel comprit que cette terre était sa terre, il ne partirait pas, d'autant qu'il avait des projets d'avenir avec Éva. Maman Chouraqui enverrait ses affaires dans sa nouvelle patrie.

Que de beaux souvenirs pour Mendel à raconter, à son retour à Alger : régions inconnues découvertes subitement ! Nuits blanches pour ce cortège d'hommes et de femmes travaillant dans le noir, juste éclairés par le phare des voitures ! Fierté d'avoir été un pionnier sur la Terre de ses ancêtres !

Mendel rentra à Alger, les yeux plein d'étoiles. Il savait qu'il retournerait plus tard en Palestine. Pour l'heure, trop d'attaches l'empêchaient de quitter son Algérie natale. Quelques jours plus tard, il reçut de terribles nouvelles de là-bas. Gabriel lui annonçait que sa future, Éva Moatti, avait été assassinée, non loin de Tel Aviv, par un terroriste. Gabriel était en grande souffrance et il rentrait à Alger, il ne pouvait plus rester ici. C'était trop dur.

38 ANS PLUS TARD

20 NOVEMBRE 1984…
SUD EST DE LA FRANCE…

Sarah Attias ne s'imaginait pas que la pluie violente et sans concession sur cette portion d'autoroute lui serait fatale. Elle ne survivrait pas à cet effrayant accident de voiture.

L'asphalte fautif allait devenir son ennemi et la réanimation salvatrice arriverait bien trop tard.

Sarah ! Elle ne sera pas bien vieille, le soir, à la chandelle. Elle ne sera pas non plus, assise auprès du feu, dévidant et filant. Non, elle ne célébrera plus Ronsard du temps qu'elle était belle ! Elle ne cueillera plus dès aujourd'hui les roses de la vie.

C'est près d'une glaciale et cruelle halte autoroutière que Dieu a décidé de la ramener à lui.

Sarah repose dans le carré juif d'un petit cimetière dans le sud de la France… Loin du bruit… Au sommet d'une apaisante colline verdoyante…

21 novembre 1984... Marseille

Depuis hier, les pensées de Salmon Chouraqui étaient bizarres, ses oreilles bourdonnaient, les bruits étaient amplifiés, il vivait dans un halo opaque où tout semblait virtuel. Il possédait une sorte de connaissance exacerbée à l'extrême, jamais ressentie jusque-là. Il devinait par avance ce qu'on allait lui dire, visualisant des scènes qui se déroulaient un moment après.

Au départ de Paris, dans le taxi qui le conduisait à la Gare de Lyon, il savait qu'une Austin rouge y déposerait une jeune femme blonde chargée de plusieurs bagages et qu'il l'aiderait. Effectivement, après avoir réglé sa course, il aperçut la jeune femme blonde sortant d'une Austin rouge, traînant une grosse valise et un imposant sac à main. Il ne put s'empêcher, par courtoisie, de lui proposer ses services, qu'elle accepta volontiers. Dans le train, il eut la certitude que l'homme assis devant lui se lèverait et que les magazines situés dans le filet, juste au-dessus, tomberaient. Quelques secondes plus tard, la scène se déroula telle qu'il l'avait anticipée.

Il éprouvait un indicible malaise en se remémorant l'épouvantable rêve qu'il avait fait la nuit précédente. Il se trouvait sur la route dans le sud de la France, la visibilité quasi nulle, avec une pluie tenace et devant lui, une voiture à l'arrêt, sur une halte autoroutière, et une jeune femme qui en sortait. Présageant un danger imminent, il cria, la suppliant de se mettre sur le bas-côté de la route, elle ne l'entendit pas et fut renversée par un véhicule. Il se réveilla en sueur. Ce rêve semblait si réel ! Y penser lui donnait encore des frissons, il tenta de se rassurer : l'état second dans lequel il se trouvait était sûrement la cause de ce cauchemar.

— Imagine ! avait-il dit à Martine son épouse, la veille au soir en préparant sa valise. Je pressens l'avenir !

Elle eut un haussement d'épaules :

— Mon pauvre ami, tu dis n'importe quoi !

Il prêchait dans le désert. En fait, ces étranges sensations intuitives, si nouvelles, il les ressentait depuis la disparition de son père, Eliezer, quelques mois plus tôt. Le choc affectif brutal qu'il avait subi était vraisemblablement l'explication de cette incroyable hypersensibilité, qu'il n'avait jamais eue auparavant et que son rationalisme de médecin l'empêchait d'accepter réellement.

Dans le train, installé près de la vitre, il regarda le paysage défiler et médita en toute tranquillité. Cette année se terminait enfin, elle avait été particulièrement difficile et ne lui laisserait que de mauvais souvenirs. Il se rendait à Marseille pour la succession de son père. Sa mort l'avait profondément déstabilisé et le personnage apparemment fort qu'il était ne trouvait plus ses marques. Il se sentait fragile et vulnérable, son dernier rempart s'en était allé, et il réalisait qu'il n'était pas aussi « immortel » qu'il se l'était imaginé jusque-là. Le « *ça n'arrive qu'aux autres*», venait de voler en éclats et il entrait dans le monde du doute, qui lui était jusqu'alors inconnu.

Les yeux fermés, une vague de nostalgie le submergea. Marseille ! Cette arrivée en catastrophe en 1962 dans cette ville, avec ses parents et son frère, après avoir tout abandonné à Alger. Certains, peu nombreux, après quelques années en France, étaient partis en Israël dans les années 70, tel était le cas de Mendel Chouraqui un petit-cousin lointain et qui avait décidé de faire son Alya. Salmon le connaissait mal, il ne l'avait vu que deux fois, lors de fêtes familiales. Il était un peu le héros de la famille, on disait qu'il avait participé à la construction d'un kibboutz mythique dans le nord du Néguev en 1946, qui avait résisté, avec les armes de l'espoir, aux coups de boutoir portés par les armées arabes lors de la guerre de 1948, après que l'ONU ait reconnu l'État d'Israël. Isolé pendant plusieurs mois du reste du pays, ce kibboutz avait tenu coûte que coûte, un peu comme fort Alamo en 1836, assiégé par les Mexicains lors de la guerre avec les États-Unis. Mais là, « les juifs » s'en étaient bien tirés et Be'eri, tel était son nom, s'en était miraculeusement sorti, lorsqu'enfin la petite armée de ce minuscule nouvel État avait pris le contrôle de la région. Les habitants l'avaient échappé belle.

Il avait fallu du courage pour partir si loin ! Non, Salmon et ses parents, sans se poser quelques questions que ce soient, avaient opté pour Marseille. Israël n'était pas à l'ordre du jour, même si ce territoire, tant attendu par les juifs, souffre-douleur de l'humanité depuis deux millénaires, leur permettait de retrouver une dignité qu'ils pensaient perdue à tout jamais.

Ils étaient français et partir dans un nouveau pays, même si c'était la terre de leurs lointains ancêtres, n'était pas concevable, ils n'y pensèrent d'ailleurs même pas. Salmon se souvint de ce départ violent et ces derniers jours horribles qu'il avait passé à Alger. Tout était inscrit dans le détail dans son esprit et remontait là, aujourd'hui, à la surface. Quelle souffrance !

Il se souvenait de ce mercredi 9 mai 1962 où il venait d'avoir 18 ans. Alger était sans-dessus dessous, les attentats succédaient aux attentats, les rébellions aux rébellions. Le pouvoir gaulliste ne pouvait accepter la contestation violente des pieds noirs et il avait décidé de leur rendre la vie impossible, de broyer leur volonté pour qu'ils acceptent, de gré ou de force, la valise ou le cercueil.

Ce jour-là, l'armée avait bouclé le quartier Michelet où il habitait avec sa famille, et elle l'avait pris, puis enfermé, avec tous les hommes de 18 à 50 ans, dans un camp pour une hypothétique « vérification des identités ». Les adultes avaient été relâchés le lendemain, mais les autorités avaient gardé les jeunes de 18 à 22 ans pour surveiller leurs activités.

Salmon, avec une centaine d'autres jeunes, avait été transféré à Camp du Maréchal en grande Kabylie. Il avait ressenti un grand désarroi. Il était perdu, il allait mourir là-bas. Ce n'était plus le juif, maudit, atteint comme ses ancêtres avaient pu l'être, mais l'adolescent anonyme pris dans un piège malhonnête, où il n'était plus qu'un numéro qui n'avait le droit que de se taire. Ce garçon brillant, studieux, n'ayant participé à aucun acte répréhensible, dont les études de médecine venaient d'être brutalement interrompues, attendait le bon vouloir d'un pouvoir inconscient du mal qu'il faisait.

Quelle humiliation ! L'histoire se souviendrait-elle de ces moments noirs et peu glorieux de l'État français ? Et dire qu'on les traitait de colons ! Des colons, les petits maçons espagnols ? Des colons, les marchands de légumes maltais ? Des colons, les juifs persécutés et méprisés par l'Islam depuis tant de siècles ? Non, les métropolitains n'aimaient pas « les colons », ce mélange anachronique de métèques et d'excités coloniaux, ayant exploité les malheureux arabes. C'était le chaos à Alger, les facultés étaient fermées, les commerces avaient mis la clé sous la porte, les uns après les autres. Les gens, bercés d'illusions par les premiers discours des politiques, avaient mis du temps à comprendre que tout était fini et nombreux étaient ceux qui étaient partis avec juste quelques affaires. Pourquoi De Gaulle avait-il abandonné les Français d'Algérie, après leur avoir promis monts et merveilles ?

La seule lueur d'espoir dans ces moments obscurs, là-bas dans ce bout de Kabylie, était la lettre que lui avait donnée Sarah Attias, son premier amour, partie l'avant-veille avec ses parents à Marseille. Il la lisait régulièrement, en s'isolant, pour éviter le regard surpris de ses compagnons de chambrée, devant les quelques larmes qui perlaient sur ses joues :

« *Tous les soirs, quand la lune passera au-dessus de la montagne, je la regarderai, et je serai avec toi. Tu la regarderas, toi aussi, ce sera notre manière d'être ensemble et puis peut-être un jour nous nous retrouverons là-bas, à Marseille.* »

Les bruits les plus insensés avaient couru dans le camp : Les sursis seraient supprimés, finies ses études ! Salmon était resté plus de quinze jours ainsi, sans nouvelle de qui que ce soit, se doutant de la peur de ses parents.

Six inspecteurs de la D.S.T. arrivèrent de Marseille pour questionner les prisonniers. Les premiers interrogatoires durèrent une heure, puis ils diminuèrent : une demi-heure, un quart d'heure, cinq minutes. Les jeunes internés apprirent que ces policiers avaient été amenés subitement par avion pour s'occuper d'une centaine de « tueurs » notoires. Ils s'aperçurent bien vite qu'il n'en était rien et qu'on les avait trompés sur le compte de ces malheureux garçons qui n'avaient rien à faire ici. C'est ainsi qu'ils furent libérés rapidement et qu'ils regagnèrent, non sans mal, Alger.

Ne pouvant dire adieu aux tombes de ses ancêtres, prisonniers à tout jamais d'un oubli définitif, Salmon Chouraqui rejoignit la France trois jours plus tard. Les sanglots éperdus et les douloureux soupirs des premiers jours laissèrent rapidement la place à un soulagement salvateur et une quiétude bienveillante. Le jeune adulte passa presque subitement de l'ombre à la lumière. Qui aurait pu s'imaginer que ce malheureux garçon à l'avenir compromis retrouverait si vite son équilibre. Rien n'était perdu, il pourrait passer ses examens en septembre à Marseille. Il en irait tout autrement pour les adultes. Ils avaient tout abandonné et l'adaptation à cette nouvelle vie serait plus difficile.

Salmon revint à la réalité du moment en entendant la voix anonyme du haut-parleur du train annonçant l'arrivée dans la capitale phocéenne. Le ciel était gris, l'orage menaçait. Quelle triste journée ce 21 novembre ! Une étrange crainte le tenaillait. Il avait besoin de se changer les idées, ses rendez-vous n'étaient que pour le lendemain, aussi après avoir déposé ses affaires dans la chambre d'hôtel qu'il avait réservée, il se rendit devant l'immeuble où il habitait avenue du Prado. L'appartement était toujours là, il semblait l'attendre. Pourquoi ne pas sonner et revoir la chambre qu'il occupait avec son frère. Un instant d'hésitation et finalement il y renonça. À quoi bon !

Ses pas le menèrent un moment plus tard, devant le parc Chanot, sur le banc où il couvrait de baisers Sarah Attias, son premier amour. Il pensa à leurs retrouvailles émouvantes à l'aéroport de Marignane. Elle s'était jetée dans ses bras, en larmes, la nouvelle de sa libération de Camp du Maréchal avait rapidement fait le tour de tous ses amis et plusieurs d'entre eux, dont Sarah bien sûr, étaient venus l'accueillir comme un héros. Finalement leur séparation n'avait duré, bien heureusement, que 2 petits mois et ils décidèrent de rattraper le temps perdu… en flirtant toute une année. Après cette guerre sordide ils avaient besoin de revivre ! « *Je suis si bien avec toi*, lui avoua-t-elle, *encore mieux qu'à Alger lorsque tu m'enlaçais avec tant de fougue au parc de Galland. Tu sais, lui avait-elle confié un jour en passant devant la devanture d'un bijoutier, si nous devons faire notre vie ensemble, tu m'offriras la plus belle des alliances qui soit, toute en or, incrustée de pierres précieuses.* »

Il continua sa balade nonchalamment et entra dans un café pour y prendre une boisson. La télévision était allumée, on y passait une émission consacrée à Richard Anthony, avec en toile de fond sa chanson fétiche : *Et j'entends siffler le train*. Salmon eut un frisson nostalgique, il ne put s'empêcher de penser à Fontaine-de-Vaucluse où il avait entendu pour la première fois cette mélodie en marchant main dans la main avec Sarah, alors qu'ils venaient tout juste de rentrer d'Algérie. Pour lui, cette merveilleuse petite ville provençale, Richard Antony et Sarah étaient à tout jamais reliés entre eux, tels les liens du sang.

Sarah ! Il ne l'avait connue qu'une année. Un an plus tard il était parti à Paris avec ses parents et n'avait plus jamais eu de ses nouvelles. Sarah ! Elle était si belle avec ses yeux si verts ! C'était l'époque heureuse. Il se sentit oppressé et retint difficilement ses larmes. Il aimerait bien la revoir, mais elle devait être loin et il n'avait même pas son adresse. Assez ! Il s'obligea à penser à autre chose. Un crochet à la faculté de Médecine où il fit ses premières armes lui ferait le plus grand bien. De délicieux souvenirs lui revinrent en mémoire : des soirées animées entre copains de faculté, tous futurs carabins, au café place Castellane. Parfois se mêlaient à eux quelques étudiants et étudiantes en droit ou lettres, dont deux souhaitaient devenir écrivains… Ils étaient fous, ils voulaient refaire le monde !

Après une nuit paisible, l'esprit complètement libre, Salmon fut attiré, devant le kiosque à journaux, par un journal régional qui, en première page, décrivait un accident qui s'était produit la veille à une halte autoroutière. Une jeune femme, sortie de son véhicule, avait été victime d'un accident mortel. Intrigué, il acheta le magazine, il était interloqué, c'était son rêve ! Dans les moindres détails ! L'article ne donnait pas l'identité de la défunte. Incrédule, il relut plusieurs fois, non il ne s'était pas trompé, c'était exactement le rêve qu'il avait fait la veille de son départ.

Le lendemain, ses affaires réglées, il rentra sur Paris, obsédé par l'accident du journal. Les jours suivants, il eut de nouvelles visions, concernant essentiellement le sacré et les religions.

C'en était trop pour son esprit de scientifique, peut-être faudrait-il consulter un « psy » pour tenter d'y voir plus clair. Il hésita, aurait-il le courage de lui parler de ces invraisemblances ? Finalement, le hasard mit sur sa route un étrange personnage versé dans le paranormal.

Il se retrouva, quelques jours plus tard, rue Richelieu dans un des hauts lieux de l'ésotérisme français. Paul, mi-cabaliste, mi-bouddhiste, maniait l'hébreu à la perfection. Sur son bureau trônaient des gravures du Temple de Salomon, des parchemins anciens écrits en araméen, un peu partout des pendules et des images sacrées : Le Mont Sinaï, Moïse, Les Dix Commandements. La pièce était sombre, baignée de vapeurs d'encens. Paul n'était pas à proprement parler un voyant doué de clairvoyance, mais une sorte de guérisseur qui apportait aide et secours aux âmes défaillantes venant le consulter. Salmon semblait gêné, ce milieu, cette atmosphère lui était étrangère. Il ne put s'empêcher de penser à la tête de certains de ses amis. S'ils le voyaient, ils douteraient de son équilibre.

Devant son étonnement, Paul lui fit un véritable cours magistral sur ce monde occulte mal connu et géré bien souvent par des charlatans, qui desservaient les sciences ésotériques. Pour Paul la voyance n'était pas un jeu, ni une discipline de salon, elle devait être étudiée avec sérieux et il fallait se méfier des manipulations qu'utilisaient certains professionnels de cette « science ». La voyance n'était pas un don, mais un état en soi que tous les êtres ont potentiellement en eux et qu'ils pourraient assez facilement développer.

En ce qui concernait Salmon, le choc dû à la mort de son père lui donnait une ouverture sur l'inaccessible. Mais attention put conclure Paul : *« Le vrai voyant n'a pas de certitude, ce n'est hélas pas souvent le cas. Ceux qui s'imaginent posséder ce pouvoir se prennent parfois pour des êtres supérieurs et même des élus. Certains manquent totalement d'humilité, alors que tout peut s'arrêter du jour au lendemain. »*

Paul voulut lui faire quelques prières, afin de retrouver la sérénité qu'il avait perdue. Mais ce n'était pas ce discours que Salmon désirait entendre, il n'avait pas besoin d'être rassuré, il voulait seulement comprendre pourquoi il avait cette perception du futur, pourquoi ces prémonitions, pourquoi ce rêve sur cet accident.

Paul sourit :

— J'ai reçu de nombreuses personnes avec des visions similaires aux vôtres, j'ai élaboré une théorie sur le temps et j'en conclus qu'il n'existe pas.

— Je ne comprends pas, dit Salmon.

— Oui, il n'y a pas de temps en soi. C'est l'esprit qui traverse le temps et pas le corps.

— Désolé, je comprends encore moins.

— J'ai reçu, poursuivit-il, il y a un certain temps en consultation un homme, terrorisé, il avait fait cinq fois le même rêve. Il achetait un matin un journal et y lisait : accident en vol, deux avions se sont heurtés. 350 morts. Tout semblait si vrai qu'à chaque fois il se réveillait en sueur.

Salmon le coupa :

— Exactement comme mon rêve sur cet accident de voiture. Au réveil j'étais dans le même état.

— Peut-être. En tout cas notre homme était tellement troublé qu'il en informa tous les aéroports et même le ministère des transports.

On enregistra ses déclarations, mais que pouvait-on faire ! Quelque temps plus tard, il acheta un journal, et lut :

« *Accident en vol, deux avions se sont heurtés. 350 morts* ».

Il poursuivit :

— C'était son rêve. En fait, il n'avait pas vu la catastrophe aérienne mais simplement le journal relatant les faits. En parcourant la liste des passagers, il comprit qu'une de ses connaissances était parmi les victimes. Des exemples de cette nature, j'en ai connu beaucoup, ils signifient que le futur était perçu à l'avance et qu'en fait il cohabitait avec le présent et le passé. Dieu a tout créé en même temps. Tous les événements qui vont se produire cohabitent : le passé, le présent et le futur.

Difficile pour Salmon d'intégrer ces paroles. L'homme parlait le regard dans le vague, les mains à plat sur sa table de travail. Il se dégageait de sa personne (une immense carcasse d'un mètre quatre-vingt-douze avec une belle barbe blanche fournie) une force et un détachement que l'on devinait chez les moines bouddhistes. À ce moment son téléphone sonna, il s'excusa, il devait répondre à une de ses clientes qui l'appelait des États-Unis. Salmon en profita pour fermer les yeux et digérer les informations qu'il venait de recevoir. N'était-il pas en train de délirer ? Que faisait-il dans cette pièce exiguë avec cet homme qui n'était absolument pas de son monde. Il n'eut qu'une hâte maintenant : partir. L'homme raccrocha, Salmon lui fit part de sa fatigue et de son besoin d'assimiler ce qu'il venait d'apprendre, avant d'écouter quoi que ce soit d'autre. Le voyant semblait contrarié, il avait à peine effleuré sa théorie sur le temps par rapport à la croyance que nous avons en Dieu. Salmon ne savait pas comment s'en sortir et sans bien réaliser, accepta le rendez-vous qui lui était donné pour la semaine suivante.

Il quitta l'appartement mal à l'aise et s'installa à une terrasse de café. Là, comme poussé par une force étrange, il écrivit une phrase incompréhensible :

*« **Novembre 1984 :***

Il y aura une nouvelle circonstance exceptionnelle, elle se terminera un premier avril. Ce sera un samedi. Samedi premier avril avant Pâques et… Jésus. »

Il relut plusieurs fois cette phrase insensée. Que voulait-elle dire ? Il faudrait qu'il puisse se confier à quelqu'un. Martine s'était gaussée lorsqu'il lui avait parlé de ce don nouveau. Prenant son courage à deux mains, il s'ouvrit à elle : le rêve sur l'accident, les prémonitions, la peur de passer pour un illuminé. Miracle, elle le comprenait, le rassura et l'entoura avec affection. L'angoisse de Salmon se dissipa et le lendemain il décida d'annuler son rendez-vous avec Paul, le thérapeute. Ce dernier était déçu :

— Mais nous n'avions pas fini notre conversation. Je devais vous expliquer pourquoi le temps n'existe pas, ou plutôt pourquoi le passé, le présent et le futur cohabitent dans l'autre monde, ce qui explique les rêves prémonitoires, dont le vôtre. Pourquoi aussi certaines personnes peuvent ressentir à l'avance des situations qui vont se produire un peu plus tard.

Paul chercha à le séduire par quelques phrases qui avaient un goût de mystère. Mais Salmon ne se laissa pas convaincre. D'ailleurs, il n'avait plus de prémonitions. Les sensations intuitives sur ce qui va « arriver » ne le touchaient plus. Il avait peut-être côtoyé le paranormal, mais c'était terminé.

SEIZE ANS PLUS TARD

1er MARS 2000 : ELIEZER - LINE

Carré juif d'un petit cimetière dans le sud de la France… Loin du bruit… Au sommet d'une apaisante colline verdoyante…

« Salmon Chouraqui, ils t'attendent » déclara la voix de l'ange.

Salmon, accompagné de Solange et de son mari, s'avança vers la tombe de son père. Une date y était inscrite dans le marbre, celle de l'année de sa mort : 1984. Juste au-dessous, une seconde inscription avec le prénom de ses parents et la date du jour de leur mariage :

ELIEZER- LINE
19 mars 1942.

Il déposa délicatement sur la tombe un modeste bouquet de roses, un immense sentiment de tristesse l'envahit. Solennellement Solange lui donna l'alliance qu'il déposa sur la stèle, ainsi qu'un exemple d'un des livres qu'il avait écrits : La Porte du ciel.

Son regard se déporta sur la gauche en direction d'une autre tombe reposant sur une pierre instable. On y lisait en lettre de feu le nom de NELLY.

À ce moment, le portable de Salmon retentit, Yaël, sa fille, lui annonça qu'il allait être grand-père, mais la sonnerie du téléphone fut remplacée par une sirène annonçant le bonheur, les cloches carillonnèrent. Elles étaient quand même un peu trop insistantes et commencèrent à être gênantes.

Salmon se réveilla en sursaut. Il n'y avait pas de cloche ! Le bruit strident de la radio programmée à sept heures venait de sonner.

Salmon était en sueur. Il s'agissait d'un cauchemar ! Son père, dans un cimetière du sud de la France, alors qu'il était enterré à Paris ! Une alliance sur une stèle en rapport avec la date du mariage de ses parents qui avait eu lieu… près de 60 ans plus tôt à Alger ! Sa mère toujours vivante, dont le nom était inscrit sur une épitaphe ! Son livre *La Porte du ciel*, sur une tombe ! Nelly sa future compagne, morte ! Quel étrange mélange ! Avec fébrilité il prit son téléphone posé sur la table de chevet et appela Nelly, malgré l'heure plutôt matinale pour elle.

« *Non ! Tout va bien* ». Il bredouilla quelques mots d'excuse, il était inutile de lui parler du rêve et de l'affoler, pourtant il semblait si vrai !

Il tenta de reprendre ses esprits. Il était très perturbé depuis quelque temps, constamment hanté par la vision de cette patiente morte sur la table d'opération, trois semaines plus tôt, alors qu'il n'avait pas encore commencé l'intervention. Choc brutal, imprévisible avait révélé l'autopsie, sans aucune responsabilité du corps médical.

Depuis cet accident, Salmon était mal. Même s'il n'avait rien à se reprocher, il se sentait responsable de cet échec, un tel drame ne lui était jamais arrivé auparavant. Il devait prochainement se rendre auprès de sa compagnie d'assurances pour expliquer les circonstances exactes de l'accident. Là était certainement l'explication de ce cauchemar, où le médecin qu'il était avait mélangé des situations qui n'avaient rien à voir les unes avec les autres. On ne contrôle pas ce qui peut arriver durant son sommeil. Ce rêve lui rappelait un peu celui qu'il avait fait en 1984, où une femme s'était fait écraser par une voiture et qui était une réalité.

Il était quand même inquiet. Il devait opérer Nelly le lendemain ! Était-ce un mauvais présage ? Il l'avait rencontrée quelques mois plus tôt à son cabinet. La salle d'attente de la clinique était comble alors, plusieurs praticiens, toutes spécialités confondues, consultaient et une dizaine de personnes attendaient leur tour. Près de la fenêtre se tenait une jolie brunette aux yeux rieurs et délicats qu'il avait remarquée immédiatement. Elle correspondait à son style de femme.

— Madame Wolf ! avait-il dit à la cantonade.

La petite brune s'était levée. C'était pour lui ! Ravi, il l'avait introduite dans son bureau et complété sa fiche.

— Votre nom s'épelle bien W. O. L. F, Madame ? avait-il questionné avec un grand sourire.

— Oui Docteur, Nelly Wolf, avait-elle répondu d'une voix sensuelle.

Salmon était resté silencieux.

— Un problème, Docteur ?

— Non, non. Vos Yeux me rappellent quelqu'un que j'ai connu il y a fort longtemps, Sarah Attias. C'était à Marseille on rentrait d'Algérie.

— Moi, c'est Nelly.

— Bien sûr, mais vous avez les mêmes yeux !

Son regard insistant le gênait.

— Excusez-moi, je ne sais même pas pourquoi je vous parle de cette histoire, qui n'a rien à voir avec vous, poursuivit-il.

Une sorte de complicité s'était installée immédiatement entre eux. Lui, habituellement si pudique s'était surpris à dévoiler quelques bribes de sa vie privée. Son divorce difficile et la solitude qui s'était ensuivie. Il n'avait jamais pu retrouver quelqu'un avec qui il pourrait reconstruire, bien sûr quelques aventures de-ci de-là, mais rien de bien sérieux. Certes sa fille était encore à la maison, elle avait choisi de vivre avec son père, mais bientôt il serait seul. Elle finissait ses études et dès juillet elle s'installerait avec son petit ami, dans le petit deux-pièces, qu'il lui avait acheté. Il appréhendait cet instant de vérité. Pourtant, il ne désespérait pas, il était persuadé qu'un jour il retrouverait le bonheur.

Elle se confia, à son tour. Orpheline de père et de mère dès sa naissance, élevée tant bien que mal par une grand-mère qui avait capitulé très vite. Heureusement elle avait une sœur, Gaétane, de deux ans son aînée avec laquelle elle partageait les bons comme les mauvais moments de la vie. Abandonnée par un mari despote dès la naissance de son fils, emporté à l'âge de deux ans par une foudroyante méningite, elle avait arrêté ses études de médecine pourtant brillamment commencées et s'était tournée vers la psychanalyse. C'était une écorchée vive, ses malheurs l'avaient incitée à se plonger dans le travail. Sa vie professionnelle était une réussite, mais c'était le désert sur le plan affectif. Une série d'échecs l'avaient rendue, elle aussi, méfiante. Elle n'avait ni homme, ni enfant et ne s'en portait pas plus mal. Son univers était seulement constitué de sa sœur Gaétane, de Dominique, une amie d'enfance, et de quelques copains et copines que l'on pourrait qualifier d'intellectuels de gauche. Salmon lui parla à son tour de sa passion pour l'histoire et des différents livres qu'il avait écrits, et son préféré, *La Porte du ciel*, qui parlait de réincarnation.

Admirative, elle s'étonna qu'il puisse s'occuper de son travail de médecin et qu'il trouve le temps de s'intéresser aussi autant à la littérature, l'écriture et l'histoire. Le temps passait sans même qu'ils s'en rendent compte et au bout d'un long moment Anita, l'assistante de Salmon, le rappela à l'ordre, lui indiquant que la patiente suivante ne pouvait plus attendre et qu'elle avait pris un autre rendez-vous. Ils revinrent à la réalité du moment et Nelly lui montra la série d'examens qu'un de ses amis, médecin, lui avait prescrits. Ils n'étaient pas fameux ! Son essoufflement, ses douleurs à la poitrine révélaient un problème cardiaque délicat, mais bien maîtrisé de nos jours. Une petite intervention chirurgicale était souhaitable. Après avoir pris date, Salmon la raccompagna jusqu'à la porte de la clinique en lui glissant :

— Nous avons beaucoup de points communs, nous aurons j'espère l'occasion d'en reparler une autre fois autour d'un verre avant votre intervention… Ce soir peut-être ?

— Ce soir ? Vous faites ça avec toutes vos patientes ? avait-elle dit pour le titiller.

Salmon bredouilla :

— Non, c'est la première fois, vraiment.

— Je vous taquine, je vous apprécie aussi, mais ce soir j'ai rendez-vous avec Dominique, ma meilleure amie !

— Eh bien, reportez le rendez-vous.

Salmon ne se reconnaissait pas.

Elle réfléchit un quart de seconde

— Quelle audace ! Cela me plaît. Je suis d'accord, je vais m'arranger, je ne lui dirai pas que je vois mon chirurgien, même si elle sait que j'avais rendez-vous avec vous, elle ne comprendrait pas.

Le coup de foudre fut immédiat, ils s'étaient revus et étaient devenus très complices, leurs échanges étaient toujours vifs, animés et riches. Elle lui avait offert un livre qu'elle venait de trouver en librairie : *Le Manuscrit de Clara,* écrit par une adolescente de 14 ans, décédée l'année d'avant, d'une maladie incurable. Elle avait été interpellée par le sujet du livre, similaire à celui de *La Porte du ciel,* puisqu'il traitait de réincarnation.

« *Oh, comme c'est triste* », avait dit Salmon tout en la remerciant de ce cadeau que sa vie riche et chargée ne lui permettrait certainement pas de lire. Il y avait d'autres choses plus intéressantes à faire : se comprendre et s'aimer. Il l'avait invitée pour un week-end « découverte », dans son antre magique, son petit pied-à-terre normand, près d'une grande forêt revigorante, où il aimait se retrouver parfois pour se ressourcer et oublier, l'espace d'un moment, les difficiles vicissitudes de son quotidien si mouvementé.

Salmon s'étira dans son lit. « *Encore quelques secondes et après je me lève* », se dit-il. Il pensa à nouveau à ce rêve bizarre. Il semblait si vrai ! Lui grand père, alors que sa fille n'était pas mariée ! Que faisait cette Solange près de lui au pied d'une étrange tombe dans un cimetière improbable ! Il la connaissait à peine, il l'avait rencontrée deux ans plus tôt à Marseille lors d'une conférence. Ils avaient sympathisé et depuis ils s'étaient parlé deux ou trois fois au téléphone, sans plus. Solange n'était absolument pas une amie et apparemment elle était célibataire.

La sonnerie du téléphone retentit, sortant Salmon de son étrange rêverie. Nelly était à nouveau au bout du fil, inquiète. Salmon ne l'appelait jamais si tôt et elle devait rentrer en fin de journée à la clinique pour l'opération du lendemain.

— Tu es certain de ne rien me cacher, dit-elle. Je suis très stressée.

Toujours dans le lit, il la rassura du mieux qu'il le put :

— Tout va bien, je t'assure. Je passerai te voir après mes consultations, je n'opère pas aujourd'hui et je finis assez tôt.

Il se leva hagard, la tête lourde, la migraine s'annonçait, il s'était couché trop tard. Quelle bonne idée d'avoir pris cette matinée, il aurait eu beaucoup de mal à tenir son bistouri ce matin. Il fit quelques pas en titubant et se dirigea vers la cuisine pour un bon café, en évitant de faire du bruit. Il mit, comme d'habitude, un mot pour la femme de ménage avec quelques recommandations concernant les courses à faire. Avant, marié, son épouse s'occupait de l'intendance et donnait vie à cette maison où ils recevaient souvent famille et amis. Il y avait aussi installé son cabinet dans une aile séparée de l'appartement, puis il avait décidé d'exercer ailleurs en clinique et aussi à l'hôpital, qu'il n'avait pas cessé de fréquenter, en tant qu'assistant, depuis la fin de ses études. Il faudrait qu'il songe à se séparer de son habitation beaucoup trop grande aujourd'hui, mais on n'abandonne pas de gaîté de cœur, là où on a vécu les plus belles années de sa vie.

Yaël dormait, elle devait être épuisée après cette incroyable soirée, où elle avait joué *Notre Dame de Paris*, au Bataclan. Avec une troupe d'étudiants elle avait monté cette comédie musicale à but humanitaire, les bénéfices étant reversés au profit d'une association qui s'occupait d'enfants malades. Il en avait profité pour lui présenter Nelly qui l'avait accompagné à la soirée. Elles avaient immédiatement sympathisé. Riche soirée, où Salmon avait fait la connaissance de Nagib Kha qui s'occupait de comédies musicales et que Yael avait invité. Très impressionné par le sérieux de l'étudiante et de son équipe, il lui avait promis d'obtenir l'aval des producteurs des *10 Commandements*, pour qu'elle puisse jouer, plus tard, ce spectacle biblique, au profit d'enfants autistes.

Moins d'une demi-heure plus tard il se retrouva au volant de sa voiture. Deux courses à faire puis direction la clinique. Perdu dans ses pensées, il eut un petit tressaillement en entendant la sonnerie de son portable. Mendel Chouraqui l'appelait : « *Félicitations pour ta fille !* lui dit-il, *je suis ravi. J'ai beaucoup apprécié son spectacle du Bataclan. Je n'ai pas eu le temps de t'indiquer que tout était prêt pour Israël, tu pourras récupérer ton billet d'avion auprès de l'agence Air France sur les Champs Élysées, quelques jours avant ton départ. Je t'attendrai à l'aéroport Ben-Gourion avec l'attaché culturel de l'ambassade de France. Je te donnerai alors le programme et l'adresse de ton hôtel. Il est situé en bordure de mer à Tel-Aviv et ta chambre est avec vue sur mer.* »

Mendel, son petit-cousin, qui vivait en Israël faisait régulièrement des allers-retours avec la France. Il avait assisté quelques mois auparavant à la conférence que Salmon avait donnée à la maison du barreau, à Paris. Plusieurs centaines d'hommes et de femmes, issus de communautés différentes, s'étaient réunis pour évoquer, à partir des livres de Salmon, d'émouvantes pages d'un passé commun, dans le Maghreb ancien. Tous espéraient une meilleure compréhension de personnes qui se croyaient très différentes et qui pourtant étaient si proches. Une atmosphère chaleureuse, des mains tendues, un désir de se comprendre et de se reconnaître dans ce siècle difficile et violent.

Bouleversé alors par l'enthousiasme qu'il avait ressenti dans la salle, Mendel avait convaincu l'ambassade de France en Israël d'inviter Salmon durant une semaine, pour participer à une série de débats sur son vécu, son expérience et ses connaissances de l'histoire ancienne de l'Afrique du Nord. Quelqu'un capable de traduire les textes latins des Saint Augustin, Dion Cassius, Philon d'Alexandrie pour mieux comprendre le Maghreb obscur, ce n'était pas si fréquent que ça. Qui plus est, la lecture objective et sans a priori de ces pages permettait de combler les lacunes dans lesquelles s'étaient engouffrés un certain nombre d'idéologues aux dogmes d'une totale partialité. Oui, c'était quelque chose de rare, qu'il fallait précieusement utiliser pour la bonne cause, celle du rapprochement des hommes et des femmes de bonne volonté.

Salmon se détendit enfin, d'autant plus que Nelly avait accepté de l'accompagner en Israël, « ce sera en quelque sorte notre voyage de noces », lui avait-elle susurré à l'oreille. « Bien sûr, approuva-t-il, d'autant qu'avec toutes mes occupations ici, tant professionnelles que personnelles, je n'ai que rarement l'occasion de faire un grand break. Malgré ma série de conférences là-bas, on pourra profiter de ce qui sera pour nous des vacances. »

— Qui est ce Mendel ? avait-elle questionné.

— C'est un petit-cousin, un vrai pionnier qui a choisi Israël pour vivre. Il vient régulièrement à Paris.

Après une journée plutôt calme, Salmon se rendit dans la chambre de Nelly au troisième étage de la clinique au moment où Dominique, son amie, et Gaétane, sa sœur, prenaient congé, promettant d'être présentes le lendemain dès la première heure, avant le départ en salle d'opération.

Même s'il n'en montrait rien, Salmon était crispé, il n'avait pas parlé de son rêve, inutile d'affoler Nelly qui n'en menait pas large. Il lui avait apporté *Le Manuscrit de Clara* qu'elle lui avait offert lors de leur première rencontre et qui pourrait servir de livre de chevet après l'intervention. Puis ce fut l'heure du somnifère apporté par l'infirmière.

— J'ai peur ! dit Nelly

— Tout va bien se passer, prends ton cachet, il est là pour t'apaiser et pense que bientôt nous serons en Israël.

— Je serai rétablie, crois-tu ?

— Oui, c'est dans un mois et je te l'ai déjà dit, cette intervention est mineure.

— Ne m'abandonne jamais !

Il l'embrassa, lui serra très fort ses mains et redescendit quelques instants dans son bureau pour y signer deux courriers. Puis alors qu'il s'apprêtait à ôter sa blouse, Anita, son assistante, lui demanda de prendre une urgence, Madame Solange Mallet, de passage à Paris, avec son mari et qui avait besoin d'un conseil.

Il n'en crut pas ses yeux ! Il avait rêvé d'elle le matin même ! Elle se confondit en excuses pour avoir ainsi forcé sa porte, mais avant de repartir à Marseille, elle voulait avoir son avis sur l'intervention chirurgicale qu'elle devait subir dans la cité phocéenne. Salmon l'examina et la rassura, puis il raconta, avec une certaine fébrilité, le rêve étonnant qu'il avait fait la nuit précédente et dans lequel elle était impliquée.

— Peut-être est-ce une simple coïncidence, s'étonna le mari.

— En tout cas c'est étrange, dit le médecin, lorsque j'ai rencontré Solange, elle était célibataire et dans mon rêve elle était mariée et ça, je ne pouvais pas le savoir.

— Oui, c'est curieux, s'exclama Solange.

Salmon était blême. Pour tenter de détendre l'atmosphère assez pesante, elle poursuivit :

— *La Porte du Ciel* ! Où puis-je me procurer ce livre que vous avez écrit ?

Salmon esquissa un sourire bon enfant, tout en ouvrant le placard situé derrière son bureau. Il en sortit alors un exemplaire.

— Il m'en reste quelques-uns, dit-il et je vous offre celui-ci avec plaisir. Il paraîtra prochainement aux Etats Unis, dans sa version anglaise.

Salmon se mit à bailler. Solange dut lire sa lassitude sur son visage.

— Bien, dit-elle, nous avons assez abusé, je vous remercie pour ces bons conseils. Il est temps de partir.

Salmon rentra chez lui, la tête en ébullition. Ce rêve qui venait en partie de se concrétiser en la personne de Solange et de son époux lui faisait peur. Il ressemblait tant à celui qu'il avait fait en 1984, lorsqu'il était à Marseille pour la succession de son père. Nelly ! Pourvu que tout se passe bien demain !

L'ACCIDENT OPÉRATOIRE

Salmon était contrarié, il avait passé une nuit blanche et dans quelques minutes il opérerait Nelly. Tout en passant ses gants stériles, il pesta contre le frère de son ancienne épouse qui l'avait appelé à une heure du matin, en lui faisant d'injustes reproches. Il en avait été tout retourné. Ce triste épisode de sa vie venait subitement de refaire surface, alors qu'il avait mis pas mal de temps à retrouver son équilibre. Cet homme méchant et toujours dans la violence, dont il avait subi l'arrogance et la malveillance durant tant d'années, avait été une des causes de son divorce difficile. Cette sordide altercation l'avait empêché de trouver le sommeil. Résultat, il était épuisé.

L'anesthésiste venait de commencer son travail, tout s'annonçait bien. Au moment où Salmon s'approcha de la table d'opération, il eut un petit étourdissement « Ce n'est rien ! » rassura-t-il son assistante, dont le regard traduisait une certaine inquiétude. Il tenait le bistouri avec difficulté et sa main se mit à trembler, ce qui ne lui était jamais arrivé jusque-là. D'un geste malhabile, il pratiqua une discrète incision. Nelly ! C'est sur le cœur de sa bien-aimée qu'il allait intervenir. Il pensa à sa patiente morte sur la table d'opération quelques semaines plus tôt, il en fut encore plus déstabilisé. Et s'il échouait ! Et cette fatigue qui le tenaillait ! Il eut subitement peur. Il respira calmement pour se redonner du courage et se rassurer, il s'agissait d'une intervention classique qu'il avait pratiquée des dizaines de fois... Non, il ne pouvait pas. Il était paniqué. L'infirmière l'observa :

— Ça ne va pas, Docteur ?

— Je ne me sens pas bien, Malret n'opère pas ce matin, appelez-le immédiatement, il va prendre ma place. J'irai me reposer dans mon bureau.

Il rejoignit son cabinet, prit un calmant et s'allongea sur le canapé dans un coin de la pièce. Mais il avait beaucoup de mal à se détendre. Ses pensées étaient en ébullition. « Pourvu que tout se passe bien ! Peut-être aurais-je dû remettre l'intervention à plus tard. » Il n'aurait jamais imaginé être à ce point tétanisé. La faute à ce maudit beau-frère ! Aussi la peur de l'échec après l'accident sur sa patiente ! La fatigue ! Le stress ! Quelle qu'en fut la cause il était bloqué. Il tenta de se rassurer en se disant que son confrère était un excellent chirurgien et qu'ils avaient l'habitude de s'entraider. Effectivement une bonne heure plus tard ce dernier le rejoignit dans son bureau :

— Tout s'est bien passé, dit-il d'un ton très calme.

— Tu me rassures ! Je n'aurais jamais dû m'occuper d'elle, quelle erreur ! On ne doit pas soigner ses proches. Merci.

— Je t'en prie, tu m'as souvent aidé. Mais tu devrais t'arrêter quelques jours, je te trouve mauvaise mine.

— C'est exact, j'ai eu trop de soucis, je vais bientôt faire une pause.

On les appela alors de la salle de réanimation. Une complication ! Nelly venait de perdre connaissance, son cœur s'était emballé et son électrocardiogramme n'était pas très bon, elle venait d'être placée sous assistance respiratoire. Salmon était livide ! Il serra les poings en hurlant : « *Comment est-ce possible ? Cette intervention était sans risque ! Qu'ai-je fait ? Je suis coupable.* »

On apporta les résultats de l'électroencéphalogramme. Il était normal :

— Tu vois, dit Malret, elle n'a rien au cerveau. Attendons et tout va rentrer dans l'ordre, ce n'était pas une intervention compliquée.

Salmon rassura maladroitement Dominique et sa sœur, qui, inquiètes, attendaient dans la chambre de Nelly.

Deux jours passèrent, l'état de Nelly était stationnaire, elle n'avait toujours pas repris connaissance. Torturé, en permanence à son chevet, Salmon n'arrivait plus à trouver le sommeil. Il se sentait responsable de ce qui venait d'arriver. Dominique et Gaétane étaient aux cent coups. Les jours suivants furent un véritable calvaire. Il avait beaucoup de mal à travailler, à tenir son bistouri, à examiner ses patients. Il pensait en permanence à Nelly dont l'image fouettait son âme. Pour couronner le tout l'ancien beau-frère avait remis une couche et Salmon venait de bloquer son numéro de téléphone. Il ne pouvait pas gérer ce genre de personnage surtout actuellement. Il ne dormait presque plus, se retrouvant dans le même état psychologique que celui qui était le sien, en 1984, après la mort de son père. Comme à cette époque, ses oreilles bourdonnaient sans cesse, les bruits qu'il percevait étaient incompréhensiblement amplifiés et il semblait vivre dans un halo opaque où tout donnait l'impression d'être virtuel. Il tenta d'éviter de croiser Gaétane qui, la veille, lui avait reproché d'avoir abandonné sa sœur. Pour elle il n'aurait jamais dû intervenir s'il ne s'en sentait pas capable. Dominique était plus indulgente, il l'avait même prise pour confidente, il avait tant besoin de parler à quelqu'un ! Il lui expliqua qu'il ne voulait plus se rendre en Israël. « *Ce n'est pas bien, il faut partir. Vous vous devez de respecter vos engagements. Et puis, ce voyage, ce retour aux sources, dans le pays de vos ancêtres, ne peut que vous faire du bien.* »

Il acquiesça, mais il irait préalablement deux jours dans sa petite maison en Normandie où avait débuté son idylle avec Nelly, il devait y récupérer des documents importants.

Avant de prendre la route, il prépara quelques provisions, il n'était pas question pour lui de s'arrêter au petit bourg voisin et d'y faire la causette à l'épicière. Il avait droit, à chaque fois, à un couplet sur les médecins et leurs gains substantiels faits sur le dos des travailleurs. Habituellement il répondait avec humour, mais là il n'avait pas envie de faire d'effort. À peine arrivé, tout juste descendu de voiture, il décida de faire une grande balade dans la verdure. Le ciel était gris, tout respirait encore l'humidité des pluies qui avaient secoué la région les jours précédents, mais il avait besoin de ce bain de verdure. Au détour d'un sentier, il retrouva la minuscule cabane que sa fille, petite, avait construite. Il venait souvent autrefois avec son épouse et des amis qu'ils invitaient parfois. La maison était toujours accueillante. Il avait montré tous ses secrets à Nelly lorsqu'elle l'avait accompagné. Il se crispa, soudain ce fut la panique. Quelle idée d'être venu ici ! Il pensait à Nelly mais aussi aux souvenirs de son ancienne vie. Quel mélange ! Il lui fallait entendre une voix. Dominique ! Elle était la seule qui actuellement pouvait le comprendre et le rassurer. Avec fébrilité il composa son numéro. Elle l'écouta, compatissante, et tenta de le rassurer avec quelques paroles réconfortantes. Calmé, il marcha, hagard, durant deux bonnes heures puis, les bottes pleines de boue, il rentra chez lui. Un bon feu de cheminée apporterait de la chaleur et un peu d'âme dans cette triste maison, que Nelly avait égayée durant quelques jours.

Il se dirigea vers son bureau et retrouva dans un placard les vieilles photos de son enfance, le lycée Gauthier d'Alger, ses copains. La guerre ! Les attentats ! Les bombes ! Camp du Maréchal en Grande Kabylie ! Nostalgique, il ouvrit un tiroir encore plus poussiéreux que les autres et tomba sur une photo toute jaunie, sortie d'on ne sait où. Une jeune fille souriante prenait la pose. Tiens, Sarah Attias à Marseille en 1962 se dit-il. L'époque heureuse et insouciante. Où pouvait-elle bien être ? Elle était assez mystique croyant un peu à l'irrationnel auquel Salmon était imperméable. C'était la première fois depuis son incursion à Marseille pour la succession de son père, où il fit cet étonnant rêve prémonitoire, qu'il pensait ainsi à elle.

Un instant plus tard, il retrouva le mot qu'il avait écrit sur Qumran et que Nelly avait lu.

« *Le soleil lançait ses dards à travers l'espace éthéré. Tout semblait irréel, dans l'angoisse, la tourmente. Au loin, dans le très loin Jérusalem ! De l'autre côté les lointains Monts du Moab. Et là-bas dans ce contrebas escarpé, la mer pestilentielle et honteuse. Un sel invraisemblable et un sable introuvable. Des pierres grossières. Le désert, les rochers et les grottes saupoudraient un paysage lunaire. Des bâtisses étagées. La salle de prière, la citerne des bains rituels et les bancs pour l'étude. À main droite, une plate-forme rocheuse. Une vague bâtisse s'en détachait. Dans la mince ligne raccordant le précipice au bâtiment, il reconnut un aqueduc. Ainsi, devant lui, se profilait le but de son équipée : la maison des frères. »*

— Quel est ce texte ? s'était-elle étonnée.

— Il y a quelque temps, en zappant sur mon poste de télé, j'ai regardé une émission littéraire sur les manuscrits de la mer Morte, et le lendemain j'ai écrit ces lignes, sans réfléchir, sans même savoir ce que je faisais. Cela ne signifie certainement rien.

— Mais c'est magnifique. C'est Qumran ? interrogea alors Nelly.

— Je ne sais pas, je n'y suis jamais allé. Je connais la Mer Morte pour y être simplement passé, mais je n'ai pas visité le site de Qumran.

— En tout cas ta description de l'endroit semble des plus précises.

— Oh le paysage là-bas doit être semblable à tous les paysages plus ou moins désertiques.

— Ont-ils passé des images de Qumran lors de l'émission ?

— Non, aucune. Ce n'était que discussions sur les Esséniens, cette secte juive qui s'est désolidarisée des prêtres de Jérusalem.

— Qui étaient au juste les Esséniens ? questionne-t-elle, redevenant subitement sérieuse.

— Ce n'est pas mon sujet de prédilection, mais cette émission m'a permis de mieux les cerner. Les Esséniens représentaient un groupe de juifs purs comportant de nombreux prêtres qui avaient fait scission avec ceux de Jérusalem, à ce que j'ai compris. Ils s'étaient réfugiés sur la Mer Morte, à Qumran, pour prôner un judaïsme pur et une véritable soumission à Dieu. Ils ont été vraisemblablement à l'origine du christianisme primitif. Ils ont écrit de très beaux textes, dont certains se retrouvent presque mot à mot dans les Évangiles.

— J'aimerais aller là-bas avec toi, lui avait-elle dit.

Et c'est là qu'il lui avait proposé de le suivre en Israël.

Il se souvint subitement que Sarah Attias lui avait parlé à Marseille en 1962 de ces manuscrits qui l'avaient beaucoup impressionnée, ainsi que la vie dans ces kibboutz qui étaient pour elle le vrai Israël. Un de ses souhaits était de s'y rendre d'autant que certains de ses ancêtres avaient eu le courage de partir là-bas au XIXe siècle après que la France soit arrivée en Algérie. Mais elle ne savait pas ce qu'ils étaient devenus.

— Tout comme moi avait dit Salmon, on est peut-être cousin, lui avait-il dit sous forme de boutade.

— C'est possible on était tous cousins en Algérie, lui avait-elle répondu sérieusement.

Subitement, sans raison, il s'emporta dans son for intérieur contre ces malheureux Esséniens, trop crédules à son goût et boucs émissaires d'un jour :

— Ces hommes étaient des illuminés ! Comment s'imaginer qu'un abandon aux forces divines, pour peu qu'elles existent vraiment, nous donne la sérénité et la force d'exister. Tôt ou tard on est confronté aux dures réalités du quotidien, aux violences inouïes qui nous frappent de plein fouet lors de moments paisibles, sans qu'on le mérite.

Il s'étonna de cet accès de colère et mit machinalement le petit mot sur Qumran dans la poche de sa veste, puis il se dirigea vers la cuisine pour déballer son sac à provisions. Ah ! Il l'avait oublié à Paris. Contrarié, il décida de se rendre au village chez l'épicière appréhendant son insipide conversation. Par chance tout se passa bien, elle lui avait épargné ses longues et inutiles litanies. Alors qu'il s'apprêtait à sortir de la boutique une image fugace surgit dans son esprit, celle de Pierre Golaf, un voisin, dont la résidence secondaire se trouvait tout près d'ici. Il était étonné de penser à cet homme qui n'était pas vraiment un ami et qu'il n'avait pas vu depuis longtemps.

Sur le pas de la porte, il se retrouva nez à nez avec lui.

— Pierre ! Je viens à la seconde de penser à toi.

— Salmon, tu vas bien ?

— Oui merci, je te laisse, je suis un peu pressé.

Salmon s'enferma dans son bureau. Il revit sa jeunesse à Alger, brusquement dans son esprit se forgea l'image de la villa de ses parents à Saint-Eugène où il avait vécu les premières années de sa vie. Il se leva subitement et feuilleta, sans raison apparente, le magazine qu'il venait d'acheter, sans réfléchir. Son regard s'arrêta sur la photo d'une villa située en bordure de mer : « *Villa typique de Saint-Eugène, banlieue résidentielle d'Alger, avant l'indépendance de l'Algérie* », précisait la légende. Il était stupéfait ! Devant ses yeux se trouvait la maison de ses parents à laquelle il venait juste de penser. Le journal était consacré aux belles demeures de l'Algérie et il avait pris ce magazine par réflexe, sans même savoir de quoi il traitait !

Samedi 1er avril avant Pâques et... Jésus

Les jours suivants, d'étranges coïncidences, semblables à celles qu'il avait eu en Normandie, survinrent. Tout comme en 1984, il suffisait qu'il pense à quelqu'un ou à quelque chose pour que cette personne ou cette chose se manifeste ou se concrétise devant ses yeux. Il devinait par avance qui allait l'appeler, lorsqu'on lui parlait, il pressentait à nouveau ce qu'on allait lui dire.

Alors qu'il venait de récupérer sa place d'avion pour Israël, il réalisa qu'il n'avait pratiquement rien comme documentation sur le Moyen-Orient. Il décida donc de passer chez Virgin, sur les Champs-Élysées, pour y trouver, peut-être, quelque chose d'utile à son voyage. Dans le métro, quelques secondes avant d'arriver à la station Franklin-Roosevelt, il pensa, bizarrement, à la basilique du Saint-Sépulcre à Jérusalem. Il ne savait d'ailleurs même pas ce qu'elle représentait exactement pour les Chrétiens. En descendant de la rame, sur le quai, il découvrit, dans une vitrine, un panneau publicitaire sur un spectacle à venir, dont le thème était justement la basilique du Saint-Sépulcre. Il était certain de n'avoir jamais vu une telle affiche auparavant. Mon cerveau « fait encore le mystérieux », se dit-il, en souriant. Il rentra chez Virgin et se dirigea vers le rayon librairie. Il entendit le bruit sourd d'une pile de bouquins qui venait de tomber sur le sol, un des employés du magasin se mit à les ramasser. Un des livres, encore à terre, était ouvert sur une page traitant des synchronismes :

« L'accumulation de coïncidences les plus remarquables survint dans les colonnes des mots croisés du Daily Telegraph, *lors de la Seconde Guerre mondiale, juste avant le débarquement des Alliés en Europe, le 6 juin 1944. Pour brouiller les pistes, les différentes opérations du débarquement avaient été désignées par des mots codés, tenus secrets.*

Le nom de code de l'ensemble du plan d'invasion était Overlord (SUZERAIN).

Celui des opérations navales, NEPTUNE.

On appelait les deux plages de Normandie où devaient débarquer les troupes américaines UTAH et OMAHA.

Et les ports artificiels installés sur les plages, Mulberry (MÛRIER).

Or le premier mot de code paru dans la solution des mots croisés 5 775 du Daily Telegraph, *le 3 mai fut : UTAH. Le deuxième, le 23 mai : OMAHA. Le troisième, le 31 mai MÛRIER. Le quatrième et le cinquième, les principaux, tous les deux le 2 juin, quatre jours avant le débarquement : NEPTUNE et SUZERAIN.*

On fit une enquête. Les mots croisés avaient été composés par M. Léonard Sidney Dawe, instituteur, qui habitait Leatherhead, dans le Surrey. Depuis plus de vingt ans, il était le doyen des auteurs de mots croisés du Daily Telegraph. *Il ignorait avoir utilisé des mots de code et n'avait pas la moindre idée de la façon dont ils lui étaient venus à l'esprit. »*

Ce qu'il venait de lire était similaire à ce qu'il était en train de vivre. Il était dans un synchronisme parfait. Pourquoi ? Il n'en savait rien ! Il se souvint avoir noté son vécu de l'année 1984, presque identique à ce qui se passait aujourd'hui. Avait-il gardé ce témoignage ? C'était si loin ! Sans conviction, il fouilla dans ses vieux dossiers. Miracle ! Tout était là, photos, papiers, écrits… Il put lire :

« Novembre 1984 :

Il y aura une nouvelle circonstance exceptionnelle, elle se terminera un premier avril. Ce sera un samedi. Samedi premier avril avant Pâques et… Jésus. »

Il écarquilla les yeux. Premier avril mais c'était le jour de son départ pour Israël ! Cette phrase, incompréhensible en 1984, lorsqu'il l'avait écrite, prenait aujourd'hui toute sa signification : à l'époque, le seul samedi premier avril à venir, avant pâques, ne pouvait être que l'an 2000. De plus *« Et Jésus »* pouvait être assimilé, dans le contexte, à la terre de Jésus, c'est-à-dire à Israël. Ainsi en 1984, il avait eu un pressentiment sur son futur qui le propulserait en Israël le samedi premier avril 2000. Touché au plus profond de son être, il avait même prévu l'évènement qu'il avait qualifié de « *nouvelle circonstance exceptionnelle* », à savoir le choc dû au coma de Nelly comparable au choc provoqué par la mort de son père.

Salmon, comme en 1984, avait de folles visions. Sa détresse actuelle en était-elle la cause ? C'était impressionnant. À l'époque « cette folie » avait duré peu de temps et tout était rentré dans l'ordre. Il se rassura en se disant qu'il en serait de même cette fois-ci et qu'il lui fallait gérer intelligemment ce « *don de clairvoyance* » qui frappait à nouveau à sa porte. Sa vie était redevenue plutôt paisible et là, une vingtaine d'années plus tard, le « divinatoire » semblait revenir en force.

Il repensa à la théorie de Paul sur le temps et les sages paroles du médium ressurgirent dans son esprit :

« *Il faut rester simple et humble, éviter les divagations qui peuvent nous entraîner vers des dérives incontrôlables, au point de nous prendre pour le Christ, Moïse ou Napoléon.* »

Ces mots qui, à l'époque, ne signifiaient rien pour lui prenaient aujourd'hui tout leur sens. Mais il éviterait d'en parler, il ne voulait pas passer pour un fou.

Trois jours avant son départ pour Israël, il reçut un coup de téléphone de Solange Mallet. Elle voulait vraisemblablement lui parler de l'intervention qu'elle venait de subir à Marseille. Elle jubilait :

— Je voulais vous dire que j'ai préféré annuler mon intervention, elle n'était pas réellement nécessaire, mais surtout je veux vous raconter quelque chose d'amusant. Je suis dans un café et je lis le livre que vous m'avez offert *La Porte du Ciel*. Je l'ai posé quelques instants sur la quatrième de *couv*, comme on dit je crois, là où l'on voit votre photo. Ghislaine, ma voisine de table, que je ne connais absolument pas, a pris le livre et a passé sa main sur la photo. Elle m'a dit des choses étonnantes. Je vous la passe.

La voyante s'exprima d'une voix monocorde :

— *Vous boitez du pied gauche, vous devez vous faire opérer bientôt, vous avez un problème intestinal. Vous allez bientôt partir en Terre Sainte. Vous devez vous racheter, vous avez vécu des vies antérieures, vous avez participé à la crucifixion de Jésus. Ce sera votre renaissance.*

Salmon était sans voix, cette Ghislaine disait n'importe quoi. Il refusait d'entendre ce genre de discours.

— Bien merci, dit-il. Et il raccrocha brutalement.

Pourtant, il venait de recevoir un mauvais coup au niveau de l'aine gauche et, oui, il avait du mal à marcher de ce côté, Solange ne pouvait pas le savoir. Pour l'intervention, c'était aussi exact, il devait se faire opérer. Bravo la voyante ! Mais pour le départ en Terre Sainte, c'était impossible, Solange avait dû lui en parler, sans s'en rendre compte, peut-être. Et le reste de la voyance était incohérent : tuer le Christ, des vies antérieures, se racheter, c'était n'importe quoi. Un moment plus tard, il rappela Solange :

— Je suis perplexe sur les propos de votre amie Ghislaine. Vous lui avez parlé de mon départ en Israël, n'est-ce pas ?

— Israël !

Salmon réalisa qu'elle ne savait pas qu'il était invité en Israël, il ne lui en avait pas parlé. Il l'interrogea sur cette voyante.

— Ce n'est pas une amie, c'est la première fois que je la vois, lui dit-elle. Nous n'avons échangé que quelques mots, elle a été attirée par votre livre posé sur la table, et vous connaissez la suite.

— Ce que vous me dites est invraisemblable.

— Et pourtant, ça s'est passé ainsi. Elle est en connexion avec vous, m'a-t-elle dit, car vous êtes actuellement en grande souffrance. Voilà. Je ne savais pas que vous aviez des problèmes. Vous voulez m'en parler ?

— Non, je vous remercie. Avez-vous les coordonnées de cette femme ? Je vais la contacter, j'en ai un peu honte, car mes principes ne m'incitent guère à écouter ce genre de personne, mais ses révélations sont si troublantes que j'aimerais en savoir plus.

Ils échangèrent quelques banalités, puis Solange lui communiqua le téléphone de Ghislaine qu'elle avait eu la bonne idée de lui demander et Salmon la contacta immédiatement. Elle lui confirma ce qu'elle lui avait déjà dit, rajoutant qu'il ferait de belles découvertes en Israël et que ses soucis actuels s'apaiseraient avec le temps. Il n'avait pas à s'inquiéter pour le devenir de son amie, tout rentrerait dans l'ordre un peu plus tard. Devant les doutes de Salmon, elle expliqua qu'il fallait croire en la voyance. Pour elle, la vision était quelque chose de fugace, un flash brutal, plus ou moins précis selon la personne qui venait la consulter. Elle avait facilement lu en lui, car leurs énergies vibratoires étaient en osmose, ce qui n'était pas toujours le cas.

Salmon raccrocha, il était perplexe mais il avait d'autres soucis : Nelly était toujours dans le coma, même si elle n'était plus sous assistance respiratoire.

J'AI TRAVERSÉ LES MERS,
J'AI VISITÉ LES TERRES,
J'AI VU MES ANCÊTRES

SAMEDI 1ER AVRIL 2000

Après quatre heures et demie d'un vol difficile, Salmon retrouva Mendel à Tel Aviv dans le hall de l'aéroport Ben Gourion : « *L'attaché culturel de l'ambassade de France n'a pas pu se libérer. Nous passons d'abord à ton hôtel, lui dit l'Israélien avec nonchalance, il est situé en bordure de mer. Tu y déposeras tes bagages, ensuite nous irons dîner à Jaffa. C'est très typique.* »

Salmon acquiesça. Il faisait chaud, plus de 30 degrés et il était épuisé, il se demandait comment il allait pouvoir tenir.

Installés à la terrasse d'un café arabe, ils attendaient les brochettes d'agneau qu'ils venaient de commander. Même s'ils étaient petits cousins, ils n'avaient jamais vraiment échangé ente eux, ils se connaissaient assez peu en fait. Mendel lui parla de son arrivée en Israël dans les années 70 et de cette expérience magnifique dans le Kibboutz de Be'eri qui l'avait tant marqué et lui avait montré qu'on pouvait vivre bien et partager avec les autres. « *Tous ceux de Be'eri sont catalogués comme gens de gauche, eh bien, c'est parfait, car je pense comme eux. avait-il dit. Tu devrais le visiter tu ne seras pas déçu* », avait-il dit.

— Pourquoi pas, on en a tellement parlé dans notre famille que ce serait bien effectivement que j'y aille. Lundi je n'ai aucune conférence, ce sera donc parfait. On en reparle, répondit Salmon.

Mendel évoqua le souvenir de Moshé Moatti, leur petit-cousin commun, mort lors de cette terrible guerre des 6 jours et bien sûr celui de Gabriel Rosenberg parti trop jeune, lui aussi lors de cette même guerre, mais on ne savait pas trop où, car on n'avait pas retrouvé son corps. Il en était encore tout marqué.

Salmon lui parla à son tour de Nelly et de l'angoisse qui l'habitait, se culpabilisant constamment de l'avoir laissée à Paris dans une telle situation. Il lui raconta, avec fébrilité, la nature des prémonitions qui l'assaillaient et les étranges prophéties annoncées par Ghislaine. Ils discutèrent une bonne partie de la soirée jusqu'au moment où Mendel, quelque peu interdit par les propos de Salmon, le raccompagna vers 23 heures 30 à son hôtel.

La voiture à l'arrêt, moteur en marche, Salmon s'apprêtait à sortir, lorsque l'Israélien se retourna pour prendre, sur le siège arrière un livre blanc, *sans couverture*, un peu écorné et aux pages froissées. Mendel le brandit d'un air dubitatif :

— Il y a quelques jours, à l'ambassade de France, une des secrétaires a fait cette trouvaille qui dormait au fond d'une vieille armoire. On ne sait pas qui en est l'auteur. Elle me l'a prêté. C'est un livre à moitié déchiré, écrit à la main. Il ressemble aux codex des temps anciens, lorsque l'imprimerie n'existait pas encore. C'est très étrange ! J'ai lu le début et après ton récit, je me demande s'il ne faut pas que tu y jettes un coup d'œil, toi aussi.

— Oui donne-le, dit Salmon avec véhémence, c'est pour moi, c'est pour moi !

Ces mots qu'il n'arrivait pas à contrôler déferlaient avec une violence qu'il ne comprenait pas.

— Mais sache qu'il n'est pas à moi, il appartient à l'ambassade.

Il s'emporta :

— Je le veux. C'est pour moi, c'est pour moi !

Il était dans un tel état d'excitation, que Mendel prit peur préférant ne pas le contrarier.

— D'accord, d'accord, mais tu me le rendras avant ton départ.

— Merci.

Salmon arracha le livre des mains de son ami et sortit de la voiture brutalement. Avant de repartir Mendel lui dit :

— N'oublie pas… Be'eri… lundi.

— Oui, oui, conclut Salmon.

Puis il monta rapidement dans sa chambre pour y déposer ses affaires. Il prit un stylo, quelques feuilles de brouillon qu'il avait emportées de Paris et s'installa à la terrasse d'un établissement balnéaire encore ouvert, non loin de l'hôtel, avec le livre *sans couverture*. La première page était vierge, sans aucune mention d'auteur. Sur la seconde, en plein milieu, le titre du chapitre, écrit manuellement : *Le Nazaréen.* Le récit commençait ainsi :

« *Je m'appelle Cornélius Hégémon de la Forteresse Antonin, c'est moi qui ai donné l'ordre de tuer le Christ.* »

Salmon fit instinctivement le rapprochement avec les paroles de la voyante :

« *Vous allez bientôt partir en Terre Sainte. Vous devez vous racheter, vous avez vécu des vies antérieures, vous avez participé à la crucifixion de Jésus. Ce sera votre renaissance.* »

Il apprit dans les pages suivantes que ce Cornélius était Romain, et qu'il existait un traité en araméen décrivant l'arrestation de Jésus et la façon dont il avait été crucifié.

Il était près de deux heures, sur cette plage de Tel-Aviv, lorsqu'il referma le livre, après en avoir dévoré les deux premiers chapitres. Le reste ce serait pour plus tard. Bouleversé, il resta un long moment ainsi, les yeux mi-clos. Une foule d'interrogations l'assaillaient. Un manuscrit en araméen ! Était-il en Israël pour le retrouver ? N'était-ce pas des divagations ? Était-il en train de perdre la raison ? Trop de choses étranges arrivaient, son état de souffrance l'entraînait-il vers ces chemins invisibles, appartenant au monde de l'insolite ?

La température était douce, et Salmon était trop énervé pour aller se coucher. Il décida de marcher jusqu'aux vagues, pour écouter leur bruissement apaisant.

Ses pensées étaient en ébullition. Il entendait encore les phrases de la voyante : opération intestinale, boiter de la jambe gauche, partir bientôt en Terre Sainte. Indiscutablement elle avait lu dans son esprit. En revanche, la seconde partie de la voyance était invraisemblable, il n'avait pu participer à la crucifixion de Jésus dans une « vie antérieure », c'était impossible ! Il ne s'agissait que de coïncidences, certes extraordinaires, mais des coïncidences.

Ses pas s'enfoncèrent dans le sable humide. Il aperçut, dans le lointain, au niveau des vagues, une sorte de radeau en bois échoué sur la plage. Il s'en approcha lentement et stoppa net. Il connaissait ce radeau ! Ce sable ! Ces vagues ! Cette nuit ! Ces étoiles ! Cette douceur ! À cet instant précis, il avait la sensation de revivre une des scènes du livre qu'il avait écrit : *La Porte du ciel.* Son héros, tout comme lui maintenant, avait retrouvé un radeau identique, dans les mêmes circonstances. Même sensation, même attitude, mêmes pas, mêmes visions que celles du livre, mais là, c'était la réalité. Comment avait-il pu décrire six ans plus tôt, dans les moindres détails, une scène qu'il était en train de vivre aujourd'hui ?

Il observa le livre *sans couverture,* Le Nazaréen. Mais bon sang, c'était là aussi un moment décrit dans *La Porte du ciel.* En effet, sur la plage, David, le personnage du livre, retrouvait un manuscrit en rapport avec Jésus, tout écorné, *sans couverture.* L'analogie était flagrante. Il pensa alors à une des phrases de la voyante : « *vous avez vécu des vies antérieures !* » Mais ce n'était ni plus ni moins que, là aussi, cette fameuse *Porte du ciel* où David avait vécu dix vies.

Dans ce livre, le héros portait une cicatrice sur la main gauche, qui le poursuivit durant toutes ses vies. Et Salmon possédait cette cicatrice sur sa main gauche ! C'était la première fois qu'il en faisait le rapprochement. Il s'était occasionné cette vilaine entaille, enfant, dans des circonstances qu'il avait totalement oubliées. Pour se rassurer, il se dit que quelque chose, au fond de lui, avait enregistré cet événement douloureux et l'avait transféré sur David, le héros de son roman, sans même qu'il en prenne conscience. Il se demanda alors pourquoi *La Porte du ciel* lui fouettait le visage quatre fois de suite, alors qu'il venait dans ce pays pour tout autre chose. C'était une énigme qu'il essaierait de comprendre plus tard. Pour l'instant, le message qu'il pensait percevoir était de retrouver l'étrange manuscrit sur ce Cornélius Hégémon.

Il était près de 4 heures du matin lorsqu'il rentra à l'hôtel.

LE LENDEMAIN, DIMANCHE : PLACE DE TEL AVIV

Salmon ne sentait pas la fatigue, il pensait à ces moments intenses vécus la nuit précédente sur la plage de Tel-Aviv. Il savait maintenant, mû par une étrange force, qu'il avait une mission à remplir et que Nelly, toujours dans le coma, le guidait depuis l'autre monde où elle se trouvait déjà partiellement, il ne pouvait en être autrement. Il ne donnerait aucune conférence le lendemain, ce serait l'occasion de rechercher le traité en araméen décrivant l'arrestation de Jésus dont parlait *le livre sans couverture*. Où ? Il n'en savait rien encore !

— Et Be'eri ? interrogea Mendel auprès de qui Salmon venait de se confier par téléphone.

— Ce sera pour plus tard ! J'ai une autre priorité pour demain. Pourrais-tu me servir de guide ?

— Moi, demain, je suis occupé, répondit l'Israélien, je ne pourrai pas t'accompagner. Mais je te trouverai quelqu'un.

Salmon raccrocha au moment où la sonnerie du téléphone, placé près de la table de nuit, retentit à nouveau.

— Bonjour Monsieur Chouraqui, je suis Stéphane Toune, je travaille pour le Jérusalem Post. Je voudrais que vous m'accordiez une interview.

Salmon était attablé dans un établissement balnéaire, en face de l'Hôtel Sheraton Moriah, là où le journaliste lui avait fixé rendez-vous. L'esprit ailleurs, il répondait de bonne grâce aux questions, jusqu'au moment où il fut interpellé sur un sujet un peu particulier :

— Lorsque le nouvel d'Israël naquit en 1948, s'enhardit le journaliste, il fut nié dans son existence par tous ses voisins arabes. Ces derniers combattirent cet intrus et, en guise de représailles, décrétèrent l'expulsion de 850 000 juifs de leurs territoires. Spoliés, discriminés, humiliés, les juifs originaires d'Irak, du Liban, de Libye, de Syrie, du Yémen, de l'Égypte et aussi de l'Iran quittèrent ces terres où ils vivaient depuis des siècles. Ils vinrent, pour la plupart d'entre eux, en Israël. Beaucoup se sont demandé, ici, pourquoi les juifs algériens ne sont pas arrivés, eux aussi, en masse dans notre pays après l'indépendance de l'Algérie.

— Nous ne sommes pas des juifs Algériens, précisa Salmon, mais des juifs originaires d'Algérie, alors département français.

— Oui, vous, juifs d'Algérie, êtes un cas à part, dit-il, sarcastique.

— C'est certain, répondit avec sérieux Salmon ignorant la moquerie du journaliste, nous étions et nous sommes des Français ! Le décret Crémieux nous a permis de sortir de l'obscurantisme dans lequel nos ancêtres se trouvaient durant des siècles. Les nôtres s'adaptèrent immédiatement à la patrie des droits de l'Homme et c'est tout naturellement qu'en 1962, lorsque l'Algérie devint indépendante, la grande majorité d'entre nous a choisi la France.

— Savez-vous qu'en 1963, poursuivit Toune, sous l'instigation du directeur de l'agence juive de l'époque, il y eut à Jérusalem une sorte de procès contre les juifs d'Algérie, les accusant de ne pas avoir rejoint la terre de leurs ancêtres en 1962 ?

— Oui je connais cette sorte de controverse comparable, toutes proportions gardées, à la disputation de Barcelone de 1263, où des juifs espagnols furent confrontés à l'Église. Si mes souvenirs sont bons, le Président de ce « tribunal fictif » était le professeur Shalev Guenossor du département de droit de l'université hébraïque de Jérusalem. Ce faux procès a accouché d'une souris. En effet les juifs d'Algérie n'étaient aucunement des exilés des pays arabes. Ils étaient, comme je vous l'ai dit, français, raisonnaient en français, partageant les aspirations de la société française, sans rejeter bien sûr leur attachement à Israël. Ils ne venaient pas d'un pays arabe, comme l'imaginaient peut-être un certain nombre d'israéliens de l'époque, mais d'une terre française qui leur avait donné beaucoup. Ils étaient des « rapatriés » d'Algérie, comme on dit ordinairement. Certes, ils préférèrent le confort et la sécurité que leur offrait la France, au lieu de venir défendre, protéger et développer le nouvel État d'Israël, comme le leur reprochèrent un certain nombre de commentateurs, justement lors de cette fameuse controverse de 1963. Peut-on leur jeter la pierre d'avoir choisi, à l'époque, la sécurité ! Peut-on aussi jeter la pierre aux juifs américains de préférer la quiétude de leur vie à New York ou los Angeles, plutôt que les plages de Tel Aviv ou le désert de Mitzpe Ramon.

— Vous avez raison, répondit le journaliste, Cette controverse publique de 1963, simple incompréhension des

Israéliens de l'époque et dont pratiquement plus personne ne se souvient aujourd'hui, n'est plus qu'un mauvais souvenir. Tout ça est maintenant dépassé.

— Il n'empêche, répondit Salmon, qu'Israël fait partie de notre moi profond, nous les juifs d'Algérie. Certains vous ont rejoint depuis et ont même participé à la guerre de 1973 ou même des 6 jours. Gabriel Rosenberg et Moshé Moatti, les deux venant d'Algérie, en sont les meilleurs exemples, ils sont morts dans ces terribles combats. Mais Israël est aujourd'hui fort et plus personne ne pourra le vaincre.

— Certes, répondit le journaliste, mais il faut se méfier de l'eau qui dort. Avec des mouvements tels que celui du Hamas, très proche des frères musulmans, et dont l'objectif est l'anéantissement de l'État d'Israël, on ne peut pas aller bien loin. Si ce mouvement terroriste, adepte des attentats sanglants, avait le malheur de prendre le pouvoir chez les Arabes d'ici, ce serait catastrophique.

— J'en ai froid dans le dos, mais ça n'arrivera pas. Les Palestiniens modérés ne laisseront jamais faire.

— Que Dieu vous écoute.

L'interview se termina sur ce petit malaise, mais au même moment des oiseaux piaillant traversèrent un ciel limpide, Salmon se dérida alors, tout était pur. Il pensa à Nelly qu'il retrouverait en bonne santé bientôt, il en était sûr. Il ne put alors s'empêcher, avant de prendre congé, de parler de ces forces étranges qui l'habitaient et le poussaient à faire des choses insensées en rapport avec le paranormal, le divin peut-être.

Le journaliste l'écouta attentivement il croyait en ce genre de phénomènes, il n'était pas un de ces rationalistes obtus qui prendraient le médecin qui se trouvait en face de lui pour un illuminé. Il lui cita un proverbe qui allait guider Salmon tout le long de ce séjour :

« *Si une révélation authentique doit arriver, tu es porteur d'une force bouleversante qui, obligatoirement, déclenche des forces contraires. Si elle arrive à maturité, elle peut vaincre ces forces contraires, sinon elle est détruite.* »

Ces paroles confortèrent le ressenti actuel du Français. Le monde semblait habité de forces opposées. Des forces positives avaient pris possession de son être. Il devait se méfier des forces négatives qui l'empêcheraient de retrouver ce manuscrit sacré, qui l'attendait quelque part… dans ce pays… depuis des siècles, et qui était porteur de vérité.

Salmon prit congé de Stéphane Toune et se dirigea vers le foyer de la librairie française. Il y rencontra Myriam, qu'il avait appelée à plusieurs reprises depuis Paris. Elle lui montra la pile de livres qu'elle venait de recevoir et qu'elle apporterait, le soir même, à la conférence de Tel-Aviv. Nonchalamment, Salmon fit le tour de la boutique, en feuilletant, par réflexe, sans même y prêter attention, deux ou trois revues. Son regard se porta ensuite sur un livre, bien en évidence sur le bureau de Myriam, dont la couverture représentait une montagne blanche d'où se dégageait un feu puissant. Irrésistiblement il tendit la main pour le prendre. Il savait que ce geste était ridicule, il n'aurait jamais le temps de le lire ! Mais c'était plus fort que lui…

— Prêtez-moi ce livre je vous le rapporterai avant mon départ.

Il rentra à l'hôtel et se prépara pour son intervention à l'Institut français. Pas de cravate, une simple chemise ouverte et son blazer bleu marine fétiche qu'il portait régulièrement lors de ses conférences. Il mit la main dans sa poche pour en ressortir un brouillon tout froissé, quelques mots y étaient griffonnés : *Qumran* ! Il hocha la tête avec nostalgie. Il s'agissait des quelques lignes qu'il avait écrites sur ce sujet en Normandie et que Nelly avait lues. Il avait mis instinctivement cette feuille de papier dans la poche de sa veste qu'il portait là, maintenant.

Il reprit machinalement *Le Livre sans couverture* que Mendel lui avait donné pour en poursuivre la lecture, mais le téléphone de sa chambre sonna, il était attendu à la réception de l'hôtel. Ce serait pour plus tard.

19 HEURES – INSTITUT FRANÇAIS DE TEL-AVIV

Une cinquantaine de personnes patientaient devant la salle où serait donnée, d'ici une demi-heure, la conférence. Certaines étaient debout, d'autres assises autour de tables installées près d'une buvette, à même la rue, devant le perron de l'Institut. Salmon se retrouva face à une femme d'une soixantaine d'années et se sentit obligé de lui parler, par courtoisie.

— Vous habitez Tel-Aviv ?

— Non, répondit l'inconnue, je suis en vacances.

— Et vous êtes…

— Je m'appelle Danielle Arfi, je suis une amie de Mendel.

Il n'insista pas. C'était un peu cavalier, mais il n'avait pas envie de faire la conversation, il devait garder toute son énergie pour sa conférence.

Ce fut l'heure. Il fit un petit signe de tête à l'inconnue et pénétra dans la salle. Tout se passa fort bien, maîtrisant parfaitement son sujet, Salmon avait pour habitude de toujours improviser, c'était plus vivant pour le public. Les questions fusèrent, il y répondit de bonne grâce.

La conférence terminée, les auditeurs quittèrent les lieux par petits groupes. Salmon se retrouva seul avec Mendel qui expliqua, penaud, qu'il n'avait pas trouvé de guide pour le lendemain. Salmon n'était pas vraiment surpris, il s'y attendait, mais il n'était pas inquiet, il se laisserait guider. S'il avait réellement une mission à accomplir, la porte qui lui montrerait le chemin s'ouvrirait d'elle-même.

— Tu ne veux pas aller à Be'eri, insista Mendel. Tu peux t'y rendre en taxi, ce n'est pas très cher.

Avant qu'il ait le temps de répondre, une femme se dirigea vers lui, elle venait d'assister au colloque. Elle lança à brûle-pourpoint :

— J'étais à Qumran cet après-midi !

Qumran ! Alors qu'il serrait entre ses mains la feuille de papier sur laquelle il avait écrit les quelques lignes sur Qumran ! C'était le signe qu'il attendait.

De manière péremptoire, il s'adressa à elle :

— Accompagnez-moi demain à Qumran !

— Mais j'en viens.

— Je vous en prie !

— C'est d'accord, répondit-elle sans plus hésiter.

— On verra plus tard pour Be'eri, dit-il à Mendel.

Incrédule, ce dernier se demandait comment cette femme, qui ne connaissait pas Salmon, avait pu accepter une telle invitation. Pour ce dernier la réponse de l'inconnue était évidente, tout était si étrange depuis qu'il était en Terre Sainte, qu'il ne s'étonnait plus de rien. Il prit rendez-vous avec elle pour le lendemain huit heures. Elle se prénommait Maggy, passait ses vacances ici et Salmon ne devait pas trop lui déplaire.

Il n'était pas loin de minuit lorsque Mendel le raccompagna à l'hôtel.

Une fois dans sa chambre, avec fébrilité il appela Dominique à Paris. Nelly était toujours dans le coma, mais il n'y avait aucune aggravation, ses fonctions vitales fonctionnaient bien. Soulagé et rasséréné par cette information, sans réfléchir et toujours mû par cette force incroyable qui ne l'avait pas quitté depuis Paris, il sortit de sa veste le feuillet de Qumran pour en souligner les trois dernières lignes :

« *Le soleil lançait ses dards à travers l'espace éthéré. Tout semblait irréel, dans l'angoisse, la tourmente. Dans le très loin Jérusalem ! De l'autre côté les Monts du Moab. Et là-bas dans ce contrebas escarpé, la mer pestilentielle et honteuse. Un sel invraisemblable et un sable introuvable ! Des pierres grossières ! Le désert, les rochers et les grottes saupoudraient un paysage lunaire. Des bâtisses étagées ! La salle de prière, la citerne des bains rituels et les bancs pour l'étude ! À main droite, une plate-forme rocheuse. Une vague bâtisse s'en détachait. Dans la mince ligne raccordant le précipice au bâtiment, il reconnut un aqueduc. Ainsi, devant lui, se profilait le but de son équipée : la maison des frères.* »

Puis comme un automate, de façon irrationnelle, il se dirigea vers la pile de feuilles qui lui servaient de brouillons. Il prit sans hésitation, comme si son geste lui était imposé, le recto de la première feuille du dessus et la retourna sur la partie dactylographiée, correspondant à un texte qu'il avait écrit à Paris. Il en souligna les phrases suivantes :

« Va sur la montagne au cœur de biche, là où tu jouais avec Adam. À mi-pente, tu verras un gros rocher noir dont la forme rappelle la tête d'un lion. Tu y porteras la Porte du ciel qui orne la synagogue de Bagaï et tu la placeras sur ce rocher. Lorsque s'y réfléchiront les rayons du soleil, tu suivras l'ombre portée de la lumière. Alors ton peuple sera sauvé. »

Il plia les deux feuilles aux paragraphes soulignés et se coucha. Ce qu'il venait de faire était insensé, il en avait conscience mais c'était plus fort que lui, comme si une force le lui avait ordonné.

Lundi matin : grottes de Qumran

Après avoir glissé dans sa poche les deux feuilles qu'il avait soulignées la veille au soir, Salmon rejoignit Maggy qui l'attendait dans sa voiture devant l'hôtel. Direction Qumran ! Mythique promontoire rocheux aux multiples grottes escarpées, surplombant la Mer Morte ! Point le plus bas de la terre, entouré de montagnes arides ! Mer difficile et obscure aux parois déchiquetées par les dunes de sel ! Mer s'étendant sous les pieds de Dieu et que Loth parcourut en fuyant Sodome et Gomorrhe !

En chemin, Salmon raconta à Maggy les épisodes exaltants qu'il vivait depuis Paris et qui l'avaient mené jusqu'ici, dans le seul but de retrouver un vieux manuscrit en araméen, datant du début de l'ère chrétienne.

— Vous croyez que nous allons trouver ce manuscrit à Qumran ? s'étonna-t-elle.

—Je l'ignore. Je vais me fier aux signes que je reçois... et ils nous indiquent Qumran. C'est d'ailleurs vous qui m'avez mis sur la voie hier soir... Je sais que tout ça peut sembler irréel, mais depuis Paris, je ne vis que des choses étranges.

Après deux heures de route, ils arrivèrent. Salmon était dans un état second, ses pensées virevoltaient, des phrases, des mots insensés s'imprimaient dans son subconscient. Il avançait comme un automate.

À l'entrée du site, sur la gauche, ils passèrent devant une petite salle de projection.

— On peut commencer par regarder le film sur les Esséniens, suggéra Maggy

— Excellente idée !

Démarra alors un documentaire d'une dizaine de minutes :

Les Manuscrits de la mer morte constituent la plus étonnante découverte archéologique du XXe siècle. En 1947, un jeune bédouin, à la recherche d'une chèvre égarée, jeta une pierre à l'entrée d'une grotte, haut perchée, sur le site de Qumran. Le son produit étant par trop inhabituel, le jeune berger revint le lendemain en exploration et trouva dans la grotte, rangée le long d'une paroi, une série de jarres en terre cuite contenant de nombreux paquets renfermant des manuscrits. Des membres de la tribu du jeune bédouin apportèrent, les jours suivants, au marché de Bethléem, ces manuscrits pour les vendre. Appelé en consultation pour évaluer l'un des parchemins, le Professeur E. Sukénik, de l'Université hébraïque, réalisa immédiatement qu'il était en présence d'un authentique manuscrit de la période du second Temple. Cette découverte entraîna par la suite de nombreuses fouilles dans la région, qui permirent de retrouver de nombreux manuscrits dans onze grottes. Aujourd'hui, une partie des manuscrits se trouve dans la « Maison du Livre », au Musée Israël de Jérusalem. »

Le film terminé, une porte s'ouvrit sur le côté : ils étaient dans l'antre de Qumran. Des grottes éparses sur une montagne étrange… une plateforme aride et ocre déchirée par un soleil écrasant. Une mer morte et silencieuse à l'horizon, personne. Salmon avança ému, ses pas étaient saccadés, il entendit des sifflements, il était pris d'un vertige inexpliqué. Que faire ? Comment trouver ce manuscrit ? Il se remémora le proverbe de Stéphane Toune, le journaliste : « *Si tu as une révélation authentique qui doit arriver, tu es porteur d'une force bouleversante, et obligatoirement elle déclenche des forces contraires. Si elle parvient à maturité, elle peut vaincre ces forces contraires, sinon elle est détruite.* »

Il devait donc se méfier des forces du mal. La seule solution était de brouiller les pistes en s'abritant derrière Maggy, l'innocente. C'est elle qui prendrait à son insu l'initiative, lui resterait passif. Il calquerait ses pas sur les siens et se laisserait guider. Il était comme possédé.

Maggy se dirigea vers la falaise face au précipice, Salmon la suivit. Elle recula, il recula. Elle avança, il avança. Ils arrivèrent sur des vestiges de bâtiments qui auraient appartenu à la communauté des Esséniens. Salmon chercha désespérément le moindre indice qui lui indiquerait où pouvait être caché ce manuscrit. Rien. Il relut, à haute voix, les lignes qu'il avait soulignées sur Qumran :

« *À main droite, une plateforme rocheuse. Une vague bâtisse s'en détachait. Dans la mince ligne raccordant le précipice au bâtiment, il reconnut un aqueduc. Ainsi, devant lui, se profilait le but de son équipée : la maison des frères* ».

Maggy observait le paysage qui leur faisait face. Des ruines un peu partout, des excavations. Elle s'assit sur un petit muret au bout de la corniche, Salmon l'imita. Elle poussa un oh de surprise, tout en pointant sa main vers les restes d'un bâtiment situé à une vingtaine de mètres, juste devant eux :

— Mais c'est là ! Ça crève les yeux ! Voilà la bâtisse, devant nous, comme vous l'avez décrite. Tout y est. À main droite, l'aqueduc, le précipice, tout est en face. C'est incroyable, vous êtes déjà venu ici ?

— Mais non !

— Vous avez vu des photos de cet endroit ?

— Non, vraiment ! J'ai écrit cette page après avoir écouté une émission littéraire sur les manuscrits de la mer Morte. Je n'avais jamais vu de photos de Qumran avant cette émission.

— Votre cerveau a dû enregistrer des images de ce site, inconsciemment ! D'une manière ou d'une autre, il y a quand même quelque chose de troublant dans cette histoire. Dans la situation que vous décrivez, vous précisez « *A main droite* ». Or, on ne peut voir l'aqueduc qui va du précipice au bâtiment que d'un seul endroit : là où nous sommes actuellement assis. Dans n'importe quel autre angle du site, que ce soit en face, à gauche, à droite, votre description du lieu ne collerait pas avec la réalité que nous vivons en ce moment même. C'est de la clairvoyance !

— Peut-être, mais je ne vois aucun manuscrit ici. Ce site a été visité des milliers de fois et s'il y avait eu quelque chose, il aurait déjà été découvert. En tout cas, je ne comprends pas ce que j'ai souligné : « *Là est le but de ton équipée : la maison des frères*... » Nous sommes à la maison des frères ! Là est le but de ton équipée ! Et après ? Ça veut dire quoi ? C'est peut-être une simple piste. Il faut chercher ailleurs le manuscrit de Cornélius Hégémon.

La tête de Salmon allait exploser. Il était sur une terre sacrée, des âmes pures et élues avaient prié ici dans le passé. Il sentait leur présence bénéfique. Elles l'aideraient dans sa quête de vérité. Ici les esprits d'hier semblaient lui donner la connaissance absolue qu'il utiliserait au profit du bien. « *Esséniens, vous êtes là, je le sens* ! » Pourtant le médecin de Qumran n'arrivait plus à raisonner, il fit un effort surhumain pour prendre l'autre feuille, dont il avait souligné plusieurs phrases.

— Il faut maintenant trouver la solution à cette seconde énigme. C'est peut-être là que nous trouverons ce manuscrit. Maggy, que fait-on maintenant ?

— On peut aller à Massada.

— Avons-nous le temps d'aller si loin ?

Le médecin de Qumran avait l'intime conviction que Massada n'était pas la bonne solution. Mais il ne devait rien dire, il devait se méfier des forces maléfiques et continuer à suivre Maggy, la candide.

— Effectivement c'est un peu loin, répondit-elle. Allons à Ein Gédi, c'est tout à côté.

Il était soulagé. Il savait que c'était le bon endroit.

Ein Gédi

En arrivant à Ein Gédi, Salmon se souvint qu'en 1967, moins d'un mois après la Guerre des Six-jours, il était venu ici, avec un ami, dans le Kibboutz qui bordait la réserve naturelle de ce lieu, à deux pas de la Mer Morte. Ils avaient dormi dans une tente de fortune, tout près d'une carcasse d'un camion éventré et d'une voiture calcinée, après des tirs d'artillerie venant de la Jordanie toute proche. Témoins des violents combats qui avaient fait rage dans le coin quelques semaines plus tôt, ces véhicules n'avaient pas encore été dégagés. Salmon avait eu, à l'époque, une pensée émue pour les victimes innocentes qui avaient dû se retrouver coincées dans ces véhicules pris pour cible. Il avait alors passé une nuit blanche dans la crainte qu'un scénario identique ne se reproduise. Qui sait ! tout était si fragile en 1967 ! La trêve signée à l'époque avec les pays arabes pouvait à tout instant être rompue et la guerre repartir en quelques secondes.

Mais trente années plus tard, tout ça n'était plus qu'un lointain et triste souvenir. En plus du Kibboutz situé tout à côté, Ein Gédi était surtout une luxuriante oasis au nord de ce désert du Néguev, où la main de l'homme avait planté des arbres issus de toutes les contrées du monde. Ein Gédi ! Ilot de verdure, au milieu des montagnes, d'où jaillissaient de nombreuses cascades, tranchant sur ce décor sortant des abîmes de la terre. Cet étrange coin de paradis faisait face donc à la Jordanie, parmi les sommets du Moab. Il était situé non loin du Mont Nébo, d'où Moïse avait laissé son peuple entrer en Terre Promise. Tout y était brûlant, déchiré, abîmé. Tout était beau ici, comme certainement le kibboutz de Be'eri, dont lui avait tant parlé Mendel et qu'il n'avait pas le temps de visiter. Ce serait pour plus tard.

Le médecin de Qumran ne prit pas le temps d'apprécier ce paysage majestueux, il n'avait qu'une seule obsession : retrouver ce fameux manuscrit. Il n'y avait personne dans le parc, ce n'était pas la saison. Ils abordèrent l'ascension avec courage en empruntant un petit sentier rocailleux. Salmon tenait fermement dans la main sa deuxième feuille de brouillon. Comme à Qumran, ses oreilles bourdonnaient, les bruits étaient amplifiés. Avec peine, il lut à haute voix :

« *Va sur la montagne au cœur de biche, là où tu jouais avec Adam. À mi-pente tu verras un gros rocher noir dont la forme rappelle la tête d'un lion. Tu y porteras la Porte du ciel qui orne la synagogue de Bagaï et tu la placeras sur ce rocher. Lorsque s'y réfléchiront les rayons du soleil, tu suivras l'ombre portée de la lumière. Alors ton peuple sera sauvé.* »

Il relut en martelant chaque bout de phrase :

« *Va sur la montagne au cœur de biche.* »

Au même instant, au loin, devant lui, il aperçut une biche. Tout à côté, un panneau avec une inscription en hébreu.

— Maggy ! Traduisez-moi ce qui est écrit sur ce panneau !

« *Le sentier des biches !* »

Elle poursuivit, tout étonnée :

— C'est invraisemblable, vous lisez *le cœur de biche,* et à cet instant précis apparaît une biche et on trouve l'inscription : Le sentier des biches.

— C'est ainsi depuis Paris. En tout cas, nous sommes sur la bonne route.

À cet instant, il trébucha sur un caillou et se rattrapa en catastrophe à une branche d'arbre. Il observa le paysage : des éboulis, une maigre verdure devant lui, des arbres plus resplendissants tout autour, de l'eau qui coulait en un mince filet. Il s'arrêta au bout d'un moment et lut :

« *À mi-pente tu verras un gros rocher noir dont la forme rappelle la tête d'un lion.* »

Au même moment il croisa un couple, le seul qui se trouvait dans le parc et qui écoutait avec attention ses paroles. L'homme s'exprima en français.

— Ce que vous dites est dans la Bible ?

— Non, je cherche un gros rocher noir à tête de lion ! En avez-vous vu un ?

— Oui, un peu plus haut, répondit l'homme.

Le médecin de Qumran était fébrile. Ce Français devait l'aider.

— Accompagnez-moi à ce rocher. S'il vous plaît.

— Si vous voulez, répondit-il, sans l'ombre d'une hésitation.

— Je t'attends ici, Salmon, dit l'épouse de l'homme.

Ils avaient, tous les deux, le même prénom et un prénom rare. Alors que Maggy, un peu interdite devant ce comportement fantasque, restait avec l'autre femme, les deux hommes enjambèrent un petit rocher, au moment précis où surgit le gardien.

— Il est 16 heures, on ferme, vous ne pouvez plus monter.

Salmon était contrarié, il ne pouvait plus poursuivre son chemin, il leva instinctivement les yeux au ciel pour voir les rayons du soleil se réfléchir sur le sommet de la montagne d'Ein Gédi. Il prit la feuille de brouillon et lut :

« *Lorsque s'y réfléchiront les rayons du soleil, tu suivras l'ombre portée de la lumière. Alors ton peuple sera sauvé.* »

— Mon Dieu ! dit-il, je suis arrivé ici au moment précis où les rayons du soleil se réfléchissent sur la montagne !

Il s'adressa à Maggy :

— Voyez-vous ! J'ai écrit ces phrases que nous venons de vivre, il y a un certain temps et hier soir « quelque chose » a mis un stylo dans ma main pour les souligner, sinon je n'aurais rien remarqué.

— Étonnant, s'exclama Maggy.

— En tout cas que ce soit ce texte ou ceux de mon livre *La Porte du ciel*, j'ai écrit des scènes prémonitoires.

Narcisse – Mardi matin

Comment fermer l'œil lorsque l'on est confronté à autant d'événements insolites ? Salmon n'avait dormi que deux heures, il ne sentait pas la fatigue, tout ce qui lui arrivait était tellement extraordinaire. Avec une certaine appréhension il composa le numéro de téléphone de Dominique. Il avait peur d'entendre une mauvaise nouvelle ! Non, l'état de Nelly était stationnaire. Il eut subitement un espoir insensé. N'était-il pas en terre Sainte ! Là où se sont produits tant de miracles. Dieu n'abandonnerait jamais sa bien-aimée, un vent d'optimisme balaya soudain ses doutes et il raconta à Dominique son fabuleux périple sur la mer Morte. Elle était dubitative, pour elle, il était en plein délire.

Aujourd'hui c'est dans le nord d'Israël qu'il donnerait sa conférence. Mendel viendrait le chercher vers 15 h 30, ils visiteraient d'abord Saint Jean d'Acre, puis ils se rendraient à Haïfa, cette cité moderne qui avait pris son essor au début du mandat britannique aux alentours des années 1920. Salmon savait que ses très lointains ancêtres, partis d'Alger, avaient débarqué vers 1840 dans ce port avant de se rendre à Safed, en Galilée, mais rien de plus. Mendel avait réussi à le culpabiliser pour Be'eri, mais le kibboutz était dans le sud du pays et si intéressant qu'il puisse être, Salmon n'aurait pas le temps d'aller le visiter.

Pour l'heure c'était la balade, la détente. Ses pas le conduisirent sur la place Dizengoff, un des cœurs de Tel Aviv, « noire » de monde. Il ne put s'empêcher de penser aux évènements de la veille, il était persuadé d'avoir reçu deux messages à Qumran et Ein Gédi. Il se devait de les comprendre pour pouvoir découvrir ce manuscrit sacré révélant l'énigme de Jésus. Alors qu'il était perdu dans ses pensées, il sursauta devant le crissement désagréable d'une voiture freinant brutalement. Ce n'était pas une bonne idée d'être venu se dégourdir les jambes dans cet endroit si fréquenté, il ne s'y trouvait pas à l'aise, il lui fallait plus d'espace. Il se dirigea alors vers la plage, déserte à cette heure-ci. Euphorique, il avança jusqu'aux flots et remercia le ciel de l'avoir choisi : « Je suis élu. Élu ! Élu ! C'est grâce à toi Nelly, Merci ! Merci ! » Il reprit ensuite le chemin de la ville, déambulant dans les rues de Tel-Aviv, regardant avec dédain ces quidams anonymes qui croisaient sa route et qui ignoraient qui il était.

Il sortit un kleenex de sa poche pour s'essuyer le front, il transpirait à grosses gouttes. Il faisait si chaud ! Il ressentit subitement une grande fatigue, il était temps pour lui de rentrer à l'hôtel pour se reposer avant sa nouvelle conférence. Il fut brutalement pris d'un vertige épouvantable, il éprouva une sorte de vide intense, le laissant sans ressort. Il était las… las… las… Le manque de sommeil, la chaleur, le trop-plein d'énergie qui l'animait étaient-ils la cause de ce subit changement d'état ? La force qui l'animait jusque-là venait de le quitter. Fini les prémonitions. Fini la flamme. Fini la mission. Il revenait à la normalité.

Dans sa chambre, il passa son visage sous l'eau froide et s'allongea sur son lit, tentant vainement de trouver le sommeil. Au bout de quelques secondes, il se leva d'un bond, sans raison apparente, pour prendre le livre qu'il avait emprunté à la librairie du foyer français. Il l'ouvrit *au hasard* et tomba derechef sur la phrase suivante :

« *Quelqu'un m'a donné un livre sans couverture. C'est l'histoire de Narcisse. Il se regardait dans l'eau d'un lac. Il se trouvait tellement beau, qu'il est tombé dedans et il s'est noyé.* »

Livre sans couverture ! Comme le livre sans couverture de Cornélius Hégémon ! De toute évidence, cette citation s'adressait à lui. Il agissait comme Narcisse ! « *Sois prétentieux, vaniteux, orgueilleux, et tu seras exclu du plan* », semblait-on lui dire quelque part. C'était un avertissement qui lui était donné. Il se souvint alors des paroles de Paul, quinze ans plus tôt, lors de ses premières révélations :

« *Le vrai voyant n'a pas de certitude, ce n'est hélas pas souvent le cas. Ceux qui s'imaginent posséder ce pouvoir se prennent parfois pour des êtres supérieurs et même des élus. Certains manquent totalement d'humilité, alors que tout peut s'arrêter du jour au lendemain.* »

Le message était clair, il devait rester dans l'humilité pour avoir accès à la Vérité. Les yeux fermés, il sentit à nouveau la force revenir en lui. De là-haut une seconde chance lui était donnée. Nelly dans le coma le guidait, il en était persuadé, il se promit d'être à la hauteur cette fois-ci. Il comprenait maintenant pourquoi il avait pris, par pulsion, à la librairie française, sans raison apparente, ce livre qu'il ne pensait jamais lire.

Alors il ferma les yeux, tentant de prendre quelques instants de repos. Un moment plus tard Mendel vint le chercher pour Haïfa via Saint Jean d'Acre, cette mythique cité, où se heurtèrent arabes et croisés. Ils visitèrent la forteresse des hospitaliers qui fut le siège de l'ordre de Saint Jean de Jérusalem au XIIIe siècle. Salmon était impressionné.

— La grande aventure humaine s'est nourrie de ces pierres sacrées qui jalonnent le pays. Beaucoup de souffrance ici depuis l'époque romaine. L'histoire nous observe, dit-il avec gravité.

— Oui, répondit Mendel, après la destruction du Temple par Titus, malgré une résistance qui dura plus d'un siècle, les romains devinrent maîtres de la région qui fut entièrement dévastée. Afin de punir Israël de sa révolte et d'effacer tout lien avec sa terre, Hadrien débaptisa la Judée qui fut alors appelée province de Syrie-Palestine. Les juifs furent interdits de séjour dans la cité Sainte. La Galilée et les villes côtières devinrent alors les nouveaux centres spirituels des gens du Livre. Beaucoup prirent le chemin de l'exil se réfugiant parmi les nations du monde, même si de nombreux noyaux d'irréductibles restèrent, assumant durant deux millénaires la continuité de la parole divine en Terre Sainte. Mais lorsque l'empereur romain Constantin, en l'an 312, se convertit au christianisme tout changea. Jérusalem redevint Jérusalem et le monde chrétien redécouvrit avec bonheur la ville sainte.

Sur tous les lieux visités par Jésus, on fit bâtir des églises et des sanctuaires, dont le Saint Sépulcre.

— C'est quoi exactement le Saint Sépulcre ? questionna Salmon qui se souvint avoir vu l'image de cette basilique à Paris, dans le métro, à la station Franklin-Roosevelt, alors qu'il se rendait chez Virgin.

— Le Saint sépulcre est un des lieux les plus sacrés de la Chrétienté. Il a été construit à Jérusalem, après la conversion de l'Empereur Constantin. Il s'agit du tombeau du Christ, c'est-à-dire l'endroit où son corps a été déposé après la Crucifixion.

— Tu en sais des choses Mendel. Bravo.

— Oui, c'est le bénéfice de l'âge qui m'incite à me renseigner sur le passé, pour mieux comprendre le présent.

Ils passèrent ensuite devant la mosquée El Jazzar. Son splendide minaret culminait dans le ciel, semblant s'adresser aux nuages. Les murs étaient décorés d'arabesques et d'incrustations de marbre colorées, avec des inscriptions en arabe.

—Nous n'avons pas le temps de visiter l'endroit, dit Mendel, mais on dit qu'il y a un coffre-fort en ses murs qui contient des cheveux qui auraient appartenu au prophète Mahomet. Cette mosquée a été construite par Ahmed El-Jazzar, un grand guerrier bâtisseur, mais aussi très cruel. Chaque ouvrier qui faisait la moindre erreur sur les chantiers de construction était puni et enterré vivant. Elle se trouve sur l'emplacement d'une église Byzantine qui fut détruite par les Arabes, après leur première conquête de la ville.

—Tu m'impressionnes Mendel, je ne te savais pas si expert.

— Ces temps anciens sont passionnants. Chaque pierre résonne d'une histoire qui a façonné le monde. Un petit cours Salmon ? proposa Mendel.

— Avec plaisir. Ces époques sont complexes à comprendre.

— Bien ! poursuivit Mendel. Jusqu'au VIIe siècle le christianisme domina la région d'abord avec Rome ensuite avec les Byzantins, les Grecs en quelque sorte si tu préfères. Puis la vague de l'Islam submergea l'Orient et le croissant prit le dessus sur la croix. Juifs et chrétiens n'eurent plus le droit de monter à cheval et durent porter un signe distinctif. Les mosquées remplacèrent les églises. Mais le temps de la révolte sonna en Europe, ce fut l'époque des croisades pour la délivrance du tombeau du christ. En 1099, Godefroi de Bouillon entra à Jérusalem. Juifs et musulmans furent massacrés. Les mosquées redevinrent des églises et le Croissant fut remplacé par la Croix. La mosquée d'El-Aksa devint le Temple de Salomon et la Coupole du Rocher, le Temple du Seigneur. Entre le marteau et l'enclume, entre l'Islam vaincu et la Chrétienté triomphante, les misérables communautés juives présentes encore en Terre Sainte survivaient dans l'espoir qu'un jour l'Éternel se souvienne de son peuple. Il s'installa alors un cycle de guerres entre chrétiens et musulmans qui dura plus d'un siècle. Ce cycle se termina en 1291 par l'éclatante prise de Saint Jean d'Acre, où nous sommes actuellement, par les Mamelouks. Ce qui sonna le glas des croisés.

— En voyant ces lieux si tranquilles aujourd'hui, on ne pourrait pas se douter qu'ils furent le théâtre d'affrontements aussi sanglants dans le passé, s'étonna Salmon.

— Oui, tout s'est calmé après, puisqu'en 1517 les Ottomans devinrent les maîtres de la région et la Palestine ne fut plus qu'une petite province de ce grand empire, qui comprenait la Turquie, les Balkans et les rives sud et Est de la Méditerranée. Le royaume de la « Sublime Porte », comme il était appelé, dura quatre siècles. D'abord flamboyant entre 1520 et 1566, au temps de Soliman le Magnifique, l'Empire ottoman commença à décliner au milieu du XIXe siècle. Jérusalem était devenue une cité pauvre, sans intérêt et la région laissée à l'abandon. Les juifs religieux, soumis à la loi du *Dhimmi*, consacraient leur temps à l'étude, les Arabes, fatalistes, au gré de leurs nomadismes plus ou moins réguliers, y vivaient misérablement.

— Bravo Mendel. Je connaissais cette histoire dans les grandes lignes, mais tu as magnifiquement résumé la situation. Ce qui s'est passé après l'Empire ottoman, avec la Grande Bretagne qui devint le maître de cette région à l'issue de la Première Guerre mondiale, est assez connu, puisque ce n'est pas si lointain que ça.

— Voilà. On est presque arrivé. Je pense que ce soir tu vas te régaler, car il y aura pas mal de musulmans, enfin d'Israéliens musulmans qui manient bien le français et qui sont très ouverts.

— *Inch'allah*, conclut avec un sourire Salmon.

Danielle Arfi – Mercredi

Salmon était toujours sous le choc de ce qu'il venait de vivre que ce soit à Paris ou en Israël. Tous ces événements extraordinaires qui s'enchaînaient les uns après les autres à une vitesse incroyable étaient-ils réels ou créés par son cerveau en ébullition. Pourquoi *La Porte du ciel* lui fouettait-elle ainsi le visage ? Pourquoi en vivait-il certaines scènes ? Y avait-il vraiment un secret caché dans ce livre ? Il faudrait qu'il puisse en relire certains passages, il était peu vraisemblable que Mendel le connaisse. À tout hasard il le questionna par téléphone :

— Oui, j'ai ce livre, répondit l'homme, étonné.

— Peux-tu me l'apporter.

— Bien sûr, tu l'auras vers 16 heures lorsque je viendrai te chercher pour Netanya.

Comment un tel bouquin pouvait-il se retrouver en Israël, alors qu'il avait compté très peu de lecteurs lors de sa sortie en France ?

À l'heure convenue, Mendel gara sa voiture devant l'hôtel. Danielle Arfi, qui avait assisté à sa conférence de Tel-Aviv, était assise côté passager avant, feuilletant *La Porte du ciel.* Salmon s'installa à l'arrière.

— Je dois déposer Danielle en chemin, expliqua Mendel.

Voir cette femme parcourir son roman rendit Salmon subitement volubile. Une étrange pulsion le poussa à lui raconter tout ce qui lui arrivait depuis Paris. Au bout d'un moment, Mendel arrêta son véhicule.

— Danielle, tu peux descendre, tu es arrivée.

Salmon la retint par la main en hurlant, comme possédé :

— Non, non, elle doit rester !

— D'accord ! D'accord ! dit-elle, effrayée.

Mendel redémarra, ce qui calma Salmon qui poursuivit son récit jusqu'au moment crucial pour lui :

— Dans ce livre, dit-il, David, le héros, a sa main gauche marquée par une cicatrice, la cicatrice de Dieu, et j'ai cette cicatrice.

Il montra alors sa main gauche à Danielle. Là, subitement, ils crièrent ensemble :

— Je me rappelle ! Je me rappelle !

Ils étaient, à cet instant, tous les deux, Salmon et Danielle, projetés dans le passé, une cinquantaine d'années en arrière, au moment précis où, âgé d'à peine dix ans, Salmon s'était fait cette entaille. En glissant, il s'était empalé la paume de la main gauche sur des clous plantés sur le dessus d'un portail. Une fillette légèrement plus âgée que lui se trouvait à ses côtés. Elle le regardait, terrorisée… et elle n'était autre que cette Danielle, assise dans cette voiture, devant lui, 50 ans plus tard. Salmon perdit connaissance quelques secondes, tandis que Danielle, ahurie, observait la cicatrice, tout en répétant : « *Ça alors, ça alors, ça alors. Je me souviens* ». Salmon hocha la tête en marmonnant : « *comment est-ce possible, comment avons-nous pu faire un tel saut dans le passé ?* »

Salmon se rappela alors des moindres détails de la scène, alors qu'il n'était absolument pas préparé à revivre ce souvenir. Tout se passait à Alger, il avait été invité à un anniversaire avec de nombreux enfants, dont cette Danielle, qu'il n'avait plus jamais revue. L'avant-veille, à Tel-Aviv ils ne s'étaient pas reconnus. Cette image d'un autre temps avait surgi aussi bien dans son esprit que dans celui de cette femme. C'était l'événement lui-même qui était présent, là, sur la route de Netanya, et pas son souvenir : la main de Salmon venait de s'empaler sur ces clous une seconde fois. Pour lui, fragilisé par tant d'événements insolites, cela pouvait se comprendre, mais il était surprenant de voir Danielle prise dans ce tourbillon.

Mendel, intrigué, ne chercha plus à comprendre les délires de Salmon, il aida Danielle à sortir de son véhicule. Quand elle entra dans le bâtiment, lieu de la conférence, il entendit encore son énième : « *Ça alors* », comme un murmure. Le livre, *La Porte du ciel,* venait brutalement se matérialiser de nouveau, ce qui confirmait qu'il représentait pour Salmon une pièce maîtresse de quelque chose qui lui échappait encore.

Si je t'oublie Jerusalem que ma main droite t'oublie – Jeudi 8 heures

Anxieux, Salmon se demandait ce qui allait se passer à Jérusalem. L'émotion de se retrouver dans la Ville Sainte le rendait inquiet. Son cerveau était une véritable ruche et de curieuses images traversaient son esprit. Là encore, comme guidé, il remplit une feuille de papier de mots énigmatiques :

« *Être soi-même... ça peut s'arrêter – humilité - ne pas se prendre au sérieux - Même si un élément positif est arrivé, la suite peut ne pas se produire - Donc attendre toujours que quelque chose vienne et te remette sur la route - ne pas disjoncter - toujours être dans le doute - toujours faire le bien...* »

Avant de quitter sa chambre, il prit des nouvelles de Nelly. Son état restait inchangé, il était cependant plus inquiet que les jours précédents. Ce devait être la fatigue, il était soumis à de rudes épreuves et il avait beau être cartésien, il avait vraiment beaucoup de mal à garder son self-control de peur d'être à nouveau atteint de délires insensés.

Il retrouva, dans le hall de l'hôtel, Jean-Pierre Causse, l'Attaché culturel du consulat de France. Il lui servirait de guide jusqu'à quatorze heures, ensuite Madame Laforet, responsable de l'association Moriel à Jérusalem, prendrait le relais jusqu'à l'heure de la conférence. Mendel ne serait pas présent.

Sur la route la conversation fut des plus banales, Salmon éluda toute question personnelle. Alors que les premiers contreforts de la Ville Sainte apparurent dans le lointain, il eut une tendre pensée pour son père, Eliezer là-haut dans le Ciel. Au même instant le portable de l'attaché culturel sonna.

— Bonjour Eliezer, répond-il.

Il s'agissait d'un ami de l'attaché culturel... Même si Salmon commençait à être rodé à ces étincelles du hasard, en entendant ce prénom, ses yeux s'embuèrent de larmes. À cet instant, il eut la certitude d'avoir reçu un clin d'œil de Là-Haut et cette protection paternelle lui fit chaud au cœur.

Jean-Pierre Causse se gara dans une petite ruelle au pied de la vieille ville. Il proposa de suivre le chemin de croix du Christ, et de terminer par le Mur des lamentations. Pourquoi pas ! Les deux hommes commencèrent donc leur marche dans le secteur arabe de la ville. Une foule grouillante de touristes se pressait pour participer aux nombreuses processions organisées dans ce secteur de la ville. Tout était si étrange. Combien de larmes et de prières avaient-elles éprouvé les pierres usées de ces lieux sacrés ? Il faisait chaud, Salmon transpirait, il était sur le qui-vive. Pourquoi ce trajet, suivi par le Christ, le mettait-il dans un tel état ? Il était en panique, aucun son ne pouvait sortir de sa gorge. Le papier qu'il avait écrit, en transe, avant de partir de l'hôtel ! Où était-il ? Là !

Dans sa poche... Se laisser bercer par ces étranges phrases... Et tout irait bien.

Ils avancèrent lentement dans les ruelles animées de la vieille ville. La vision de Salmon se troubla. Des Arabes l'entouraient, le pressaient, lui parlaient, le suivaient. Il fut pris de malaise, il sentait la souffrance sur son corps épuisé et insomniaque, mais il fallait continuer. Il relisait constamment les phrases écrites sur la feuille de papier, persuadé de refaire le trajet du Christ dans le même état de détresse qui avait dû être le sien, il devait ressentir tout ce qu'il avait dû ressentir. Ce calvaire semblait lui être imposé. Devant lui, l'attaché culturel, indolent et impassible, ne se rendait compte de rien. Salmon nota la signification de chacune des stations du Christ, écrites en plusieurs langues :

« Choix entre Barrabas et Jésus, couronne d'épines déposées sur la tête de Jésus

Jésus ôte ses vêtements, il met ceux des condamnés. On lui donne la croix

Ici le Christ tombe sous le poids de la croix

Là, il est aidé par sa mère, Marie

Lieu où il s'est assis. Simon de Cyrène l'aide à porter la croix. Endroit où il a posé sa main

Véronique lui essuie le visage avec un mouchoir

Il tombe une deuxième fois.

Il console, à cet endroit, les femmes de Jérusalem

Il est tombé pour la troisième fois.

Il se déshabille, et se déchire. »

Salmon se retrouva enfin devant le Saint-Sépulcre ! Il savait maintenant que c'était le lieu le plus sacré du monde chrétien. Une foule innombrable de pèlerins s'y pressait. Elle entraînait Salmon, l'hébreu, à l'intérieur. Troublé par la magnificence de l'endroit, il médita quelques instants afin de récupérer ses esprits et il ressortit du sanctuaire. Au bout d'un temps dont il n'avait plus la notion, l'attaché culturel l'entraîna dans une petite ruelle presque déserte.

— Pas trop difficile ? Vous me semblez tendu ! s'étonna Jean-Pierre Causse qui ne s'était aperçu de rien.

— Non. Tout va bien.

— Nous allons nous reposer, nous avons tout notre temps. Je vous propose de nous désaltérer dans un café, ensuite nous irons au mur des Lamentations. C'est à deux rues d'ici.

Le secteur juif de Jérusalem les attendait maintenant. Dans ces ruelles sales et malodorantes, Salmon découvrit une foule aussi dense que dans le quartier chrétien. Chaque recoin était chargé d'histoire et de symboles. Là le roi Salomon aima la Reine de Saba, ici les prophètes Jérémie, Ezéchiel, Isaïe, rappelèrent à ce peuple à la nuque roide ses devoirs et ses obligations, ici encore les troupes de Nabuchodonosor écrasèrent le royaume de Juda en détruisant le premier Temple de Jerusalem. Que d'hommes en prière, que de cérémonies religieuses. Ferveur identique côté juif et chrétien. Deux mondes qui se croisaient sans jamais se rencontrer. Pourtant tous priaient le même Dieu, de la même façon.

Salmon arriva enfin devant le mur des Lamentations. Ému, il mit sa kippa et se recueillit en ce lieu mythique où des milliers de mots griffonnés dépassaient des interstices entre les pierres. Il eut une pensée pour Nelly en priant Dieu pour qu'elle récupère. Il s'isola un moment, 2000 ans d'histoire venaient lui fouetter l'âme. Il pensa de toute son âme à Jérusalem.

« Jérusalem ! Cet axe du monde des temps anciens, que les cartographes du Moyen-Âge reproduisaient par le pistil d'une fleur et dont les pétales représentaient le reste du monde.

Jérusalem conçue par David, le roi des Hébreux, qui en fit la capitale du royaume d'Israël !

Jérusalem où les différentes communautés dans ce XXIe siècle belliqueux se croisaient sans se regarder !

Jérusalem où les imposants minarets, protégés par les muezzins à la voix perçante appelant les fidèles à la prière, rivalisaient fièrement avec la sonnerie des cloches des églises voisines, aux coupoles bariolées accueillant les pèlerins !

Jérusalem où, au pied du mur des lamentations, se faisait entendre le cri déchirant du choffar *symbolisant la corne du bélier qui remplaça Isaac sur le rocher du Mont du Temple, lors du sacrifice d'Abraham !*

Jérusalem, cette cité immortelle, que les exilés juifs en diaspora ont pleurée durant deux millénaires en psalmodiant dans chacune de leurs prières : « que ma main droite se brise et que ma langue se dessèche sur mon palais si je t'oublie ! Ô Jérusalem ! »

Jérusalem, cette cité, légende indicible des Cieux, dont se réclament tant de nations, qui fut l'objet de toutes les convoitises !

Jérusalem, ville mythique, s'étalant sur des collines à l'atmosphère pure, aux milieux des cèdres, des cyprès et des pins permettant à l'esprit de communier avec l'indicible !

Jérusalem baignée de lumière dans un ciel éclatant où l'on sent peser sur soi le poids de l'histoire, de la force et de la foi !

Jérusalem, ce bout de Terre, si petit, sur lequel repose tout le poids de l'humanité. Jérusalem, bâtie sur ce rocher mythique, maintes fois détruite et maintes fois reconstruites, surgissant aux sommets de nulle part, entourée de montagnes présentes pour l'Éternité !

Jérusalem où Jésus de Nazareth chassa les marchands du Temple et apporta la Bonne Nouvelle ! Jérusalem où les soldats de Ponce Pilate crucifièrent le fils de l'homme, avant que son message de paix et d'amour n'ébranle avec force et douceur le monde civilisé de l'époque !

Jérusalem détruite sans pitié par les légions romaines, Titus leur guide en tête, amenant jusque dans les affres du néant les juifs qu'ils haïssaient, avec les prêtres, servants immuables de Dieu, outragés et empalés, holocauste que la mémoire de tous à jamais n'oubliera !

Jérusalem où le Temple de la bible, joyau consacré à l'amour du divin, qui avait rayonné au cœur des hommes, fut brûlé en l'année 70 et dont il ne reste qu'une muraille de soutènement, devenu avec le temps le Mur des Lamentations ! »

Après ce moment de communion avec le divin, Salmon rejoignit alors l'attaché culturel du consulat de France qui, près des remparts de la vieille ville, le confia à Claudine Laforet.

— Nous avons quelques heures avant le début de la conférence, lui dit-elle, que désirez-vous visiter ? dit-elle.

— Je vous laisse choisir.

— Que pensez-vous du musée des manuscrits de la mer Morte ? proposa Claudine.

Plus rien n'étonnait le médecin de Qumran. Bien qu'épuisé par cet insolite bain de foule, il eut encore la force d'esquisser un léger sourire :

— Oui, allons visiter les Esséniens, dit-il.

Il était dans le même état second qu'à Qumran, trois jours plus tôt. Ces vieux parchemins racontaient l'histoire de l'humanité, avec fébrilité il recopia un des textes essentiels des Esséniens :

« Dieu a institué, dans chaque homme, deux esprits
Qui lutteront l'un contre l'autre, jusqu'au moment de sa Visite
Ce sont les esprits de justice et de perversion.
La justice a en horreur les chemins de la perversité
Et la perversité a en horreur les chemins de la justice
Par l'Ange des ténèbres se perdent les fils de justice.
Mais le Dieu d'Israël et son Ange de fidélité
Viendront au secours des fils de lumière
Et au temps de sa visite, Dieu détruira la perversité à jamais,
Et alors, la justice paraîtra pour toujours dans le monde. »

Salmon ne savait pas que cette dualité du bien et du mal qui avait imprégné toute son âme l'avant-veille à Qumran représentait une des règles fondamentales de cette secte. Il fit immédiatement le rapprochement avec le proverbe de Stéphane Toune, le journaliste :

« Si une révélation authentique doit arriver, tu es porteur d'une force bouleversante, et obligatoirement elle déclenche des forces contraires. »

La visite se termina, mais il leur restait encore pas mal de temps avant le début de la conférence. Claudine Laforet invita Salmon à prendre un café et entama une conversation sur la France qu'elle connaissait assez bien.

— En 1972, dit-elle, j'ai vécu à Paris avant de venir en Israël. J'habitais avenue d'Italie.

— Tiens c'est amusant, moi aussi j'étais avenue d'Italie en 1972.

— Mon immeuble s'appelait le Périscope, poursuivit-elle.

— Mais c'est là que j'habitais ! Et on ne s'est jamais rencontrés !

— L'immeuble était tellement grand !

— Oui, une trentaine d'étages !

— J'étais au deuxième, aile gauche, répliqua-t-elle.

— Et moi au premier, aile gauche aussi. Nous étions l'un au-dessous de l'autre !

Elle fit la même moue que Danielle en répétant « *ça alors !* ». Salmon lui expliqua que ce genre de situation était devenue presque banale, depuis qu'il était en Israël. Pour lui cette rencontre n'était pas fortuite et l'incita à tout dévoiler à son interlocutrice. Elle l'écouta, impressionnée, puis lui confia :

— Lorsque j'ai habité Paris, au Périscope, à l'époque où vous y étiez, j'ai fait un rêve qui m'a profondément marquée. Je me suis toujours demandé quelle était sa signification. Aujourd'hui, je crois, après tout ce que vous venez de me dire, qu'il s'adresse à vous.

— À moi !

— Oui, je vais vous le raconter, poursuivit-elle, *le roi David fait un concours de javelots, une sorte de tournoi par équipes, il a un vase dans la main gauche. Je lui demande : « Qu'est-ce ? » Il me répond « c'est un trophée, il représente la justice. »*

VENDREDI

Pour Salmon c'était le dernier jour de son drôle de périple israélien. Il avait reçu un message de Mendel lui indiquant qu'il ne pouvait pas venir, immobilisé par un pénible lumbago. Mais il le reverrait certainement un peu plus tard à Paris. Quant au livre sans couverture, Salmon n'avait qu'à le laisser à la direction de l'hôtel où Mendel enverrait quelqu'un pour le récupérer. C'était mieux ainsi, Salmon n'avait pas envie de parler. Il se devait de digérer toutes les informations que son inconscient ou son conscient, il ne savait plus très bien, avait reçues durant ce voyage. Là, il avait besoin d'un grand bol d'air et surtout d'être seul. Il décida de faire un petit tour sur la plage, tôt ce matin-là. Il pensa alors à sa conférence de la veille à Jérusalem où il y avait eu peu de monde. Il s'était senti blessé en voyant la grande salle qu'on avait mise à sa disposition quasi vide. Toute cette organisation, cette dépense d'énergie pour si peu de gens ! Quelle différence avec Netanya, fief, il était vrai, des juifs francophones. Mais sa prestation s'était bien déroulée et il avait bouclé son programme tranquillement, en savourant la fin de ses obligations. Il avait décidé de s'octroyer une journée de repos, avant son retour en France le lendemain qu'il pressentait difficile. Impossible de se rendre à Be'eri, c'était trop loin en cette veille de Chabbat. Ce serait lors d'un prochain voyage. La force qui l'animait était toujours là et il tenta de décortiquer les deux phrases soulignées à Qumran et Ein Gédi, essayant de les relier au rêve de Claudine Laforet.

Il chercha quelques analogies entre *La Porte du ciel* et ce manuscrit qu'il croyait devoir retrouver. Non ! C'était trop compliqué. Il fallait laisser décanter et reprendre tout ça à Paris, à tête reposée, où il y verrait certainement plus clair. Face à cet assaut de signes aussi impressionnants les uns que les autres, son esprit était trop submergé pour comprendre quoique ce soit. Il rentra à l'hôtel pour se reposer quelques instants, après avoir rapporté à la librairie du foyer français le livre sur Narcisse, qu'il avait finalement judicieusement emprunté. Le téléphone sonna alors. On l'invitait pour déjeuner à Netanya. Il déclina tout d'abord la proposition qui lui avait été faite, mais devant l'insistance bonne enfant de son interlocuteur, il finit par accepter. Il avait en tête les phrases lues la veille au musée des manuscrits de la mer Morte, à Jérusalem : Il ne devait pas contrer les forces positives qui se présentaient à lui. Or, cet homme, qui l'avant-veille l'avait accueilli avec tant de chaleur à Netanya, ne pouvait être qu'une force bénéfique.

Vers 12 heures, son interlocuteur de Netanya l'attendait dans le hall de la réception de l'hôtel. Il enfila sa veste fétiche et prit sans réfléchir la feuille de papier qui l'avait guidé dans les rues de Jérusalem :

« *Être soi-même — ça peut s'arrêter – humilité – ne pas se prendre au sérieux – Même si un élément positif est arrivé, la suite peut ne pas se produire – Donc attendre toujours que quelque chose vienne et te remette sur la route – ne pas disjoncter – toujours être dans le doute-toujours faire le bien.* »

Brusquement, alors qu'il se trouvait dans la voiture, sans même comprendre ce qu'il faisait, il barra un mot au hasard, de façon instinctive, sans réfléchir. Sur sa lancée, de façon saccadée, il en barra un autre, puis un autre et encore un autre, très vite, sans même prendre le temps d'analyser les mots barrés, jusqu'à ce qu'il n'en reste qu'un seul. Sa main s'arrêta et il put lire :

« *HUMILITÉ* ».

Lundi 10 avril 2000 – Le matin des magiciens

Le retour de Salmon à Paris fut compliqué, il avait beaucoup de mal à se concentrer, toujours sous le choc de ce qu'il avait vécu en Israël. Au moment de son départ, la veille, il avait eu une nouvelle surprise. En rendant *le livre sans couverture* pour Mendel à la réception de l'hôtel, ce dernier lui avait échappé des mains et était tombé sur le sol en s'ouvrant presqu'à la fin. En le ramassant Salmon avait lu la première phrase d'un texte étrange encadré, écrit manuellement :

« Ici destinée magique de l'arche sainte ».

Mais, pressé par le temps, il n'avait pas pu continuer la lecture de cet ouvrage, dont il n'avait lu que les deux premiers chapitres le premier jour de son arrivée en Israël. Il interrogerait Mendel plus tard pour avoir plus de détails. Ce livre particulier renfermait peut-être d'autres éléments sur le manuscrit narrant la mort de Jésus.

Pour l'heure, il lui était très difficile d'accepter ce quotidien banal et laborieux après avoir côtoyé le « Divin ». Il ne put se confier à sa fille et lui parler de ses incroyables expériences, elle ne voulait rien entendre, pour elle, il avait perdu le contact avec la réalité et devait se faire soigner. Il était dépité et se retourna vers Dominique, elle au moins le comprendrait. Son emploi du temps professionnel souple, sa vie privée inexistante lui permettait de gérer son temps comme elle le souhaitait.

Le lendemain, après avoir rendu visite à Nelly et tenté, en vain, de contacter Mendel, juste avant de retrouver Dominique au café du Trocadéro, il s'arrêta à la petite librairie papeterie située à deux pas de son domicile pour acheter des enveloppes. Tout en payant, il demanda à brûle-pourpoint au commerçant :

— Avez-vous *Le Matin des Magiciens*, de Pauwels ?

— Je vais vérifier dans ma réserve, répondit-il.

Avant son départ pour Israël, une de ses patientes, à qui il s'était confié, lui avait conseillé ce livre :

— Il est sorti il y a quelques années, il vient d'être réédité en livre de poche, vous y trouverez des choses intéressantes.

Quelle nouvelle extravagance était-ce là ? Il était hors de question qu'il achète ce livre, il n'avait aucune envie de lire en ce moment. D'ailleurs, il était improbable qu'une petite librairie de quartier puisse avoir un tel bouquin. Pourtant, moins de deux minutes plus tard, le commerçant brandissait fièrement un exemplaire sous ses yeux :

— Vous avez de la chance, c'est une commande annulée, j'allais le rendre.

— Je le prends, dit Salmon, étonné par sa propre décision.

Il se retrouva dans la rue, tout bête avec ce bouquin entre les mains, qu'il ne lirait jamais et dont il ne connaissait même pas le thème.

Dominique était déjà installée au café et Salmon lui parla d'emblée de Nelly :

— Je suis très inquiet, va-t-elle s'en sortir ? Son coma est incompréhensible, l'électrocardiogramme est redevenu normal, les examens n'ont rien révélé de particulier et elle n'a aucun antécédent. Tout ça me mine.

— Oui Salmon je suis moi aussi très touchée, répondit-elle. Ma meilleure amie est entre la vie et la mort et j'espère de tout mon cœur qu'elle pourra à nouveau rire, chanter, bouger et que vous pourrez vivre pleinement votre amour.

— Si sa famille, surtout sa sœur qui n'est pas très commode, nous laisse tranquille. Enfin ce n'est pas à l'ordre du jour pour l'instant, répondit Salmon, soucieux.

L'atmosphère n'était pas à la fête, après un long et pesant silence, Salmon évoqua longuement son étrange aventure en Terre Sainte :

— Je suis persuadé d'avoir reçu deux messages là-bas : un à Qumran et l'autre à En Gédi. J'ai également été brièvement en possession d'un livre *sans couverture*, une sorte de codex écrit à la main, qui renferme certainement d'importants secrets de l'époque antique. J'ai eu également l'impression que Nelly me guidait, c'est fou !

Il fit une moue dubitative.

Le garçon apporta les boissons commandées ce qui laissa le temps à Dominique de réfléchir quelques instants avant de lui répondre :

— Vous êtes en grande souffrance Salmon, là est l'explication de votre perception hors norme des choses, c'est d'autant plus logique que vous êtes parti dans un endroit propice à ce genre de manifestations.

— Je ne sais pas, mais voilà la ligne que j'ai recopiée du livre *sans couverture*. Il y a quelque chose là-dessous, j'en suis certain.

Il lui montra le texte :

« *Ici destinée magique de l'arche sainte* ».

— Bon et alors !

— Je ne sais pas, je vais appeler mon ami Mendel, là-bas, pour avoir un peu plus de renseignements sur ce livre.

Des larmes perlèrent sur les joues de Salmon :

— Je suis au bout du rouleau, j'ai envie de tout abandonner.

— Non, Salmon, il faut réagir. Je vous promets de vous aider, je ne vous laisserai pas.

Elle lui caressa le visage, mais elle ne devait pas se méprendre, il ne recherchait qu'une oreille attentive. Tout naturellement il la tutoya :

— Dominique, tu es adorable, mais je ne pourrai pas te donner plus qu'une belle amitié, car Nelly est dans mon cœur.

— N'aie aucune inquiétude Salmon, je ne te demande rien, j'ai toujours eu une âme de bon samaritain. Je sais que tu m'as prise pour confidente parce que j'étais l'amie de Nelly et rien de plus.

Le regard de Salmon s'assombrit :

— Bon, mais tu sais, je te l'ai dit, je n'en peux plus. Je vais tout arrêter. Je n'arrive plus à opérer et puis je n'ai plus le goût pour ce travail.

— Tu broies du noir, c'est logique, répondit Dominique. Tu verras clair un peu plus tard, lorsque les nuages qui t'entourent se dissiperont.

— Non, j'y pense depuis longtemps. Les circonstances ont fait que je suis devenu le médecin des nantis et cela me dérange maintenant. Je ne suis pas un mondain, même s'il m'arrive parfois de côtoyer pour mon travail ces gens. Je n'ai rien à leur dire, ils ne parlent que de bridge, golf, impôts ou vacances lointaines, parfois des misères du monde, c'est vrai, mais avec une telle distance que je ne participe même plus à leurs conversations. Est-ce mon passage en Terre Sainte qui me fait prendre conscience de la vanité de certaines choses ? Je ne sais pas, tout va trop vite.

— C'est pour ça que tu veux changer de vie ! Je comprends mieux ! Et dire que je te croyais un homme de salon. Pourquoi ne redeviendrais-tu pas généraliste ?

— Peut-être, on verra. Changer de vie d'un claquement de doigts, c'est quand même compliqué.

— Tu aimerais vivre ailleurs dans un endroit calme et paisible ?

— Oui, j'y ai déjà pensé, surtout après mon divorce, mais c'était difficile avec ma fille petite. Aujourd'hui la donne est différente, malheureusement je n'ai pas assez d'audace, il est difficile de tout abandonner sur un coup de tête. En fait il faudrait que le destin m'envoie un signe qui me permettrait d'avoir le courage de franchir le pas.

— Un signe ? Que veux-tu dire par là ?

— Je ne sais pas, quelque chose qui ressemblerait à ce que j'ai vécu en Israël.

— C'est absurde ! Tu as pris tes désirs pour des réalités, là-bas. Tes prémonitions ne sont que des coïncidences dues au hasard, certes extraordinaires mais de simples coïncidences. Tu es psychologiquement fragile et ces phénomènes étranges, que tu as été le seul à percevoir, prennent des dimensions disproportionnées avec la réalité. Ne prends pas de décisions hâtives, tu risquerais de le regretter.

— Coïncidences ! Hasard ! L'étrange histoire sur la route de Netanya avec cette Danielle Arfi, que j'avais connue dans mon enfance, ne peut pas être due au hasard ! C'est comme si ce que nous avions vécu enfants avait resurgi dans le présent et était même devenu le présent.

— J'ai même forcé le destin en l'empêchant violemment, contre son gré et contre toute logique, de quitter la voiture pour que cet instant du passé survienne dans notre présent, comme si je savais ce qui allait arriver.

— Je ne suis pas convaincue, lui répondit-elle.

Comment lui expliquer qu'une vie invisible semblait exister bel et bien et que c'était vraisemblablement celle-ci qui l'avait guidé.

À ce moment, Solange Mallet l'appela sur son portable, elle se trouvait à Paris et voulait lui demander un conseil. Salmon lui proposa de les rejoindre.

— Tu vas enfin la connaître, dit-il à Dominique. Tu es hermétique à mes propos n'est-ce pas ? Pour toi je fais des choses insensées ! Je comprends ton point de vue. Si tu avais pu me voir tout à l'heure, tu m'aurais pris pour un dingue. Avant de te rejoindre, j'ai acheté de façon compulsive un livre *Le Matin des Magiciens*, comme si, contre toute logique, une force m'avait obligé à le faire.

— Et alors ?

— C'est ainsi depuis Israël.

— Quel rapport avec tes prémonitions ?

— Heu… C'est vrai que j'ai du mal à démêler tout ça et je ne sais pas s'il s'agit vraiment de prémonitions. Pour simplifier, c'est comme si mon cerveau percevait à l'avance des événements qui vont se dérouler un peu plus tard et qu'il m'oblige à faire des choses insensées, afin que « ces étincelles de hasard » surviennent. J'ai l'impression que tout est déjà écrit et programmé.

Salman Rushdie

Dominique était toujours incrédule et son scepticisme commençait à devenir pesant. Heureusement Solange arriva, ils allaient enfin pouvoir changer de sujet. Pourtant, une fois les présentations faites et après que Salmon lui ait donné le conseil qu'elle était venue chercher, Dominique enfonça à nouveau le clou. Elle voulait continuer cette conversation sur le paranormal et sa permissivité. Salmon tenta de faire diversion en parlant d'autre chose, mais Solange entra dans le jeu, apportant de l'eau au moulin de Salmon :

— L'état de coma dans lequel se trouve votre amie Nelly et les signes que vous avez eu en Israël me rappelle une étrange histoire dont j'ai été le témoin. Vous vous souvenez de Salman Rushdie ?

— Oui très bien, répondit Dominique. Cette affaire m'avait passionnée. Ça se passait, me semble-t-il, fin 88. Rushdie avait publié *Les Versets sataniques*, suscitant une vive polémique dans le monde musulman. L'ayatollah Khomeiny, chef de l'Iran, dénonçant le livre comme « blasphématoire » envers l'Islam, avait décrété une *fatwa* contre Rushdie et ses éditeurs, les condamnant à mort.

— C'est exact, poursuivit Solange, à cette époque, en novembre 1988, je m'en souviens encore, j'étais bénévole dans un kibboutz en Israël en compagnie d'une vingtaine d'étudiants de toutes nationalités, venus cultiver la terre. Alors qu'il se trouvait en plein désert du Néguev dans un village arabe, un de ces étudiants, d'origine française, eut une vive altercation avec plusieurs Bédouins sur ce fameux Salman Rushdie qui défrayait tant la chronique. Au nom de la liberté d'expression, il ne comprenait pas qu'on puisse utiliser des arguments barbares, dignes du temps de l'inquisition, pour empêcher un homme de parler et qu'on le menace de mort. La conversation s'envenima, le ton monta, l'étudiant en vint aux mains avec ses interlocuteurs, il reçut un violent coup sur la tête qui le plongea dans un coma profond durant une bonne quinzaine de jours. On le ramena au kibboutz, on le croyait perdu, mais par miracle il en réchappa, sans aucune séquelle. Cependant à son réveil il était désorienté, il disait entendre des voix intérieures qui lui dictaient quatre phrases étranges : *« Saint Olivier – Six jours avant l'adoption de la Déclaration des droits de l'Homme – La veille de Saint-Barthélemy eut lieu la proclamation des libertés religieuses – Ces trois énigmes seront résolues par le calendrier grégorien. »* C'était incompréhensible, il semblait s'agir d'une sorte de rébus. Il nous demanda l'agenda de 1989 qui venait d'être édité par la société Hibiscus. On se mit à sourire devant cette requête insolite. Il nous indiqua que c'était un ordre qui lui venait du plus profond de lui-même, sans jamais avoir entendu parler de cette société. Il était comme possédé, nous supposions que c'était dû à son coma. On lui administra, en vain, des sédatifs puissants, mais il réitérait constamment sa demande qui en devenait obsessionnelle. On s'inquiéta sérieusement. Devant son état de fébrilité et d'excitation, il nous fallait à tout prix dénicher cet agenda, s'il existait. On le trouva assez difficilement et je me souviens avoir vu son visage se détendre en quelques secondes lorsqu'il l'eut entre les mains. Il s'agissait d'un magnifique livre cartonné d'une centaine de pages, couleur bleue, au titre très symbolique : *Agenda du bicentenaire – 1789-1989.* Cet ouvrage très sophistiqué avait été conçu pour être un livre de carnet de rendez-vous, sous forme de semainier. Chaque page était illustrée des calligraphies, photos, reproductions de documents d'époque ou de tableaux concernant les différents évènements qui avaient secoué la France en 1789. Chaque journée du calendrier était ponctuée de quelques lignes de commentaires sur les faits du jour. Ainsi, à la date du vendredi 14 juillet, on pouvait lire : « *Prise de la Bastille. Dès le soir du 14, le peuple entreprend la démolition de la forteresse symbole.* » Pour le dimanche 30 avril : « *Élection de Washington à la présidence des États-Unis d'Amérique.* »

L'étudiant feuilleta très longuement l'almanach, puis il prit la feuille de papier sur laquelle étaient inscrites les quatre phrases qu'il disait avoir reçues de l'au-delà durant son coma : *Saint Olivier – Six jours avant l'adoption de la déclaration des droits de l'Homme – La veille de Saint-Barthélemy eut lieu la proclamation des libertés religieuses – Ces trois énigmes seront résolues par le calendrier grégorien.*

Il chercha à quelle date correspondait la Saint-Barthélemy (le 24 août) et il s'attacha à en noter la veille, c'est-à-dire le mercredi 23 août. Puis il rechercha la Saint Olivier, c'était le 12 juillet. Il feuilleta ensuite le calendrier page par page, jusqu'à la date où il trouva inscrit : jour de la Déclaration des droits de l'Homme, c'était le 26 août, il retrancha Six jours, comme indiqué sur le petit mot qu'il avait écrit dans un état second, et il nota sur sa feuille de papier : 26 août-6 août = 20 août. Il nous lut à haute voix 23 août, 12 juillet et 20 août sont les solutions de mon problème.

Nous l'observions tous, ahuris, nous étions convaincus qu'il avait perdu la raison. Sans aucune hésitation, l'étudiant se porta à la fin de l'agenda. Il donnait un aperçu du calendrier grégorien utilisé avant la révolution française où chaque jour était symbolisé non pas par un saint mais par un animal, un végétal ou un métal. Par exemple le 2 germinal était représenté par le PLATANE, le 15 ventôse par la CHÈVRE etc. Il chercha les correspondances avec les trois dates du calendrier moderne qu'il venait de noter.

23 août =
6 fructidor, avec le mot TUBÉREUSE symbolisant ce jour
20 août =
3 fructidor, avec le mot LICOPERDE pour ce jour
12 juillet =
24 messidor, avec le mot ORCANETE

On était médusé. On lui demanda à quoi correspondaient ces dates et ces trois mots étranges, il n'en savait rien sinon qu'ils étaient porteurs d'un message. Il voulait qu'on en fasse l'anagramme et pour lui, la seule personne compétente, capable de s'acquitter de cette curieuse tâche, était son frère avec qui il communiqua par téléphone à Paris. Une petite heure plus tard, il avait la solution, avec les lettres de ces trois mots : TUBEREUSE, LICOPERDE, ORCANETE, son frère avait trouvé : « *Le Coran ose et perturbe ce Dieu.* »

L'étudiant, agnostique comme on l'apprit plus tard, était soulagé et il se détendit subitement. Que s'était-il passé ! Nous en avions longuement discuté avec les personnes qui nous entouraient et aussi notre ami. Nous en avions conclu alors que l'approche de la commémoration de la date du bicentenaire avait vraisemblablement poussé quelque chose au fond de lui-même à réclamer ce calendrier, comme s'il savait par avance qu'il y trouverait ces trois mots insolites porteurs d'un message. Peut-être son subconscient, effrayé par l'attaque violente dont il avait été victime, utilisa-t-il ce moyen subtil et caché pour dénoncer, à sa manière, en utilisant des méandres invraisemblables certains excès religieux, d'autant que l'étudiant était athée. Ce qui explique, là aussi dans les méandres insondables de son cerveau qu'il ait mis « ce » dieu.

— Il aurait tout aussi bien pu mettre le contraire : *Ce coran ose et perturbe Le Dieu,* dit Dominique. Et là il y aurait eu risque pour sa personne. C'est vrai que tu n'as pas le droit de contester les paroles dictées par le Coran et certains extrémistes prennent ça au premier degré et alors patatras. J'ai eu entre les mains, d'ailleurs, il y a peu de temps une explication qui dirait que les juifs ont reçu, oui, la parole divine et qu'ils s'en sont détournés, donc Dieu les a punis et ils ne peuvent, comme les chrétiens, n'être que des *dhimmis.* Ça explique d'ailleurs une bonne partie du différend avec le monde arabo-islamique, qui n'accepte pas que les juifs soient leurs égaux, d'où ce problème entre Israël et la Palestine.

— Dans tous les cas, dit Salmon, en Israël, j'ai vraiment eu l'impression d'avoir été poussé par une force ! L'histoire que vous venez de nous raconter me donne l'impression d'un plan fou, sous forme d'une énigme compliquée, mais précise et malicieuse, qui aurait été créée par le cerveau de cet étudiant pour découvrir cette phrase sur le Coran. Je pense que mes expériences d'Ein Gédi et de Qumran entrent dans la même catégorie et tout ça lié aussi à ce livre sans couverture de Mendel. Vous voyez, ma chère Solange, je suis rassuré. Je ne suis pas le seul dont l'esprit, après avoir été secoué, se retrouve dans des chemins inhabituels et complexes.

— Quel est-ce le livre sans couverture ? interrogea Solange.

— Peut-être une nouvelle boîte de Pandore, répondit Salmon en souriant. Je vous en dirai plus lorsque j'aurai contacté en Israël l'homme qui me l'a prêté.

— Si j'ai une chose à te conseiller, persifla Dominique, c'est d'oublier ce bouquin, il ne peut rien t'apporter de bon. »

Salmon haussa les épaules et au bout d'un moment la conversation devint plus légère. Solange indiqua qu'elle était toujours sous le charme du livre, *La Porte du ciel*, qu'elle verrait bien en film. Elle avait beaucoup de relations dans le monde du cinéma et pensait qu'il pouvait intéresser quelques réalisateurs. Invitée au festival de Cannes en mai, elle voulait s'en occuper.

— Il faut beaucoup d'argent pour monter un tel film, répondit Salmon, mais pourquoi pas après tout ! Ce livre vient de sortir aux États-Unis, et qui sait ! Là-bas ils ont les moyens de monter des superproductions… Solange, je vous donnerai demain une dizaine d'exemplaires de la version anglaise que je viens de recevoir... De toute façon, ça ne change rien, Nelly est toujours entre la vie et la mort.

Elle est comme une enfant qui s'éteint

TROIS SEMAINES PLUS TARD

Salmon avait tenté à plusieurs reprises d'entrer en contact avec Mendel pour lui demander des renseignements sur le livre sans couverture, en vain. Il venait enfin d'avoir l'explication. Mendel faisait une sorte de retraite à Be'eri. Il allait régulièrement dans ce kibboutz qui avait marqué à tout jamais son adolescence, méditant sur l'infini et l'absolu. Il avait demandé à ne jamais être dérangé, sauf raison grave. Là en l'occurrence, il n'y avait aucune urgence et Salmon pouvait donc attendre, il avait d'ailleurs d'autres préoccupations. Il venait de raccompagner jusqu'à la porte de la clinique, un certain Georges Nelson, qui, suspicieux, voulait comprendre pourquoi l'intervention chirurgicale de Nelly, supposée sans risque, s'était mal passée. Salmon ne l'avait qu'à moitié convaincu et il s'attendait à ce que l'homme revienne à la charge. Ancien amoureux éconduit de Nelly, Nelson s'imaginait avoir encore des droits sur elle. Étrange ! Nelly ne lui avait jamais dit qu'elle avait vécu, pourtant plusieurs années, avec cet homme. Pourquoi ce secret bizarre. Elle semblait transparente pourtant. Certes il ne la connaissait pas depuis bien longtemps et nul doute qu'à un moment ou un autre elle lui aurait parlé de ce si particulier personnage. Mais il éprouvait un étrange sentiment de malaise, il n'était pas tranquille. Il avait face à lui un rival, il le sentait, qui récidiverait sûrement, sans compter sur l'animosité persistante de Gaétane. Il chassa ces sombres pensées, pour l'heure l'urgence était ailleurs. L'état de santé de Nelly venait de se dégrader subitement puisqu'en plus de son coma, on venait de déceler une paralysie de la jambe gauche. Il donna les dernières nouvelles à Dominique et lui posa quelques questions sur ce Georges Nelson. Elle tenta de le rassurer, en expliquant que Nelly était un personnage plutôt secret et parfois versatile, elle minimisa « l'affaire », il valait mieux concentrer leurs énergies sur la santé de son amie. Salmon acquiesça bien sûr, mais il était en fait très déstabilisé. Ainsi ses nuits devinrent encore plus difficiles, il vivait une véritable souffrance, gérant difficilement cette situation. Pour se rassurer, il appela Ghislaine, la voyante, en vain. Il avait déjà tenté de l'avoir après son retour de « *Terre Sainte* » pour lui parler de ses étranges expériences d'Israël, mais son téléphone sonnait dans le vide. Il s'en inquiéta auprès de Solange qui n'avait aucune information, sinon qu'elle avait cru comprendre qu'elle partait pour un certain temps à l'étranger. Là était certainement la raison de ce silence.

Seule petite éclaircie dans ce ciel gris, Solange qui devait l'appeler de Cannes où elle se trouvait depuis quelques jours. Le staff d'un grand producteur américain avait sélectionné, dès le premier jour du festival, une centaine de livres, dont *La Porte du ciel*. Un seul serait adapté pour le cinéma. En attendant cet appel important, Salmon avait une fois de plus donné rendez-vous à Dominique dans un café pour discuter encore et toujours de l'état de santé de Nelly, ne serait-ce que pour se rassurer. Dominique arriva au moment où Solange appela, euphorique, de Cannes :

« *Sur les 115 livres qu'ils ont reçus, les Américains en ont retenu dix, dont le vôtre.* »

Son roman sélectionné ! Salmon ferma les yeux quelques secondes, quel film merveilleux ce serait ! Une grande fresque historique ! Il raccrocha et pensa à son aimée. Des larmes coulèrent sur son visage :

— Dominique, Nelly me protège, elle vient de me faire comprendre le rêve de Claudine Laforet de Jérusalem !

— Que racontes-tu ? s'étonna Dominique.

— Rappelle-toi, je t'en ai déjà parlé : *C'est le roi David, il fait un concours, un tournoi de javelots, il a un vase dans la main gauche. On lui demande ce que c'est, il répond c'est un trophée, il représente la justice.* »

— Et alors ! s'étonna Dominique.

— Ce rêve concerne mon livre, *La Porte du ciel* !

— Je ne comprends pas !

— Le roi David ! Le tournoi de javelots ! Le vase ! Le trophée de la justice ! C'est dans mon livre et c'est aussi le rêve de Claudine.

— Et alors ? le coupa-t-elle.

— En filigrane je peux l'interpréter comme un petit clin d'œil… il y aura un film.

Dominique était ahuri.

— Tu dis n'importe quoi. Le coma de Nelly te fait perdre la raison. Reviens à la réalité, je t'en prie.

— Non, son coma est symboliquement identique au coma de l'homme qui avait défendu Salman Rushdie. Cet état second donne accès à un monde habituellement secret et invisible, tel celui des rêves prémonitoires, tel celui de Claudine. Oui, c'est le signe que j'attendais pour oser sauter le pas comme je te l'ai déjà dit. Ce n'est pas le hasard ! Je vais enfin vendre mes parts de la clinique, arrêter ce métier difficile et changer de vie. »

— Tu es fou, ton histoire est tirée par les cheveux, ce songe est celui de Claudine, pas le tien et ton interprétation est dénuée de tout sens et même loufoque.

— Non, ces signes font partie du plan étrange de coïncidences qui m'assaillent actuellement. Tout ce qui a trait à *La Porte du ciel* est mythique. »

— Comment peux-tu être aussi naïf ?

— Tu es trop terre à terre !

— Tu délires.

— Non, tu verras, il y aura un grand film. Les droits d'auteur seront conséquents et avec ce que j'ai déjà, je serai largement à l'abri du besoin. Conclusion, je viens de te le dire, je vends mon outil de travail et j'arrête mon métier. Merci Nelly, je t'aime, dit-il, en levant les yeux au ciel, et il se mit à pleurer à chaudes larmes.

Le surlendemain, il retrouva Dominique, mélancolique, devant la porte de la chambre de Nelly, elle étouffa un sanglot :

— Je viens de la voir. Quelle souffrance !

— Oui, j'ai peur. Va-t-elle s'en sortir ? répondit Salmon, inquiet.

Dominique avait entre les mains le livre *Le Manuscrit de Clara.* Elle ne put s'empêcher de dire :

— Je viens de lire ce livre que tu avais laissé dans sa chambre avant ton départ en Israël. C'est un très bel ouvrage, un peu étrange quand même, l'auteur n'a pas eu de chance, une adolescente de 14 ans morte d'une tumeur au cerveau il y a deux ans.

— Je sais, Nelly me l'avait offert car le thème en est la réincarnation.

— Oui, elle parle beaucoup, comme toi dans *La Porte du ciel,* de ses prémonitions et surtout de ses vies antérieures, marquées par le drame. Une phrase m'a frappée dans ce livre, elle correspond exactement à ce que vit Nelly actuellement et que vivait, à ce qu'elle dit sans son livre, cette Clara : *« Elle ne peut plus parler, elle ne peut plus bouger, elle est comme une enfant qui s'éteint. »*

Salmon était interdit. Il resta un long moment silencieux.

— Dominique, Clara, a été ma femme dans une vie antérieure.

— Quoi !

— Le déclic, ce sont les mots : *« Elle ne peut plus parler, elle ne peut plus bouger, elle est comme une enfant qui s'éteint. »*

— Je ne comprends rien !

La Porte du ciel est un livre de réincarnations successives. J'ai vécu en Israël une partie des scènes de ce livre et tu en répètes mot pour mot une des phrases qui se trouve aussi dans *Le Manuscrit de Clara* qui traite des mêmes sujets. Je me suis trompé, je suis persuadé que c'est elle que j'ai connue dans une vie antérieure et non pas Nelly comme je l'imaginais jusque-là. Nos esprits sont connectés et elle m'a guidé en Israël. Elle est là pour nous protéger, j'en suis sûr. D'ailleurs elle a incité Nelly à acheter son livre.

Dominique était terrifiée.

— Tu ne peux pas, sur une simple phrase, échafauder une théorie aussi saugrenue.

— Je ne divague pas, tu sais bien qu'il m'arrive actuellement des choses insensées. Eh bien, c'en est une de plus.

Il était comme possédé, persuadé d'être guidé cette fois-ci par Clara. Tout ça lui donna un nouvel élan, la force qu'il avait ressentie en Israël et qui devenait vacillante, devant les doutes et le jugement réprobateur de ses proches, s'amplifia de nouveau. Oui, Nelly et Clara l'aidaient, oui il devait changer de vie et se consacrer aux messages divins qu'il avait reçus. Oui il devait vendre son outil de travail. Il reprit *Le manuscrit de Clara* dont il ne voulait plus se déposséder, il le lirait plus tard lorsqu'il serait plus calme, là il risquerait d'être encore plus déstabilisé. Dès le lendemain, il prit contact avec plusieurs chirurgiens intéressés par ses biens professionnels. Il était serein, dans une douce insouciance, et la suite des événements semblait d'ailleurs lui donner raison. Les Américains avaient éliminé cinq des dix livres qu'ils avaient retenus, et *La Porte du ciel* était toujours en course.

La fille de Salmon était inquiète, elle était convaincue qu'une force maléfique s'était emparée de son père et qu'elle l'entraînait vers l'abîme. Mais lui ne voulait rien entendre et pour cause *La Porte du ciel* continuait à franchir les obstacles.

Il n'y avait plus que deux livres en lice, dont le sien. Réponse bientôt, Salmon était certain de gagner.

Il obtint très rapidement une proposition très intéressante pour le rachat de son cabinet et de ses parts dans la clinique. Dominique lui conseilla de ne pas se hâter et d'attendre la réponse du producteur américain avant de signer, mais il était hors de question qu'il l'écoute. Il ne pouvait plus opérer, et puis cette force qui l'habitait l'obligeait à aller jusqu'au bout, immédiatement.

La règle numéro 1 de Saint Benoît

Le 15 mai le compromis de vente était signé, le médecin de Qumran allait abandonner son cabinet et la clinique sans aucun regret, ni remords.

— Une page se tourne, dit-il à Dominique, dans peu de temps nous aurons la réponse pour le film.

— Je ne comprends pas, en quinze jours tu as tout abandonné, pourquoi t'es-tu ainsi précipité ?

— Tu as raison, moi-même je ne comprends pas ce qui se passe. C'est comme une force étrange qui a pris le contrôle, disons de mon être, et m'a obligé à agir sans réfléchir et le plus vite possible, comme si le temps m'était compté.

— Tout ça est un non-sens. Et pour ton hypothétique film, tu n'as même pas une lettre de ce fameux producteur, Solange te dit n'importe quoi. Tu es trop crédule !

— Non, j'ai reçu un coup de téléphone de la directrice de production qui m'a confirmé que mon livre était finaliste, tout va marcher, d'ici quelques jours nous saurons.

— Et que vas-tu faire maintenant ?

— Je ne sais pas. Je vais me consacrer à Nelly. Je vais aussi tenter d'amadouer sa sœur, il est plus sage que je ne m'en fasse pas une ennemie. Je voudrais également essayer de comprendre ce qui s'est passé en Israël. Je pense avoir reçu plusieurs messages là-bas, je dois les décrypter. J'ai demandé à Mendel de se renseigner sur ce livre sans couverture. Il ne m'a toujours pas rappelé, cet homme est trop laxiste. Je sens qu'il contient des choses importantes que je dois étudier.

— Tu es fou à lier, tu m'as déjà dit ça. Pour moi, dit-elle avec un petit sourire ironique, ces messages que tu t'imagines avoir reçus en Israël, tu les as envoyés à toi-même pour te faire oublier tes problèmes et ta détresse. Et puis quand bien même tu aurais une mission à accomplir, dit-elle, comment vas-tu occuper tout le temps qui va te rester ?

— Je vais travailler dans l'humanitaire en tant que médecin. Qumran a été un électrochoc. Je me dois de m'occuper des autres, après ce que j'ai vécu sur la terre sacrée d'Israël et être un médecin du monde correspondra tout à fait à ma nouvelle vie. J'ai aussi besoin de tranquillité. Je dois méditer longtemps, très longtemps.

Tout à sa tristesse, le 19 mai, deux jours avant la fin du festival de cannes, Solange lui annonça froidement que la production américaine n'avait finalement pas retenu *la Porte du ciel*. Cette mauvaise nouvelle glaça les sangs du malheureux Salmon. Comment était-ce possible ! Tout était pourtant écrit ! Ces signes, ces prémonitions, ces certitudes ! Cet élan qui l'avait guidé jusque-là ! Il ne comprenait plus rien.

Il pensa alors à ce papier, en Israël, dont il avait barré les mots les uns derrière les autres, jusqu'à ce qu'il n'en reste plus qu'un : HUMILITÉ. Il s'en ouvrit à Dominique qui trouva le mot de la fin :

— C'est une leçon Salmon. Tu n'aurais jamais vendu si tu n'avais pas eu, disons, une carotte pour te faire bouger. *La Porte du ciel* était simplement là pour que tu aies le courage d'aller jusqu'au bout, puisque c'était ton désir, mais en Haut, pour rester dans ta logique, on a estimé que tu n'étais pas assez humble pour avoir ton film. Tu dois encore travailler sur toi. Connais-tu l'histoire de Saint Benoît ?

— Non !

— La règle numéro 1 de Saint Benoît, appliquée au onzième siècle dans toutes les abbayes cisterciennes, prônait l'humilité. Lorsque les moines de la communauté procédaient à l'élection du frère responsable, ils excluaient celui qui avait recueilli cent pour cent des votes. Cent pour cent des votes signifiaient qu'il avait voté pour lui, impliquant par-là que, selon lui, il était le plus qualifié pour diriger la communauté. Il avait donc dérogé à la règle numéro un de saint Benoît qui prônait l'humilité.

— Ouais ! En tout cas, moi je suis cassé. Ce mois de mai est à marquer d'une pierre noire. J'ai tout envoyé en l'air. Et pourquoi, mon Dieu, pourquoi ?

— Patience Salmon ! Tu dois croire et les portes s'ouvriront à nouveau. Après tout maintenant que tu es libéré de ton travail, peut-être que ta mission se définira-t-elle d'elle-même. Et puis tu dois t'occuper de Nelly, qui, si elle se rétablit, aura terriblement besoin de toi.

Le Syndrome de Jerusalem

Ce fut un choc pour Salmon, il venait de comprendre brutalement qu'il avait vraiment déliré avec des conséquences irréversibles. Il ne penserait plus à ces soi-disant deux messages reçus à Qumran et En Gédi, il n'appellerait plus Mendel pour le livre sans couverture, il avait fait suffisamment de dégâts comme ça. Aussi sur les conseils de Dominique, accepta-t-il de consulter un psychiatre, en urgence, dès le lendemain, même s'il pensait être réfractaire aux confidences sur canapé et qu'il doutait de l'efficacité d'une telle démarche. Le psy l'écouta attentivement tout en prenant de nombreuses notes, avant de parler à son tour :

— Vous êtes sous pression. En même pas deux mois votre vie a basculé avec une brutalité inouïe. Le choc affectif que vous subissez, votre rupture professionnelle, l'échec de votre projet de film et ce que vous avez vécu en Israël vous ont déconstruit.

— Oui, je sais.

— Souvent, des personnes en état de souffrance vivent des situations étranges. La plupart du temps tout rentre dans l'ordre, mais parfois le dérèglement est tel qu'il peut entraîner de graves conséquences pour la psyché de l'individu. J'ai lu dans une revue spécialisée le cas d'un enfant de huit ans qui se prenait pour un coq, dans ses gestes et son quotidien.

Les parents n'y comprenaient rien. Le psychiatre consulté découvrit les raisons de ce dédoublement de personnalité. En fait, le petit Arpad, c'est ainsi qu'il s'appelait, avait été mordu par un coq. Ce fut un traumatisme qui, sur le moment, le laissa sans réaction. Un an plus tard, en revoyant le même animal, l'enfant, effrayé, développa un cas d'identification au coq. En ce qui vous concerne, l'état de souffrance dans lequel vous vous trouvez a perturbé votre psychisme au point d'entraîner des visions hors normes. Pour vous l'échec est une injustice, alors, pour vous rassurer, vous vous rattachez à des évènements extraordinaires en rapport avec le sacré, que vous construisez de toutes pièces. Vous compensez votre détresse affective en imaginant que le divin vous a donné une mission à remplir au service du bien. Ainsi vous magnifiez ces ressentis à l'extrême en leur donnant une signification extraordinaire, d'autant que vous étiez en *Terre Sainte*, si propice aux miracles bibliques. Vous reliez les événements d'il y a quinze ans à ceux d'aujourd'hui en supposant qu'ils concernent un plan sacré dont vous êtes un des maillons essentiels. C'est faux. Vous commettez des erreurs d'interprétation et partez dans des histoires abracadabrantes, vous extrapolez sur des événements qui n'ont de signification que pour vous seul. Vos visions, même si elles concernent Dieu ou la foi, vous sont personnelles, c'est votre propre réalité que vous percevez et pas celle des autres. Méfiez-vous, vous êtes en danger. Je vous conseille de ne plus penser à ces prémonitions, elles vous sont néfastes. Je vais peut-être vous apprendre quelque chose de difficile à entendre, mais je pense que vous êtes dans ce que nous appelons, en terme psychiatrique, le syndrome de Jérusalem. Les hôpitaux, en Israël, regorgent d'hommes ou de femmes pensant avoir une mission à remplir. Le Dr Yaïr Bar-El, psychiatre, ancien directeur de l'hôpital de Kfar Shaul à Jérusalem, en a longuement parlé dans un rapport qui fait autorité en la matière après avoir étudié les cas de plus de quatre cents patients. La plupart du temps ce sont des touristes ou des pèlerins qui en sont atteints le lendemain de leur arrivée dans la Ville Sainte. Subitement et sans raison apparente, ils manifestent une grande nervosité et une forte anxiété. Ils sont en pleine méditation transcendantale, se livrent à des rites de purification, prennent douche sur douche. Souvent même, ils changent de vêtements, préférant les longues tuniques blanches des héros de la Bible. S'ils sont venus en groupe ou en famille, ils éprouvent alors un besoin irrépressible de s'isoler. Ces personnes ne sont ni agressives ni dangereuses et rarement hospitalisées. Au bout de quatre ou cinq jours, elles réagissent positivement au traitement des psychiatres et récupèrent leur sens des réalités. Gênées, elles sont incapables d'expliquer comment elles sont arrivées à avoir un tel dédoublement de leur personnalité, qui les a poussés à plonger toutes habillées dans le bassin d'un jardin public ou à chanter des cantiques en pleine nuit du haut des remparts de la Vieille Ville. La plupart du temps ces gens ne comprennent pas ce qui leur est arrivé. L'exceptionnelle atmosphère mystique de la Ville Sainte attire toute sorte de déséquilibrés, cependant ce syndrome touche aussi de nombreuses personnes sans le moindre antécédent psychiatrique. Les textes bibliques leur ont décrit une Jérusalem divine, l'endroit de Dieu sur terre. Le choc produit par leur arrivée dans la Ville Sainte réveille chez eux le sens du Sacré. Rêves et réalités s'entremêlent et s'entrechoquent, sans qu'ils puissent faire la différence entre le vrai, le merveilleux et le banal. Ceux qui ont de graves problèmes personnels, des positions outrées ou certaines croyances en l'au-delà, vont immanquablement devenir la proie de ce phénomène unique et encore largement incompris qu'est le syndrome de Jérusalem. Voilà, c'est un phénomène classique qui atteint surtout des individus fragiles ou fragilisés, ce qui est votre cas, et qui s'imaginent en arrivant sur la Terre Sainte, être en communion avec le Divin.

Salmon protesta :

— Je me suis penché sur ce syndrome de Jérusalem, cela n'a rien à voir. Ce que j'ai perçu est palpable, précis et surtout concret. Ce n'est ma première visite dans ce pays et je n'ai jamais rien ressenti de tel auparavant. À Qumran je me suis retrouvé sur un site que j'ai décrit avec précision quelques semaines plus tôt, sans jamais l'avoir vu. Et pour que je le comprenne bien, la veille, une force… disons irrationnelle, a guidé ma main et m'a fait souligner des phrases décrivant avec précision cet endroit. Sinon je n'aurais rien remarqué. Pour Ein Gédi, j'ai eu le même ressenti avec cette succession de « coïncidences » étonnantes. Quant à cette Danielle Arfi, rencontrée par un hasard que j'estime guidé, elle a fait ressurgir de mon cerveau des images d'une précision effrayante de mon enfance, que j'avais totalement oubliées et que rien de logique ne pourrait expliquer. Ça fait quand même beaucoup de hasards, en très peu de temps et dans la même zone géographique.

— J'avoue que c'est troublant, lui accorda le psy. Votre souffrance vous aide à fabriquer des scènes que votre inconscient vous impose. Vous construisez un imaginaire qui, c'est vrai, se concrétise, sous vos yeux, comme si vous aviez une connaissance, une intuition je préfère, du futur. Oui c'est peu ordinaire. Il existe peut-être un monde invisible, mais en Occident, nous vivons dans un tel système que nous ne pouvons ou ne voulons pas l'accepter, répondit-il. Le cerveau est quelque chose de très complexe et reste pour nous un mystère. Le vôtre est peut-être actuellement particulièrement réceptif à ce genre de phénomènes, comme certaines personnes douées de pouvoirs de voyance incompréhensibles mais palpables. Votre souffrance personnelle est un véritable choc, qui vous a incité à construire un imaginaire mythique en Israël, qui de toute façon est apparenté au syndrome de Jérusalem. Votre cas est intéressant à plus d'un titre et vous devriez contacter le professeur Yaïr Bar-El de Jérusalem. Quoi qu'il en soit, même si un monde particulier existait Là-haut, vous n'en verriez que des bribes, il aurait ses lois propres. Celles-ci vous échapperaient et il vous serait impossible de les comprendre. Vous deviendriez fou, car vous ne sauriez jamais comment il fonctionne. Je vous le répète, il est préférable d'oublier ce qui vous est arrivé en vous trouvant de nouvelles occupations et tout rentrera dans l'ordre.

— Oublier ! Oui, pourquoi pas, encore faut-il que ce monde me laisse tranquille. Je ne cherche pas ces événements, comprenez-le, ils viennent s'imposer à mon esprit sans que je les appelle. Oui, je me suis peut-être fabriqué toutes ces chimères pour éviter de penser à mes problèmes. Je ne sais plus en fait.

Salmon semblait perdu.

— Laissez faire, pensez à autre chose et avec le temps, tout s'apaisera.

Il prit donc congé, il avait de quoi méditer…

Le naufrage du Titan

Salmon se promit d'écouter le psy, il essaierait d'oublier ce « pseudo-syndrome de Jérusalem » et tous les incidents collatéraux qui l'avaient accompagné. Il était temps de tourner une page, sa vie passée était morte. Pour évacuer le tout, il mit dans une caisse de sa cave *Le Manuscrit de Clara.* Il ne voulait plus en entendre parler, il l'avait entraîné dans des situations insensées : une adolescente de 14 ans, son épouse dans une vie antérieure, n'importe quoi ! Non Nelly, la vraie femme de sa vie, était là et bien là et, nouvelle rassurante, son coma semblait moins profond, elle répondait aux différents stimuli et la paralysie de sa jambe gauche avait disparu. Salmon poussa un ouf de soulagement, pour la première fois depuis bien longtemps il allait passer une nuit presque normale.

Sur sa lancée, il prit contact avec les cadres d'une association médicale s'occupant de déshérités. Ils étaient surpris qu'un chirurgien des beaux quartiers, ayant exercé en secteur libéral, souhaite rejoindre leur équipe, mais ils l'acceptèrent sans sourciller, en pensant probablement que c'était un excentrique. Salmon s'en moquait, même s'il ressentait un certain malaise, il les aiderait mais il n'opérerait plus.

Il commença à travailler dès le jeudi premier juin. Pour son équilibre personnel, il était plus sage de ne pas perdre de temps. On mit à sa disposition, dans les locaux de l'association, une pièce exiguë qui faisait office de cabinet mais qui avait tout le matériel nécessaire pour qu'il puisse soigner efficacement. Ce nouveau mode d'exercice lui convenait, il n'opérerait plus, il ne pratiquerait que de simples consultations de médecine générale. Les patients, simples et gentils, lui redonneraient le courage de revivre et de reprendre confiance en lui. Ces sans-papiers qu'il allait soigner avec dévouement et considération avaient si peu d'exigences ! L'esprit de Qumran avait transformé l'âme de Salmon. Quel changement avec sa clientèle des beaux quartiers, toujours en demande. Sa seule réserve : ses contacts plutôt difficiles, dès le début, avec certains membres du personnel soignant. Que faisait ce médecin des riches chez eux ! Il avait l'impression de leur voler quelque chose, il les dérangeait. Certains lui avaient fait comprendre qu'ils avaient en quelque sorte le monopole de l'humanitaire, comme si de par sa condition sociale, il n'avait pas le droit de pratiquer la médecine du cœur, tels ces blancs colonisateurs et exploiteurs du peuple noir qui étaient et seraient définitivement les infâmes, quoiqu'ils fassent pour se faire pardonner, pour peu qu'il y ait nécessité de pardon. Salmon tenta d'ignorer ces individus, prêts à venir lui chercher quelque noise à la moindre occasion. C'était le seul bémol de sa nouvelle vie professionnelle, mais il s'adapterait, il avait connu des situations plus difficiles.

Être professionnellement occupé était une bonne chose, mais insuffisant pour qu'il puisse retrouver sereinement son équilibre, même s'il consacrait une bonne partie de son temps libre à Nelly. Il était encore très fragile et il lui était impossible de changer totalement de vie si rapidement sans en subir un violent contrecoup. Comment passer en quelques jours d'une hyperactivité par trop excessive à une vie simple sans avoir un manque de tout. Il lui faudrait accepter de se contenter de peu et ce n'était guère évident. Il devrait à tout prix éviter la dépression et regarder avec un œil nouveau tout ce qui l'entourait, heureusement Dominique était présente, elle était devenue définitivement sa confidente, mais plus pour très longtemps, bientôt elle partirait à Aix en Provence et Yael sa fille, dans très peu de temps, serait dans son petit deux-pièces avec son amoureux. Il allait se retrouver seul dans son vaste appartement et ce serait difficilement supportable. Il fallait le vendre, même avec une Nelly à cent pour cent de ses capacités, il n'avait pas besoin de plus de 200 mètres carrés dans le 16ème. En plus avec le produit de la vente, il pourrait se racheter quelque chose de plus petit et il lui resterait suffisamment pour bien vivre.

Certains de ses anciens patients, déjà informés de sa nouvelle activité professionnelle, l'avaient sollicité, mais il avait refusé de les recevoir en les dirigeant vers son successeur. Pourtant il accepta de faire une exception pour Jean-Michel Ladin, un ami. Après l'avoir conseillé sur son problème médical, il se confia à lui.

Jean-Michel l'écouta l'air grave. Polytechnicien, pragmatique et cartésien, il ne refusait cependant pas l'inexplicable.

Le paranormal l'intriguait et c'était un de ses sujets de prédilection.

— J'ai lu, dit-il, il y a quelques jours un article relatif aux phénomènes paranormaux et en particulier une histoire incroyable sur le Titanic.

— Le Titanic ?

— Oui, le paquebot qui a sombré après avoir heurté un iceberg.

— Quel rapport avec les prémonitions ?

— Une quinzaine d'années avant la catastrophe, quelqu'un avait écrit une fiction, décrivant exactement ce qui allait se passer sur le Titanic.

— Dans quel journal ?

— Je ne sais plus. J'étais en province chez un coiffeur et j'avoue ne pas avoir prêté grande attention à ce magazine que j'avais entre les mains.

Ce que venait de dire Jean-Michel était saisissant. Il y aurait donc d'autres livres prémonitoires ! De quoi démentir les propos du psy. Il fallait que Salmon trouve cet ouvrage. Mais comment ? Où ? Pourquoi ne pas faire un tour du côté des bouquinistes, sur les quais, au quartier latin. Ils avaient de tout là-bas, et avec un peu de chance…

Le lendemain, Salmon se mit à la recherche d'un livre… prémonitoire… sur le Titanic… une quinzaine d'années avant que ne survienne la catastrophe. Il y passa une bonne partie de l'après-midi, sans résultat. Déçu mais non découragé, il décida de remettre ça à plus tard. En rentrant chez lui, il éprouva le besoin de se détendre en lisant quelque chose. Il pensa alors subitement à ce livre qu'il avait acheté, sans raison apparente, en rentrant d'Israël. Quel était son titre ! Oui, *Le Matin des magiciens* de Pauwels.

Il ne se trouvait pas dans sa bibliothèque. Où pouvait-il être ? Il s'énerva, chercha. En vain. Il insista, c'était ce livre qu'il voulait. Une étrange pulsion le conduisit vers une pile de revues dormant dans un coin de la maison. Il le trouva enfin ! Il poussa un soupir de soulagement. C'était la première fois qu'il l'avait vraiment entre ses mains, il n'en connaissait même pas le thème. Il alla directement à la table des matières. Il s'agissait de nombreux récits surprenants concernant le paranormal. Il tomba en arrêt sur un chapitre : *« L'exemple du Titanic. »*

Il découvrit qu'en 1898, quatorze ans avant le drame du Titanic, Morgan Robertson, un ancien marin, avait écrit un roman intitulé : *Le naufrage du Titan*, un navire qui percuta un iceberg, dans l'Atlantique Nord, en plein mois d'avril. Il coula, faisant de nombreux morts.

Le lendemain, il raconta cette étrange anecdote à Jean-Michel. Ce dernier venait justement de retrouver l'article sur le Titanic et le lui envoya. Ainsi notre médecin de Qumran, en découvrant l'histoire citée par le journal, apprit qu'il y avait eu aussi deux rêves prémonitoires sur cette catastrophe, dont les récits furent publiés en 1965 par l'encyclopédie Planète :

« Parmi les rescapés entendus plus tard par la commission d'enquête, une dame américaine, qui tous les ans faisait la traversée de l'Atlantique avec son mari et ses deux enfants, fut saisie d'une

angoisse inexplicable, qui augmenta au fur et à mesure de l'approche du départ. Elle essaya, en vain, de dissuader son mari de prendre le bateau. Sur le Titanic, cette femme fit un rêve épouvantable : un choc violent venait d'ébranler le navire, suivi de va-et-vient, de cris et d'appels au secours. Effrayée, elle réveilla son mari, qui gagna le pont. Tout était calme. Le bateau poursuivait normalement sa route et le temps était au beau. Mais l'Américaine ne put se débarrasser de l'affreux pressentiment qui la tenaillait, et, le lendemain soir, elle resta habillée, ainsi que ses enfants. Au moment de la catastrophe, qui se produisit exactement comme elle l'avait rêvée la veille, elle se précipita sur le pont avec ses enfants, ils trouvèrent une place dans un canot de sauvetage et furent recueillis par le Carpathia. Son mari, qui avait perdu du temps à s'habiller, périt. »

Quant au deuxième rêve prémonitoire, rapporté par M. J. Cannon Middleton, il se rattachait au même évènement et fut, lui aussi, minutieusement contrôlé :

« *Le 20 mars 1912 M. Middleton retint sa place pour le premier voyage du Titanic du 10 avril 1912. Quelques jours plus tard, il vit en rêve un vapeur gigantesque englouti par les flots. Tout autour, la mer était piquée de têtes de passagers qui luttaient contre les vagues. La nuit suivante, il fit le même rêve. À son réveil, M. Middleton, eut la certitude qu'il s'agissait d'une vraie catastrophe. Il n'en dit cependant rien à sa famille de peur de paraître ridicule. Le 4 avril (quelques jours avant le départ), M. Middleton reçut un télégramme lui demandant de remettre à plus tard son voyage. Soulagé, il raconta, avant que le drame ne survienne, son rêve à sa femme et à plusieurs amis. Ce témoignage, ainsi que le billet de la traversée qui n'avait pas été utilisé, fut publié par la Society for Psychical Research. L'article indiquait que le livre de Morgan Robertson venait de sortir en France. Salmon se le procura très rapidement et y découvrit quatorze incroyables coïncidences entre le roman et la véritable histoire du Titanic :*

ROMAN	RÉALITÉ
–1ère coïncidence : nom du bateau pratiquement identique :	
Titan	Titanic
–2ème coïncidence : plus de 200 m de longueur, rare pour l'époque	
243m	271m
–3ème coïncidence : nombre de passagers (le Titanic pouvait transporter jusqu'à 3 000 personnes)	
2207 (allant jusqu'à 3 000)	3 000
–4ème coïncidence : style de bateau	
Transatlantique	
–5ème coïncidence : (unique pour l'époque) les armateurs du Titan comme ceux du Titanic considéraient leur navire comme insubmersible grâce aux cloisons étanches qui les équipaient	
Cloisons étanches	cloisons étanches
–6ème coïncidence : les deux navires étaient à leur vitesse maximum	
25 nœuds	23 nœuds
–7ème coïncidence : les machines des deux navires n'étaient pas rôdées	
–8ème coïncidence : Peu de canots de sauvetage	
–9ème coïncidence :	
Traversée luxe	traversée luxe
–10ème coïncidence	
3 hélices, deux mâts de transmission radiophonique	
–11ème coïncidence	
Le Titan et le Titanic coulent après avoir heurté un iceberg	
–12ème coïncidence	
Le Titan et le Titanic coulent en Avril	
–13ème coïncidence	
Le Titan et le Titanic coulent car leurs cloisons étanches ne fonctionnent pas	
–14ème coïncidence	
Le Titan et le Titanic respectivement 3 000 et 1 500 morts.	

Salmon était perplexe ! Pourquoi avait-il acheté, en rentrant d'Israël, sans aucune raison et de façon compulsive, *Le Matin des magiciens* dans lequel se trouvait racontée l'énigme du Titan ? Un peu comme l'étrange pulsion en Israël qui lui avait fait emprunter à la librairie du foyer français un livre parlant de Narcisse. Dominique, malgré son scepticisme, commença à se poser des questions : « *Il s'est vraiment passé quelque chose à Qumran. Tu as peut-être un sixième sens qui s'est révélé là-bas. Après tout pourquoi ne serait-ce pas une autre forme du syndrome de Jérusalem ?* »

Armageddon demanda : « Est-ce bien là ? »

Dimanche 11 juin 2000

L'histoire du Titanic redonna confiance à Salmon, savoir que d'autres avaient vécu des expériences similaires aux siennes le rassura. Il était à nouveau animé par une force intérieure, faite d'ondes positives qui lui avaient donné en Israël une sensation d'invulnérabilité. Les propos de Paul lui revinrent : « *Le vrai voyant n'a pas de certitude, ce n'est hélas pas souvent le cas. Ceux qui s'imaginent posséder ce pouvoir se prennent parfois pour des êtres supérieurs et même des élus. Certains manquent totalement d'humilité, alors que tout peut s'arrêter du jour au lendemain.* » Pas question donc, comme cela lui était arrivé en Israël, de partir dans des délires incroyables. *Le Manuscrit de Clara* resterait dans sa cave, il n'était pas prêt à le lire, en fait il en avait peur, ce serait, peut-être, pour plus tard. Il se devait d'être prudent et de ne rien dire, personne ne pourrait comprendre. On le prendrait pour un marginal, inutile d'alimenter quelque polémique que ce soit. Lui-même aurait peut-être considéré quelqu'un ayant le même comportement que lui comme un vrai fou. Donc se taire et se consacrer essentiellement à la santé de Nelly.

Comme par miracle, les vents mauvais semblaient enfin se dissiper. Le nouvel électroencéphalogramme fait à Nelly avait décelé une petite anomalie invisible lors des examens précédents. On venait de comprendre que là était vraisemblablement la cause de ses problèmes de santé. Elle avait donc été transférée à l'hôpital Ambroise Paré, où un chirurgien ami de Salmon était intervenu pour libérer la petite artériole obstruée, à l'origine des troubles observés. Le résultat avait été quasi immédiat avec une amélioration de son état de santé, nul doute que tout rentrerait dans l'ordre maintenant. Certes elle ne parlait toujours pas, mais elle commençait à donner de vrais signes de réveil. Gaétane, sa sœur, rassurée par cette évolution positive, se calma enfin. Il avait pu trouver les mots apaisants pour la rassurer, lui expliquant que le plus dur était derrière eux. Il avait eu plus de mal avec l'ancien ami éconduit qui s'était à nouveau manifesté, mais Malret, son confrère, l'avait reçu, et tout semblait s'être correctement passé. Salmon n'était pas en état de discuter avec cet homme agressif et avec lequel, il le sentait, les choses se seraient peut-être envenimées.

Tranquillisé, il pouvait enfin s'occuper de son petit trouble intestinal, qui devenait de plus en plus gênant. Il avait fixé la date de son intervention début juillet, il voulait se débarrasser de ce problème au plus vite. Il risquait d'être à terme un véritable handicap, l'empêchant de vivre normalement et aussi de s'occuper de Nelly.

Ce 11 juin donc, il téléphona en Israël à Mendel qui venait de faire une pause dans sa retraite. Ce genre de méditation, qu'il faisait régulièrement depuis qu'il n'était plus en activité, lui était très bénéfique. La conversation fut brève, Mendel était assez pressé, il serait plus loquace une prochaine fois. Salmon eut juste le temps de lui demander de se renseigner auprès de l'ambassade de France sur le livre sans couverture qui semblait contenir de véritables trésors. Mendel lui promit de le faire un peu plus tard, car il n'était revenu à la « civilisation » que pour quelques jours. Il devait terminer « sa villégiature » dans son kibboutz , ce qui le rassurait et lui permettait de croire en l'homme : « Tous ici, dit-il, ont de belles idées. L'idéal socialiste est fondamental pour les habitants de Be'eri. Ils ont le même état d'esprit que lors de sa fondation en 1946. Partager avec l'autre même s'il est Palestinien et reconnaître qu'il a le droit lui aussi d'avoir une terre à lui est fondamental. C'est difficile car les extrémistes des deux camps ne comprennent pas cette philosophie. Enfin, on en reparlera plus tard. Demain je passe sur la Mer Morte avant de rejoindre Be'eri. »

« *Be'eri et Mer Morte ! Quelle chance ce Mendel* », se dit Salmon… « *Mer Morte ! Mer Morte ! Mer Morte !* » Salmon répéta ces mots comme un leitmotiv. Subitement, instinctivement, au milieu de la foule et du brouhaha, il prit un stylo, et sur un morceau de papier qu'il avait récupéré dans la poche de sa veste, il griffonna :

« Armageddon demanda : « Est-ce bien LÀ ? »
Le Très-haut répondit : « C'est bien LÀ »

Et ce fut l'enfer
l'enfer dans les cieux
l'enfer sur la mer

l'enfer sur la terre
l'enfer du désert

quel dieu furieux s'était-il acharné sur ce désert !

désert de Judée au souffle de feu, à la roche brûlante, cruel linceul des brebis égarées.

désert mythique contemplé par moïse, du sommet du mont Nébo, lorsqu'il laissa son peuple gagner la terre promise.

quel dieu furieux s'était-il acharné sur cette terre !

terre de violence inouïe aux multiples grottes escarpées. terre d'errance et d'oubli, dans l'attente du jugement dernier.

quel dieu furieux s'était-il acharné sur cette mer !

mer aux sirènes de mort, qui transforma en statue de sel l'imprévoyante femme de Loth.

mer aux vagues absurdes, à l'écume dévorante.

mer envoûtante, mer morte, plus morte que la plus morte.

à tout jamais la vie s'était détournée de cet univers issu du chaos. tout n'était que désolation, tourmente, épouvante.

seul un messager des ténèbres pourrait survivre dans cet enfer oppressant, où les cieux semblaient s'être réconciliés avec les abîmes de la terre.

et pourtant, des hommes s'étaient réfugiés dans cet endroit maudit. ils avaient fui Jérusalem, la cité éternelle, devenue ville de corruption et de blasphème. ils avaient abandonné le temple livre aux mains des Grecs, des impies et des idolâtres.

Ces hommes, voués à la méditation et à l'étude, qui s'en étaient remis au tout-puissant sur ces terres si hostiles, ces hommes, ces fils de lumière, qui semblaient sortir d'un autre monde, étaient des Esséniens.

Comment avait-il pu écrire ce texte, en quelques minutes, d'une traite, sans rature ?

En deux jours, sans plan, sa main se laissant entraîner par le stylo, ne sachant pas page trois ce que serait la page quatre, ni page quatre qu'il y aurait une page cinq, notre médecin de Qumran écrivit tout un livret sur les manuscrits de la mer Morte : la première partie consacrée aux Esséniens et la seconde à Jésus et Marie Madeleine.

— Une cinquantaine de pages ! D'une traite ! C'est incroyable, s'étonna Dominique, à qui il présenta son travail alors qu'ils se retrouvaient tous deux dans la chambre de Nelly encore trop faible pour comprendre quoique ce soit.

— Oui, j'écrivais sans même comprendre ce que je faisais. J'en avais mal à la main. Ce n'est qu'à la relecture que je me suis rendu compte que j'avais traité de l'époque biblique… Merci Mendel ! Penser à lui, alors qu'il se dirigeait vers la mer Morte, a certainement été le déclencheur de cette sorte d'écriture automatique.

Elle réfléchit quelques instants :

— Tu as certainement raison, mais pour revenir à ce que tu as écrit, pourquoi as-tu consacré ta seconde partie à Jésus et Marie Madeleine ?

— Cela s'est imposé à moi, je suppose que quelque chose au fond de moi a voulu lier la naissance du Christianisme à l'histoire des Esséniens.

— Tes textes sont incroyables, poursuivit-elle. Tu dis que les derniers mots de Jésus sur la croix sont : *Eli, Eli lama Sabactani.* Bien et quelle en est la signification ?

— Et tu es catholique ! C'est inimaginable que ce soit un juif qui te l'apprenne !

— Tu n'es pas drôle, cesse de te moquer de moi, dit-elle, courroucée.

— C'est bien mon tour, ne crois-tu pas ? Tu m'as suffisamment piqué avec mes prémonitions. Enfin ! *Eli, Eli lama Sabactani,* c'est de l'araméen qui signifie mon Dieu, Mon Dieu pourquoi m'as-tu abandonné...

— C'est plus parlant pour moi en effet !

— Plus parlant ! Ne t'étonnes-tu pas qu'il ait dit deux fois mon Dieu ?

— Oui c'est étrange.

— En fait, c'est le début du psaume XXII du roi David, *souffrances et espoirs du juste,* qui commence par : *Eli, Eli lama sabachtani,* c'est-à-dire Mon Dieu, mon Dieu pourquoi m'as-tu abandonné ?

— Le psaume de David ?

— Oui, c'est le plus déchirant de tous les psaumes. Jésus sait qu'il va mourir, il se sent isolé et abandonné, son dernier recours est de s'adresser à l'Éternel. Pour supporter sa dernière épreuve, une seule solution : réciter cette prière qui correspond à la situation qu'il vit. Il commence donc par *Eli, Eli, lama sabachtani,* mais il n'a pas le temps de poursuivre, il meurt après la première phrase, ce qui explique que peu de monde l'ait compris.

— Mais qui te dit que c'est la première phrase de ce psaume de David.

— Tout l'indique Dominique. D'abord tout homme juif, en état de souffrance extrême ou en détresse, dans ces époques reculées, récitait le psaume XXII. Jésus étant juif et respectueux de la parole de ses ancêtres, il était logique qu'il le fasse avant de rendre le dernier souffle. Ensuite la répétition du mot *Eli, Eli,* (Mon Dieu, Mon Dieu) se retrouve uniquement dans ce texte, en plus, comme je te l'ai déjà dit en araméen, qui était la langue parlée de l'époque dans cette région par les juifs.

— Impensable ! s'étonna Dominique.

— Tu vois, poursuivit Salmon, avant de quitter cette terre, Jésus s'est raccroché à une des prières essentielles de la religion juive, et trop peu de personnes le savent. Il voulait que l'humanité soit plus belle, plus juste et sa parole a été trahie. « *Aimez-vous les uns les autres !* » Où la religion chrétienne a-t-elle appliqué cette si belle maxime au cours des siècles ? Si les pères de l'Église avaient appliqué la tolérance qu'ils étaient censés prôner, on n'aurait pas vu, par la suite, ces brimades épouvantables, cette Inquisition espagnole, cet antisémitisme et cette épouvantable Shoah. Heureusement, l'Église d'aujourd'hui a bien changé, elle a fait acte de repentance, enfin une partie d'entre elle.

— Décidément tu en sais des choses toi sur la religion chrétienne, dit Dominique.

— Normal, j'ai lu un peu sur les évangiles. On nous a accusés d'être un peuple déicide alors j'ai voulu connaître les écrits de ceux qui nous attaquaient.

— Tu sais Salmon, dit-elle après deux secondes d'un étrange silence, je crois avoir compris ton premier message de Qumran : *« Là est le but de ton équipée : la maison des frères. »* Les frères, ce sont les Esséniens. Le but de ton équipée : c'est ce que tu viens d'écrire de façon automatique.

— Ah ! Mais dans quel but ! À quoi peut servir un tel livret ? Ce n'est ni un roman, ni une pièce de théâtre. Ai-je été guidé ? dit-il en souriant.

Dominique eut un haussement d'épaules, elle ne voulait pas répondre à ce qui n'était pour elle que des divagations.

Onias III

Mais Salmon n'était qu'à moitié satisfait. Tout ce qu'il venait d'écrire, à l'instinct sur les Esséniens, reposait sur deux petits livrets, assez succincts, qu'il avait rapportés d'Israël. Il ne connaissait en fait que très peu de choses sur cette secte qui avait vécu près de deux siècles. Il aimait l'exactitude et il voulait savoir si son livret était bien conforme à la réalité. Il lui fallait donc étayer ses connaissances auprès d'un vrai scientifique. On lui avait parlé d'un érudit très au fait de l'histoire ancienne et qui pourrait certainement lui être utile. Ainsi, deux jours plus tard, après avoir rendu une nouvelle visite à Nelly dont l'état continuait de s'améliorer, il se retrouva dans un centre d'études un peu vieillot, dans le 18ème arrondissement de Paris, où il fut reçu par un religieux, un homme barbu et assez âgé, qui avait accepté de lui parler de Qumran :

— En 333 avant J.-C., à l'époque d'Alexandre le Grand, commença le Rabbin, la Judée, l'Israël d'aujourd'hui, passa sous le contrôle des Grecs. Pour beaucoup de juifs de l'époque, le monde helléniste était porteur d'une nouvelle civilisation très séduisante. Devant la bienveillance initiale des occupants, il s'ensuivit un rapprochement étroit entre les cultures grecques et juives. Seuls, les très religieux voyaient d'un mauvais œil ce mélange. Cette bonne entente entre juifs et grecs dura très longtemps jusqu'à l'époque d'Onias III, le Grand Prêtre du Temple de Jérusalem.

— Onias ! C'était un drôle de nom quand même ! s'exclama Salmon.

— On peut même dire la dynastie des Onias puisque cette famille donna cinq grands Prêtres. De fait, Onias III était un homme bon, sage et juste, très aimé du peuple, il appliquait la Loi de façon stricte. Mais en -167, à la suite d'une série d'intrigues Onias fut destitué par les Grecs. Mais son aura et son autorité sur le peuple étaient si fortes qu'il était régulièrement consulté, en donnant toujours de judicieux conseils de son exil, même aux prêtres en poste à Jérusalem ou dans les campagnes, qui lui rendaient très souvent visite. Malheureusement Onias III fut assassiné, ce fut la stupéfaction parmi les juifs et la mort de l'ancien grand prêtre, si vénéré, provoqua une guerre civile en Judée.

— Une guerre civile en Judée ! s'étonna Salmon.

— Oui, elle explique toute la suite. En effet, les Grecs ne pouvaient pas laisser une telle insurrection se développer en Judée, alors rompant avec la tradition de tolérance qu'ils prônaient jusque-là, ils pillèrent le Temple, désormais consacré à Zeus, interdirent la religion juive et massacrèrent de nombreux juifs. C'est à ce moment qu'apparurent Judas Macchabée et ses frères qui, avec de nombreux résistants, à la suite de la longue guerre d'usure qu'ils entreprirent contre les Grecs, permirent en -164 la libération du Temple et le retour de la liberté religieuse. C'était une grande victoire que nous saluons encore de nos jours, puisque c'est la fête d'Hanoukka, la fête des lumières.

— Oui bien sûr, dit Salmon, et les Esséniens, dans tout ça ?

— Et bien la mort d'Onias provoqua un choc important au sein des religieux. On parla de lui comme d'un Saint, une grande figure messianique, louée pour sa piété, sa bonté et son grand sens de la justice. C'était un maître, « un maître de Justice ». Beaucoup de religieux durent fuir les villes et se réfugièrent dans les zones semi-désertiques de la Judée pour continuer à exercer un mode de vie en accord avec leur foi. Ils s'isolaient dans des quartiers soit en Judée soit même en Égypte où ils pouvaient vivre en toute tranquillité. Ils priaient dans les proseuques, des lieux de prière en pleine nature sans aucune construction. Ils étaient dans la contemplation et dans l'étude de la loi, attendant le retour du Maître de Justice ressuscité, prônant l'humilité absolue. Ce n'est que sous l'époque d'Hérode le Grand, après un tremblement de terre, que la forteresse de Qumran fut abandonnée par les troupes militaires romaines qui l'occupaient. À ce moment un groupe d'esséniens en prit possession. Autour du site de Qumran il y a plus de 250 grottes dans lesquels on a trouvé beaucoup de traces de vie datant de ces temps très anciens. On peut très bien imaginer que Qumran était le centre de prières de ces prêtres plutôt dissidents de Jérusalem et que dans toutes ces grottes les fidèles venaient dormir, surtout au moment des fêtes. Voilà, conclut le Rabbin, je pourrais vous en parler pendant des heures tant cette histoire est riche et complexe.

— Je ne savais pas tout ça, je ne savais pas qu'il y avait des proseuques et même que les Esséniens étaient aussi présents en Égypte.

— Peu de personnes savent qu'après l'assassinat d'Onias III, son fils, Onias IV se réfugia en Égypte. Là, à Léontopolis près d'Alexandrie, il fit construire un temple identique à celui de Jérusalem, avec l'autorisation des Ptolémées, l'autre dynastie grecque rivale des Séleucides et maître de cette région. De nombreux Esséniens y vivaient, on les appelait là-bas, thérapeutes, ils avaient les mêmes lois et les mêmes règles de vie que ceux de Qumran. Durant plus de deux siècles il y eut deux Temples un à Jérusalem, l'autre à Léontopolis, ce dernier fut détruit en 73 par les romains, car de nombreux juifs de Judée, après la destruction de celui de Jérusalem en 70 venaient y prier. Magnifique épopée passée à la moulinette de l'histoire.

— Tout ça est mal connu c'est vrai, merci pour ce cours magistral, je n'avais lu jusqu'ici que deux petits fascicules sur le sujet moyennement documentés.

Le rabbin s'absenta quelques instants et revint avec un livre :

— Voici un petit cadeau pour vous : Jean Daniélou, une des plus grandes sommités en la matière, son travail est remarquable.

Salmon sortit de ce rendez-vous la tête pleine d'étoiles et d'images étonnantes. Il se devait de digérer ces infos étranges et importantes dont il devenait à son tour le dépositaire. Quelle belle épopée passée aux oubliettes. Tout est si relatif se dit-il. Souvent est petit ce que l'on croyait grand et grand ce que l'on croyait petit.

Il s'enhardit un peu plus tard à raconter à Dominique, qu'il voyait pratiquement tous les jours dans la chambre de Nelly, toujours dans une semi-léthargie mais un plus réveillé, tout ce qu'il venait d'apprendre, avec la conclusion suivante :

— Le charisme et l'aura du Maître de Justice furent si forts que les Esséniens continuèrent à croire en lui pendant des décennies, jusqu'à l'époque de Jésus. Il était le Messie et il reviendrait à la fin des temps.

— Mais personne ne connaît cette histoire ! s'étonna Dominique.

— Si, mais elle n'a pas interpellé le monde outre mesure. Les auteurs juifs et latins de l'époque ancienne en parlent abondamment et la découverte de ces manuscrits de la mer Morte, il y a un demi-siècle maintenant, corroborent cette théorie. Ainsi, lorsque les Romains prirent la place des Grecs en Judée quelques décennies plus tard, les Esséniens étaient toujours actifs. C'est sur ce terrain favorable que Jésus commença son ministère.

— Tu veux dire que Jésus était un Essénien ?

— Je veux dire qu'il appliqua leur doctrine en totalité et que la plupart de ses disciples en étaient.

À ce moment, Salmon lui fit la lecture d'un des passages du livre de Jean Daniélou, que lui avait offert le rabbin : « *Le Christ reçut le baptême de Jean-Baptiste qui vraisemblablement l'initia. Or Jean-Baptiste prêchait dans la zone de Qumran, il était prêtre dissident et certainement un des membres de la communauté essénienne. Tout est identique dans l'idéal et le mode de vie des Esséniens, du Christ et de ses disciples. Ascétisme, vie communautaire, baptême par l'eau, croyance en l'âme. Les premières activités du Christ se situent dans la région proche de Qumran, qui résout un nombre considérable de problèmes que l'exégèse ne parvenait pas à résoudre : origine de*

Jean-Baptiste, date de la Pâque, origine de la hiérarchie, vocabulaire de saint Jean, origine du gnosticisme. »

— Donc, dit Dominique, les Esséniens sont les premiers chrétiens.

— Oui. La logique voudrait que l'Église reconnaisse les textes esséniens. Ils représentent le vrai creuset du Christianisme. Mais le dogme chrétien a été institué à partir d'écrits plus récents.

— Mais pourquoi l'Église ne dit-elle rien ?

— On ne sait pas. Mais il est incroyable que la religion chrétienne soit née à partir d'un juif !

— Quel étrange choix du destin qui a oublié Onias le Juste.

— Oui il faudrait le réhabiliter. Il a permis au Christianisme d'exister. Par son action et ses écrits il a préparé le terrain à Jésus. Les Esséniens attendaient le retour du Maître de justice et c'est le Christ qui est arrivé. Cela explique, qu'un homme venu d'on ne sait où, se disant fils de Dieu, puisse convaincre par un simple discours des gens conditionnés, attendant depuis presque un siècle sa résurrection. Il existe deux messies et on n'en a reconnu qu'un. En ignorant le rôle d'Onias le juste, l'Église commet une faute.

Ouf ! Salmon avait besoin de souffler.

— Bravo Salmon pour ta démonstration ! lui dit Dominique, admirative.

— Merci, mais je ne vois pas où cela va me conduire. Selon toi, c'est mon premier message de Qumran *« Là est le but de ton équipée : la maison des frères »*. Je veux bien et après ?

— Tu verras bien. Pour l'heure le mieux est de penser à ton intervention chirurgicale. C'est quand, déjà ?

— Dans quelques jours, le 22 juin en fait.

— Et moi le 17 août, je pars à Aix comme tu le sais. C'était prévu depuis presque deux ans avec ma boîte et la date a été officialisée ce matin. Une nouvelle vie pour moi, mais on restera en contact.

Clinique Blomet – Jeudi 22 juin 2000

L'infirmière pénétra dans la chambre pour apporter un sédatif à Salmon. « *Prenez ce cachet dans un petit moment. Vous passerez demain matin en premier, le brancardier viendra vous chercher vers 7 heures.* »

Salmon acquiesça d'un dodelinement de tête. Assis sur le lit de sa chambre, il était pensif. Pour la première fois depuis bien longtemps, depuis ces maudits moments où sa vie avait basculé, il allait enfin pouvoir souffler. « Souffler » était-ce le mot approprié ? Il s'était rendu la veille au soir à l'hôpital Ambroise Paré, au chevet de Nelly. Elle lui fit un grand sourire et prononça quelques mots, les premiers depuis fort longtemps :

— Je reviens de loin, avait-elle dit d'une voix hésitante.

Tout ému, il avait tenté de lui expliquer avec fébrilité ce qui s'était passé durant son long coma, jusqu'à ces textes étranges qu'il venait d'écrire. Elle semblait perdue, elle ne comprenait rien. Il s'en voulut, c'était logique après tout ce qu'elle avait vécu. Il fallait la ménager et attendre. Alors qu'il quittait l'hôpital il avait entraperçu dans le lointain l'inévitable rival qui se rendait au chevet de Nelly. Il devrait lui parler bientôt, mais pour l'heure non, il avait trop de soucis en tête. Il était soulagé pour sa bien-aimée et c'était l'essentiel.

Cependant, angoissé par son intervention, pour se rassurer, il avait téléphoné, la veille, à Ghislaine, la voyante. Toutes ses prédictions s'étaient réalisées jusque-là, ne lui avait-elle pas dit de façon insensée avant qu'il ne se rende en Israël : *« vous devez vous faire opérer bientôt, vous avez un problème intestinal. »* Peut-être aurait-elle d'autres visions le concernant et avant de passer sur la table d'opération, ce serait bien de le savoir. Il fut un peu déçu, elle ne répondit pas. C'était certainement mieux, il en aurait été encore peut-être plus déstabilisé.

Avant de partir pour la clinique, il était descendu à sa cave pour prendre la vieille canne qui avait appartenu à son père. Il pouvait, peut-être, en avoir besoin après l'intervention. Il était alors tombé, presque nez à nez, sur un vieux livre tout jauni par le temps d'un voyant américain et qu'il avait lu adolescent : Edgar Cayce.

« *Tiens, il est là, ce livre ! Voici de la lecture pour la clinique* », s'était-il dit en l'attrapant.

Allongé sur le lit froid, blanc et impersonnel de sa chambre, il prit le livre d'Edgard Cayce, qu'il avait placé sur la table de chevet. Il était tout racorni. Après quelques secondes d'hésitation, il le reposa. Non, il ne pourrait pas lire, il était trop anxieux pour pouvoir se concentrer. Il alluma alors le téléviseur, en zappant au hasard. Il tomba sur la chaine Planète, on y parlait d'Edgar Cayce. Salmon était médusé ! Le commentateur évoquait deux des prédictions du voyant : *La découverte des plus vieux manuscrits du monde au pied des pyramides d'Égypte et l'énigme de l'Atlantide, engloutie à la suite d'une catastrophe.* L'émission se termina quelques instants plus tard. Il avait allumé le poste au bon moment, à quelques secondes près, il n'en aurait rien su !

Bien entendu, il ouvrit le livre d'Edgard Cayce, il y traitait essentiellement *de la découverte au pied des pyramides d'Égypte des plus vieux manuscrits du monde et de l'énigme de l'Atlantide, engloutie à la suite d'une catastrophe.*

Comment était-ce possible ? Pourquoi avait-il pris ce livre qui dormait au fond de sa cave ! Encore une étincelle du destin ? Il y réfléchirait plus tard, là il devait faire le vide en lui. Il posa la tête sur son oreiller et s'endormit derechef, le sédatif agissant pleinement.

Il ne commença à sortir de sa torpeur que le surlendemain, seules subsistaient quelques douleurs abdominales très supportables. Dans une sorte d'état second, il avait cru comprendre, par Dominique venue lui rendre visite la veille, que Nelly allait de mieux en mieux. Tout en pensant encore au livre d'Edgard Cayce, il alluma le poste de télévision, il n'avait que ça à faire. On y donnait une émission spéciale sur le conflit israélo-palestinien. La direction de la chaîne avait eu l'étrange idée de diviser les intervenants en trois groupes : juifs, chrétiens et musulmans. Les discussions étaient véhémentes et violentes. Salmon était dépité, l'argumentation était des plus pauvres, il avait l'impression d'entendre les propos désobligeants de certains membres du personnel soignant de l'association médicale qu'il venait d'intégrer. Étrange cet antisémitisme de gauche qui avait pris la place du vieil antisémitisme de droite et qui sous couvert d'antisionisme rendait, encore une fois, comme ce fut le cas à travers les siècles, les juifs responsables de tout. Suivant d'une oreille distraite le débat télévisé, il fut subitement interpellé par les propos d'un des intervenants :

« *Pour les juifs, nous sommes à l'heure de Moise et il faudrait en fait revenir à l'heure d'Abraham pour que tout aille mieux* ».

Revenir à l'heure d'Abraham, c'est-à-dire aux sources ! Difficile ! Impossible même ! Les hommes étaient trop différents les uns des autres ! Ils ne pourraient jamais faire abstraction de leur culture, de leurs idées, de leurs habitudes pour prendre ce qu'il y a de meilleur en eux et le partager avec les autres. Non, sauf si une catastrophe majeure planétaire s'battait sur la Terre, sauf une apocalypse... comme la catastrophe de l'Atlantide du livre de Cayce. Un cataclysme naturel où tout serait balayé, non pas par la main de l'homme, mais par une volonté divine. Comme également par exemple, un astéroïde qui s'écraserait sur la terre ou bien des volcans qui se réveilleraient sur la planète, rendant l'atmosphère irrespirable et entraînant un bouleversement majeur. Les survivants accepteraient alors peut-être de reconstruire ensemble car ils n'auraient plus rien. Ni repères, ni habitudes, ni souvenirs et ils auraient subi les mêmes malheurs. Tous égaux ! Alors là oui peut-être, tous les hommes de bonne volonté pourraient être réunis, dont ces deux peuples cousins, les juifs et les Arabes, qui se détestent tant.

Ses pensées tourbillonnaient. Edgard Cayce ! Les manuscrits décrits par Edgar Cayce, pouvaient être assimilés aux manuscrits de la Mer Morte. À l'époque de la voyance, l'État d'Israël n'existait pas et Cayce avait peut-être eu, de sa lointaine Amérique, une vision globale de cette région, sans discerner la Mer Morte du désert au pied des pyramides. Il avait tout simplement vu que dans ce Moyen-Orient désertique, on trouverait les plus vieux documents du monde, ce qu'étaient effectivement « les manuscrits de Qumran ».

Lier les manuscrits de la mer morte à l'apocalypse, comme l'énigme de l'Atlantide décrite dans le livre d'Edgard Cayce, voilà ce qu'il devait faire, voilà son nouveau « message ». Alors il prit une feuille de papier et écrivit le texte suivant :

« Ce fut d'abord un point, dans le ciel étoilé
Qui se mit à enfler, lumineux à souhait
Chacun désespéré, regardait, apeuré,
Cette boule enflammée qui allait les frapper.
Ils priaient Jéhovah, Jésus ou Mahomet
Ils demandaient pardon du mal qu'ils avaient fait

L'astre frappa sans pitié. Il heurta au hasard
Des pays, des cités, transpercées de mille dards.
Aucun des réprouvés ne put en réchapper,
Ils ne comprenaient pas pourquoi Dieu les touchait.
Les gens qui s'étreignaient et se disaient adieu
Demandaient au Seigneur de les mener aux cieux.

Terrassées par le feu, les toitures s'écroulaient
Les volcans endormis soudain se réveillaient

Les flammes s'engouffraient, même dans les lieux sacrés
Les survivants fuyaient le feu qui châtiait.
Tout fut alors détruit, la famille, les amis
Et ce fut le néant pour ces hommes proscrits. »

Ensuite il se mit à écrire, d'une traite, presque toute la journée, la troisième partie de son livret, sa main se laissant là aussi guider par le stylo, comme il l'avait déjà fait pour le reste.

Le lendemain, le visage rayonnant, il raconta à Dominique, venue prendre de ses nouvelles, ces nouvelles péripéties :

— Ce que j'ai écrit sur Qumran n'était que le début, il y a une suite, ma chère Dominique. Écoute : On est au XXIe siècle, toujours à Qumran. Après l'apocalypse, due à un astéroïde qui s'écrase sur la planète, Solal un juif, Jean un chrétien et Reina une Palestinienne, apportent un souffle d'espoir aux humains survivants. Ils trouvent un message divin qui annonce la paix et la fraternité dans le monde.

Dominique se mit à lire les textes que Salmon avait écrits, au bout d'un moment elle s'exclama :

— C'est impensable ! Quand as-tu fait ça ?

— Hier, dans la journée.

— C'est impossible et en alexandrins en plus ! sans retouche, je parie, comme pour le reste.

— C'est exact.

— C'est vraiment le message que tu as reçu à Qumran, ça. C'est divin, mais utopique ! répondit-elle

— Tu as raison, mais lorsqu'on voit toute cette injustice et cette violence qui secouent l'humanité, on a besoin de rêver et de supposer que tout n'est pas forcément noir. Si une catastrophe majeure survenait sur la terre, savoir alors qu'un message de Dieu, caché, existe dans des textes sacrés, permettrait aux hommes de bonne volonté d'accepter ce que l'on pense être la fatalité.

— Oui, mais ce message n'existe que dans ta tête.

— Je sais, mais cela ne peut pas faire de mal de rêver et de s'évader, ne serait-ce qu'un moment, dans ce monde brutal. Partager avec d'autres l'espoir de la paix, même sous la forme d'un écrit, c'est bien. N'oublie pas que ces textes sont pratiquement venus à moi, sans que j'aille les chercher, ce n'est peut-être pas pour rien… Et plus le temps passe, plus je me dis qu'ils m'ont été soufflés par quelqu'un ou quelque chose.

— Tu dis n'importe quoi et tu perds ton temps.

— Non, même si cela ne sert à rien, je suis content d'avoir écrit ça et dans ces conditions si particulières !

Dominique gloussa et changea de sujet : « les nouvelles de Nelly sont excellentes, dit-elle, on a un peu parlé, il lui tarde de rentrer chez elle. »

— Pas tout de suite, tu sais. Ce coma l'a terriblement affaiblie et elle a besoin de se retaper. Elle va être transférée près d'Enghien, dans un endroit spécialisé bien adapté à sa situation, j'en avais discuté avant mon intervention avec le chef de service d'Ambroise Paré. J'aimerais ensuite qu'elle vienne chez moi pour terminer sa convalescence, répondit Salmon. Je me suis fixé comme objectif de bien la remettre sur pied et de lui redonner le goût de tout. Et puis, j'ai un peu l'angoisse.

— Pourquoi ?

— Eh bien, comme c'était prévu, Yael vient d'emménager hier avec son ami dans son petit deux-pièces. Je vais donc me retrouver seul et j'appréhende la suite avec Nelly car rien n'est sûr avec elle, j'espère qu'elle sera complètement rétablie. Je vais en profiter pour m'occuper de moi et ça commence par la vente de mon appartement. Je ne suis pas pressé, je vais le mettre à un bon prix. Ça me laissera tout le temps qu'il faut pour envisager ma vie avec Nelly.

— Tu lui en as parlé ?

— Pas encore, elle est trop faible !

— Et où allez-vous habiter après ?

— Nous n'en sommes pas encore là et vu le prix que j'en demande on a le temps de voir venir. Je ne veux pas le brader.

— Et si tu trouves un acheteur maintenant.

— Si par miracle quelqu'un accepte mon prix, là, Nelly a toujours son trois-pièces que nous pourrions occuper en attendant.

— Bon, vous verrez bien. Le compte à rebours a commencé pour moi, comme tu le sais, je pars le 17 août à Aix.

— Oui ! Toi partie, Yael aussi et Nelly dont l'état est incertain, tout ça explique les craintes que je peux avoir sur l'avenir.

Pierre Weint – 3 juillet 2000

Alors qu'il venait de sortir de clinique, Salmon, comme il se l'était promis, en traînant encore légèrement la patte, entra dans l'agence immobilière située non loin de chez lui. Il y retrouva par hasard Corinne Ferra, négociatrice, une de ses amies d'enfance qu'il n'avait pas revue depuis des lustres. Il lui confia la vente de son appartement qu'elle proposerait au prix fort. Corinne avait d'ailleurs peut-être quelqu'un qui pourrait être intéressé. Il avait parlé à Nelly, la veille, de ses projets, en lui apportant une montagne de fleurs. « Pourquoi pas » lui avait-elle susurré à l'oreille.

Tout à ses pensées, alors qu'il prenait sa voiture pour se rendre auprès de Nelly à Enghien, il eut un petit accrochage. Rien de grave, juste un rétroviseur cassé. Le conducteur de l'autre véhicule proposa de rédiger le constat à la Rotonde, le café situé à deux pas et que Salmon avait l'habitude de fréquenter. Bonne idée se dit Salmon, il en profiterait pour prendre le si bon petit-déjeuner qu'on y servait habituellement avec les délicieuses madeleines faites maison. Tout fut réglé en quelques minutes, mais une fois l'autre conducteur parti, Salmon décida de rester pour jouir encore de ces quelques instants d'une détente inattendue. Il vida le contenu de son cartable pour y mettre un peu d'ordre et trier ses papiers dont les textes qu'il avait écrits sur Qumran. À ce moment un homme grand, élégant, Eric Bruneton, que Salmon reconnut comme étant un ancien patient, entra dans le café. Salmon l'invita à sa table, discuter un moment lui ferait le plus grand bien. La conversation alla bon train et Salmon lui montra son livret sur les manuscrits de la Mer Morte. Après y avoir jeté un coup d'œil l'homme, sourire aux lèvres, dit : « C'est très bon ça. Puis-je en parler à un de mes amis compositeurs, il s'appelle Pierre Weint, il cherche des thèmes originaux »

— Pourquoi pas ! répondit Salmon, étonné.

Le surlendemain il avait rendez-vous avec Pierre Weint, non loin de Paris, en pleine campagne. Il attendait devant la porte d'une grande maison, il n'y avait personne. Un quart d'heure plus tard, alors qu'il s'apprêtait à repartir, il vit arriver dans une vieille voiture un homme une cinquantaine d'années, avec une chevelure bien fournie plus sel que poivre. Il sourit :

— Je suis désolé d'être en retard, j'ai toujours mille choses à faire et j'ai souvent la tête dans les nuages, expliqua Pierre Weint.

— Ce n'est pas bien grave vous savez.

L'homme invita Salmon jusqu'à son studio situé au sous-sol de la maison :

— Ici avec le bruit que je peux faire lors des enregistrements, je ne gêne personne.

L'homme esquissa une grimace et posa sa main sur le bas du dos.

— Un souci ? questionna Salmon, inquiet.

— Merci, ça va mieux. J'ai quelques problèmes au niveau de mes vertèbres et parfois elles me font des misères.

— Je suis médecin, je peux vous aider peut-être ?

— Non, ça va vraiment mieux.

Salmon lui proposa de lui faire une ordonnance s'il le souhaitait, il en avait toujours avec lui.

— Ce n'est pas de refus, répondit Pierre, je veux bien du Doliprane, je n'en ai plus et puis je vais en profiter pour me faire un bon café, je suis à jeun, je vous en prépare un aussi.

Salmon acquiesça, les deux personnages sympathisèrent et parlèrent un bon moment. Une vie tumultueuse, très mobile et surtout le monde du spectacle. Salmon, tout en écoutant son interlocuteur lui parler d'un milieu qui lui était complètement étranger, prit un stylo dans son cartable et fit l'ordonnance promise. Ils passèrent ensuite aux choses sérieuses et Pierre s'isola avec le livret entre les mains. Il resta un bon quart d'heure ainsi plongé sur les textes écrits par Salmon, oubliant même sa présence.

— Je vais vous faire un aveu, dit l'homme au bout de ce long moment, cela fait longtemps que je n'ai pas eu entre les mains quelque chose de pareil. Vos textes m'intéressent.

Salmon était interdit :

— Je ne comprends pas ! Vous souhaitez composer sur ce que j'ai écrit ?

— Oui, absolument.

— Mais je ne connais rien à la musique, tout juste le nom de quelques chanteurs célèbres que je vois parfois à la télévision. J'ignorais tout de vous et de votre milieu.

— Ce n'est pas un souci, laissez-moi faire, je m'occuperai de tout. Pratiquement trois heures de spectacle, c'est un peu long, mais le sujet en vaut la peine. Nous tenons quelque chose de magique qui nous changera de tous ces spectacles à fric. Je ne supporte plus ces comédies musicales insipides, vos textes me permettront de composer quelque chose de nouveau.

Salmon lui confia le prologue et quelques jours plus tard, il reçut un morceau entièrement arrangé et chanté, mélange de lyrique et de moderne, que Salmon fit écouter à Dominique dans sa voiture, alors qu'il se rendait avec elle au centre de rééducation d'Enghien pour voir Nelly.

— C'est magnifique ! Qui a fait ça ? s'exclama Dominique.

— Pierre Weint !

— J'ai déjà entendu ce nom-là !

Autant Dominique manifesta de l'enthousiasme autant Nelly, à qui Salmon avait également fait écouter la musique, semblait absente, indifférente même. Salmon montra son étonnement :

— Ce n'est pas le genre de musique que j'aime, lui expliqua-t-elle d'un ton neutre.

Il en fut chagriné mais ne répondit pas. Alors qu'il s'apprêtait avec Dominique à rentrer sur Paris, il reçut un appel de Corinne Ferra tout excitée :

— Je t'ai dit l'autre jour que j'avais peut-être quelqu'un pour ton appartement. Eh bien je ne me suis pas trompée, je l'ai fait visiter à un riche saoudien qui était dans mon fichier. Il est tombé sous le charme. Il le veut tout de suite et il paie cash !

— Au prix que j'ai demandé ?

— Oui, l'argent ne compte pas pour ces gens-là.

— Mais, c'est très rapide ça ! Je ne m'y attendais pas, je n'ai pas le temps de me retourner. Laisse-moi réfléchir un jour ou deux !

— Non il repart dans son pays après-demain et il veut une réponse immédiate. Vous signez le compromis de vente demain, si tu es d'accord, avec prise de possession en septembre.

— Septembre ! Il ne faut pas trois mois entre le compromis et la vente définitive ?

— On peut réduire à deux mois si l'acquéreur n'a pas besoin d'emprunter et c'est le cas.

— Je te rappelle dans un petit moment, j'en parle avec mon amie, Nelly.

— Ok.

Nelly était dubitative, tout ça allait très vite, trop vite, ça ne lui plaisait guère.

— Et où vas-tu vivre ?

— C'est vrai que mes plans sont bousculés. Je pensais que nous aurions le temps de voir venir, mais avec une telle offre, je ne sais plus. J'avais mis la barre très haut et elle a été acceptée. Je ne retrouverai jamais une telle occasion, il ne faut pas la laisser passer. Je suis un peu perdu. Je pensais que tu viendrais chez moi après ta convalescence ici.

— Si tu signes avec ce saoudien, tu devras vider ton appartement fin août-début septembre, ce sera très compliqué.

— Oui, on peut aller quelques semaines dans ton trois-pièces. Il n'est pas très grand, mais cela nous laissera le temps de réfléchir tranquillement à ce que l'on veut faire : trouver autre chose ou envisager même un départ en province.

Elle ne répondit pas, mais elle était contrariée, Salmon ne le comprit pas, bien au contraire il prit son silence pour un acquiescement. Oui, tout allait vite, trop vite pour les fragiles épaules de Nelly.

L'atmosphère était un peu tendue, Dominique dérida tout le monde :

— Des musiques inspirantes ! Ton appartement vendu à un prix inespéré sur un claquement de doigts ! Nelly sauvée ! Tout ça en quelques jours et pratiquement en même temps ! C'est étrange ! Salmon tu es béni des dieux ! Va allumer un cierge à Lourdes !

Le médecin de Qumran signa le compromis de vente de son appartement le lendemain matin. Tout avait été réglé en quelques jours, comme pour son cabinet. Quelle force étrange, quelle puissance hors norme le guidaient-elles, le faisant changer de vie plus vite qu'il ne l'aurait souhaité ? Il n'était pas le maître des horloges, ni de son destin. Toujours sur les chapeaux de roues, il retrouva Pierre Weint l'après-midi même pour lui expliquer, par le détail, comment il avait écrit ses textes. Le compositeur avait besoin de s'imprégner du ressenti exact de Salmon pour qu'il puisse construire des mélodies en harmonie avec les textes. Les deux hommes passèrent au tutoiement de circonstance. Même si leurs mondes étaient très différents, une sorte d'osmose magique s'établit entre eux. Pierre expliqua que lassé des minets et des minettes, aux états d'âme bien souvent insupportables, il avait préféré se réfugier dans des musiques plus profondes.

Pierre connaissait bien le milieu du spectacle et cette fresque musicale, si originale, serait certainement la bienvenue.

Dominique était stupéfaite. Elle dit devant Nelly, alors qu'ils étaient au centre de rééducation d'Enghien :

— Voilà ! Mon cher Salmon cette fresque musicale est vraiment ton premier message de Qumran. Sur la mer Morte, ton âme en souffrance s'est imprégnée d'une vision divino-mystique, qu'elle a matérialisée par ces textes étranges et le destin a mis sur ta route quelqu'un pour les mettre en musique.

— Peut-être ! Mais attendons les autres musiques avant de nous réjouir.

— Et tu as payé combien pour ça ? dit dubitativement Nelly.

— Rien.

— Je ne comprends pas, ça coûte très cher de composer des musiques de cette qualité ?

— Non, juste les frais d'enregistrement, c'est tout. Je te l'ai dit, cet homme est un pur et il y croit.

— Bof. En attendant je sors demain et j'ai un peu peur, dit-elle. D'autant, Dominique, que tu pars bientôt à Aix en Provence et que je ne te verrai plus.

— Mais Salmon est là maintenant !

— Oui, mais on se connaît depuis tant d'années et tu es ma confidente.

— Ne t'inquiète pas ! Vous viendrez là-bas, chez moi dit Dominique, c'est un grand appartement de fonction que ma société me loue. Être dans les pétroles procure beaucoup d'avantages.

Salmon était mal à l'aise. Nelly lui donnait l'impression d'être très loin de lui. Il s'adressa à elle :

— C'est la période de vacances, pourquoi n'irions-nous pas une semaine chez moi dans ma maison de Normandie. Ainsi tu pourras reprendre contact avec la vraie vie, tout en douceur. Après il faudra rentrer sur Paris, je dois moi aussi préparer mon déménagement.

— Non, je suis encore faible, je préfère rentrer chez moi. Surtout si tu dois venir après, il faut que tout soit prêt.

— Bon, comme tu veux, répondit-il froissé. Moi je suis obligé d'y aller. Quelques petits papiers administratifs m'attendent et puis j'avoue qu'après tout ce stress que nous avons subi ces derniers temps, me mettre au vert quelques jours ne peut être que bénéfique. Tu ne veux vraiment pas venir avec moi ?

— Non, Gaétane me tiendra compagnie ici.

Salmon était contrarié, mais il n'en dit rien, d'autant qu'il n'aimait pas trop sa sœur. Il était aussi perplexe, elle était moins souriante et plus distante qu'avant, il ne connaissait pas ce côté froid et énigmatique de Nelly. Elle était très différente de la femme énergique et passionnée qu'il avait connue. Peut-être une séquelle de son coma, qui avec le temps disparaîtrait certainement.

Fin juillet il partit donc seul, un peu mélancolique, en Normandie se posant mille questions. Tout changeait si vite. Le surlendemain Nelly lui annonça qu'il pouvait rester quelques jours de plus en Normandie, elle était invitée avec sa sœur chez des amis en Provence. Elle rentrerait vers la mi-août pour l'accueillir chez elle. Salmon acquiesça, mais il était perplexe. Et lui, alors ! On ne commence pas une nouvelle vie en laissant son « homme » au début de leur relation. Il ressentit ça comme une humiliation et même une trahison.

Tout penaud, il rentra le 16 août, triste, il avait tellement de cartons à faire pour son déménagement ! Trier, jeter, garder, dans un appartement si grand, allait bien lui prendre une bonne semaine. Quelle angoisse, en plus il était seul ! Bien heureusement il eut un peu de baume au cœur, car il trouva deux nouvelles chansons dans sa boîte aux lettres que Pierre Weint avait composées, en particulier une sur « Marie Madeleine » dont il était très fier. Dominique pleura en l'écoutant et ça juste la veille de son départ pour la Provence. Salmon lui fit une copie : « *Merci elle est magnifique ! Quel beau cadeau pour là-bas.* »

Il put enfin avoir quelques nouvelles consistantes de Mendel qui était dorénavant chez lui à Tel Aviv pour un bout de temps. Mieux il serait à Paris au tout début du mois d'octobre avec le livre sans couverture. Il avait appris, par l'institut français, qu'il avait été écrit par un homme originaire d'Algérie dont on ne connaissait pas l'identité. « *Je peux t'écouter Salmon, j'ai tout mon temps aujourd'hui.* » dit-il un peu paternaliste.

Salmon lui raconta alors toutes ses mésaventures et comment après son incroyable séjour en Israël, sa vie avait basculé. Il lui parla, sans rentrer dans les détails, de sa rencontre avec un compositeur français et des textes étranges qu'il avait écrit sur la Paix. Mendel, assez mystique, pensait qu'une force divine avait pris possession de l'âme de Salmon lors de son passage à Qumran. C'était pour lui l'explication de ces phénomènes particuliers qui avaient pris sa main pour le guider et l'obliger à faire des choses insensées aux yeux des mortels que nous sommes.

Salmon venait tout juste de raccrocher avec Israël quand Pierre Weint l'appela. Il avait contacté plusieurs producteurs amis. Tous appréciaient le travail. Mais il était cher pour certains, dangereux pour d'autres. Dans le contexte politique actuel, ils hésitaient à monter un spectacle parlant d'Israéliens et de Palestiniens. Salmon contacta Nagib Kha qu'il avait rencontré au Bataclan, lorsque Yael avait donné au profit des enfants malades « Notre Dame de Paris ». Ne s'occupait-il pas de spectacles musicaux !

— Oui, lui dit Nagib, le thème un peu particulier est intéressant, mais je suis actuellement très pris. Je suis désolé.

Salmon n'eut pas bien longtemps de regrets car Robert Suav, le directeur de l'espace des danses et des chants, une des relations de Pierre Weint, se montra fort intéressé :

— Ce projet, dit-il, est capable de passionner les foules. Une pièce musicale sur Dieu, Jésus, Marie Madeleine, la paix dans le monde est exportable aux quatre coins de la planète, mais trois heures, c'est trop long.

Salmon était dubitatif. Certes, quelques phrases pouvaient être supprimées ici et là, mais pas plus. Il se promit pourtant d'y réfléchir. Le surlendemain, il était radieux. Il avait trouvé la solution :

— En supprimant la partie consacrée à Jésus et Marie Madeleine, dit-il à Pierre par téléphone, on économise une heure, tout en conservant l'originalité du sujet. C'est un véritable déchirement pour moi, il était important de démontrer que le christianisme primitif est issu du monde des Esséniens et on ne le verra pas. Enfin le message de paix apporté par les Manuscrits de la mer Morte est intact et c'est quand même l'essentiel.

— Et la chanson sur Marie Madeleine ! soupira Pierre.

— Ne m'en parle pas. La supprimer me rend malade.

Ce n'était pas bien grave pour Salmon puisque Robert Suav, le producteur, était séduit par ce nouveau découpage. Mais il fallait être patient, il restait beaucoup de travail, Pierre n'avait composé que quatre morceaux et il en manquait plus de 25 encore. De plus Robert avait un emploi du temps très chargé avec plusieurs déplacements à l'étranger. Il ne pourrait discuter sérieusement du projet qu'au mois de novembre.

Là, il serait plus tranquille, Qu'importe ! « QUMRAN » pouvait attendre.

La photo d'Eliezer – Lundi 11 septembre 2000

Salmon avait beaucoup de mal à accepter son nouveau logement. Il était si glauque, si minuscule. Il y habitait depuis trois jours ! Trois jours seulement ! Il lui avait été pratiquement imposé par « le destin », même s'il savait que ce n'était que du provisoire. Sa « cohabitation » avec Nelly n'avait duré que deux petites semaines. Il n'aurait jamais imaginé un tel échec. Ce fut rapide, brutal. Épuisé par le lourd traitement qui lui avait été prescrit, il n'avait pas la force de chercher autre chose. Il devait d'abord se soigner et digérer son échec avec Nelly avant de commencer sa reconstruction. Il ne comprenait toujours pas ce qui s'était passé.

Tout s'était précipité en quelques jours et sa vie avait à nouveau basculé. Au dispensaire où il travaillait, il s'était accidentellement piqué le doigt, malgré ses gants stériles, avec l'aiguille qu'il venait d'utiliser pour un patient atteint du sida. On l'avait mis immédiatement sous trithérapie et il devait attendre encore un peu pour savoir s'il n'était pas à son tour porteur de cette sale maladie. Il était abattu avec de nombreux vertiges et maux de tête dus au traitement. Nelly avait choisi ce moment pour le lâcher. Certes leurs rapports étaient rapidement devenus tendus, mais rien ne lui avait laissé supposer que son embryon de couple sombrerait si vite. Pour couronner le tout, Dominique, qui en quelques mois était devenue un soutien indispensable, était dorénavant à Aix en Provence. Bien heureusement elle était là, même à distance. Elle avait décidé de couper les ponts avec Nelly, pourtant son amie, dont elle trouvait l'attitude ignoble. « *On n'abandonne pas quelqu'un qui est malade, c'est odieux ! Surtout après tout ce qu'il a fait pour toi !* » avait-elle dit à Nelly avant de raccrocher sèchement.

Dans le studio meublé qu'on venait de lui prêter, il avait fait transporter du linge personnel et trois petites caisses en carton, déposées les unes sur les autres face à l'entrée. Elles étaient remplies de documents divers et de livres en vrac qu'il n'avait même pas déballés. Il était trop fatigué pour s'en occuper. Le reste était parti au garde-meuble, avec l'ensemble du déménagement de son appartement.

Gaétane avait été une des causes de leur rupture. Il avait même surpris une conversation entre Nelly et sœur, qui cherchait à lui démontrer qu'en fait il avait failli à sa mission en l'abandonnant à un autre médecin, et qu'il était responsable de la perte de sa clientèle et donc de sa ruine. Quel culot ! Il l'avait tirée d'un mauvais pas en remboursant ses dettes. Nelly, dans sa vie, était parfois dans l'inconsistance et l'inconscience, deux traits de son caractère qu'il n'avait pas perçus au début de leur relation, mais pris dans le tourbillon de « l'amour », il avait tout assumé.

Dès qu'il emménagea avec elle, dans la seconde quinzaine d'août, ce fut compliqué. Ils avaient du mal à communiquer sur pratiquement tous les sujets ! Sa petite escapade dans le Sud avait totalement changé Nelly. Elle était tendue, crispée, sombre, distante. Elle voyait Salmon avec des yeux nouveaux, ce qui était des qualités étaient dorénavant des défauts. Son subit changement de comportement était très déstabilisant. Nelly s'était montrée hermétique aux mélodies de Pierre Weint, ainsi qu'aux étranges signes que Salmon avait eus en Israël alors qu'elle était dans le coma. Elle voulait totalement oublier cette difficile période de sa vie. Pour couronner le tout, l'ancien amant éconduit avait refait surface et il était venu en Provence lui aussi. Pourtant Salmon avait eu une petite explication, un jour, avec ce Nelson. « Savez-vous que nous allons vivre ensemble ! » lui avait-il dit. Nelson avait marqué son étonnement, Nelly ne lui avait pas dit qu'elle allait se mettre en couple. Décidément il comprenait seulement maintenant qu'il avait été berné et qu'il n'avait été qu'un simple jouet pour elle. Il ne pouvait pas l'accepter et à la suite d'une petite broutille, ce fut la grande explication :

— Tu me prends pour un idiot, lui avait-il dit au tout début du mois de septembre, tu n'es plus la même, que se passe-t-il.

Alors elle vida son sac :

— Je me suis trompé. Je ne suis pas prête à vivre avec toi. Je ne t'aime pas suffisamment pour changer complètement de vie. Nous avons été trop vite. Et puis j'ai l'habitude de vivre seule, libre et indépendante et j'aime parader, le mot est un peu fort, dans des cercles d'intellos de gauche. Je ne pourrais plus le faire avec toi. Désolée.

Elle parlait froidement, sans état d'âme. Elle avait bien profité de lui et sans rien donner en retour. Elle n'avait rien à voir avec la jeune femme qu'il avait connue. Son coma l'avait-il transformée à ce point ? Quel échec ! Quelle déception !

Elle lui demanda de partir au plus vite. Quelle panique ! Où aller ! Il campa quelques jours chez sa fille avant de trouver en catastrophe, un petit studio. Il était en pleine détresse, fragile et vulnérable. Il avait des bourdonnements d'oreille, comme en Israël.

Ce matin-là donc, dans son petit studio, il se dirigea vers la salle de bains pour prendre les lourds et épuisants médicaments que son état nécessitait. Il cogna d'une main malhabile un coin du grand placard qui prenait une place folle dans ce petit endroit et fit tomber les musiques de Qumran qui se trouvaient à proximité, surtout la merveilleuse chanson sur Marie Madeleine qu'il aimait écouter. C'était lumineux, un rayon de soleil dans sa vie si tourmentée. Il chercha à se rassurer : qui pouvait se targuer d'être l'auteur d'une œuvre musicale d'une telle ampleur ! Il regarda sa montre, 9 heures ! Il avait juste le temps de passer une dernière fois dans son ancien appartement, avant son rendez-vous à 11 heures chez le notaire pour entériner la vente.

Tout était vide dans cette maison silencieuse où respirait encore l'odeur d'hier, l'odeur de son passé heureux et joyeux. Triste, la tête basse, il pensa une dernière fois aux bons souvenirs qu'il y laissait. C'était le temps de son ancienne vie, de son ancienne femme qu'il ne voyait maintenant qu'occasionnellement, le temps de l'insouciance et des jours heureux où sa fille, petite, apportait ses joies, ses espérances. Il était son protecteur, son rempart. Il pénétra dans chaque pièce. Là, Yaël étudiait, ici elle chantait, là-bas ils recevaient la famille, les amis. Maintenant il n'y avait plus rien, hormis le bruit de ses pas solitaires sur ce parquet crissant et pleurant.

Tout était parti au garde-meubles, sauf les quelques affaires qu'il avait fait transporter dans le studio. Seule ombre au tableau, il restait de nombreuses feuilles de papier journal froissées qui avaient servi à emballer la vaisselle, les bibelots ou objets fragiles. Il y en avait partout. Salmon ragea auprès des déménageurs qui avait mal fait leur travail. Bof ! Quelle importance ! L'appartement était vendu après tout, ce n'était plus son problème. Mais non, il aimait que les choses soient nettes, il ne voulait pas être mal jugé. Alors prenant son courage à deux mains, malgré sa fatigue, il descendit ces derniers immondices, par l'escalier de service, jusqu'au local à poubelle situé au sous-sol deux étages plus bas. Il y en avait tellement, qu'il dut faire trois voyages. Il souffla, il n'avait plus l'habitude de faire autant d'effort, mais c'était mieux ainsi, il était en harmonie avec lui-même.

Avec nostalgie, il refit un dernier tour dans chaque pièce pour s'imprégner encore une fois des images du passé. Dans la chambre de Yaël, il remarqua une pile de journaux, *Elle*, *Match*, *Marie France*, qui avaient été oubliés là. Il décida de les laisser, il ne s'agissait pas d'ordures après tout. Mais il se ravisa, ce n'était pas correct, alors rassemblant ses dernières forces, il retourna au local à poubelle. Il remonta, épuisé. Il restait encore quelques journaux, moins d'une dizaine. Stop ! Il n'en pouvait plus, il y aurait un peu de lecture pour les futurs acquéreurs. Il était temps de quitter les lieux maintenant.

En hochant la tête il ferma à double tour la porte d'entrée et descendit pour la dernière fois par l'escalier de l'immeuble. Au niveau du premier étage, il fut pris d'une pulsion subite qui l'incita à retourner dans l'appartement pour jeter les derniers magazines. En même temps une petite voix intérieure lui disait : « C'est ridicule, pars ». Mais c'était plus fort que lui, il fallait qu'il remonte. Alors il s'exécuta, gravissant lentement chaque marche, avec une dualité persistante et insistante au fond de lui, jusqu'au moment de rentrer dans l'appartement : « *Pars-Monte… Pars-Monte… Pars-Monte…* »

Sur place, il souleva les derniers magazines et y découvrit, avec stupeur, caché dessous, le portrait de son père, Eliezer. Il lui souriait, semblant l'attendre. Sa photo avait dû, un jour, glisser de l'étagère où elle était posée pour se retrouver sur le sol. Par inadvertance, sans même le remarquer, Yaël y avait empilé, par-dessus, les journaux qu'elle lisait régulièrement. Ne rentrant qu'occasionnellement dans la chambre de sa fille, Salmon ne pouvait pas le savoir. Un appel au fond de son être l'avait-il poussé jusqu'à son père qui l'avait toujours protégé ?

Tout était irréel. Il se trouvait dans le même état second qu'à Ein Gédi, en Israël ! Très ému il retourna dans son studio quelques instants pour prendre son cartable avant de se rendre chez le notaire. Il avait besoin de parler quelques instants, il appela donc Dominique à Aix en Provence lui racontant cette étrange histoire :

— Je pense être à nouveau en état de clairvoyance. Ce phénomène se produit chaque fois que je suis en très grande souffrance et c'est le cas actuellement. Est-ce mon père qui m'a appelé ?

— Salmon tu me fais peur. Vas-tu encore entrer dans des plans délirants ?

Il sourit :

—Non. Je ne suis plus en Israël.

Après la signature chez le notaire, il rentra dans son petit studio. Il était encore l'heure du déjeuner, mais il n'avait pas faim. Il était submergé par une vague de mélancolie, sa vie venait officiellement de basculer vers l'inconnu. Il ne voulait se confier ni à sa mère ni à sa fille, inutile de les angoisser par ses états d'âme hors norme et par son mal-être. Il regarda avec émotion la photo de son père qu'il avait récupéré dans son appartement le matin et rassuré, il s'endormit immédiatement.

Un moment plus tard, reposé, il décida de se rendre sur la tombe de son père. Il en avait besoin. Il n'avait encore jamais fait ça, en dehors des dates anniversaires de sa mort. Il se retrouva au cimetière Montmartre à la hauteur de l'imposante statue en bronze de Moïse, marquant le début du carré juif et il se dirigea vers l'endroit où il était enterré.

— Protège-moi papa ! J'ai peur ! C'est si dur d'être trahi ! dit-il à haute voix.

Tout semblait irréel, des larmes coulaient sur ses joues. Une pulsion irraisonnée, de la même nature que celle qui l'avait poussé à remonter dans l'appartement le matin pour chercher la photo de son père, l'incita à rechercher une tombe, un nom. Il se dirigea d'un côté, puis de l'autre. Puis il changea brusquement de direction. Il observait à droite, à gauche. Bien heureusement il était seul au cimetière, on aurait pris ses agissements pour une sorte de folie. Il marchait comme un automate, ses pas le menèrent à un endroit où il n'avait jamais été. Il s'arrêta devant un vieux mausolée, son regard se porta directement sur l'inscription qui y était apposée : « Nelly Benmoha », dans la même seconde il tourna la tête vers une autre tombe tout à côté, y était gravé : « Salmon Dérida ».

« Salmon-Nelly ! » Sous le regard de son père ! Comment était-ce possible !

Il partit presque en courant. Il ressentit comme une chape de plomb sur les épaules, il étouffait, il fallait absolument qu'il se change les idées. Bien heureusement il avait été invité le lendemain par Corinne Ferra, la négociatrice, pour fêter la vente de son appartement. En attendant il rentra dans son studio, il avait vraiment besoin de faire le vide. En fin de journée, il rappela encore une fois, comme par réflexe, Ghislaine. Il avait besoin d'être rassuré et il se raccrochait à n'importe quelle idée. Grâce au Ciel, elle décrocha cette fois-ci. Elle venait de rentrer du Chili où vivait une partie de sa famille. Après quelques banalités, la conversation dériva sur Salmon et tout ce qui lui était arrivé : son périple israélien, les textes étranges qu'il avait écrits, la vente de son cabinet, de son appartement, son ressenti avec Nelly et Clara, son père.

Selon elle, il était protégé et même guidé de l'au-delà. Son père en l'envoyant sur deux tombes inconnues où étaient inscrits : « Salmon-Nelly » lui indiquait formellement que cet amour était mort.

En raccrochant Salmon pensa à son rêve du mois de mars, avant son départ en Israël, où il s'était retrouvé sur la tombe de son père. Il avait également vu une autre tombe où on lisait en lettre de feu le nom Nelly. Eh bien voilà ! ce rêve venait partiellement de se concrétiser sous ses yeux, même s'il n'y avait aucune Solange avec lui, ni aucune alliance à mettre sur la stèle.

Le manuscrit de Clara

Le lendemain Salmon se retrouva chez Corinne Ferra, avec quelques fleurs de circonstance. Elle avait aussi invité quelques-unes de ses amies. Les papotages étaient d'une banalité affligeante, soudain la conversation s'orienta vers Dieu, le Mystère et l'au-delà. Corinne leur parla d'un livre consacré à l'Islam qu'elle venait de lire, une phrase l'avait particulièrement impressionnée : *« Ton Seigneur ne t'a pas abandonné… Il t'a trouvé égaré, il t'a guidé… Il t'a trouvé miséreux, il t'a enrichi. »*

Salmon sourit imperceptiblement, cette citation correspondait tout à fait à ce qu'il vivait actuellement. Il aurait bien aimé que le Seigneur vienne le soutenir. Le Seigneur ! En son nom certains aimaient, d'autres priaient et d'autres encore tuaient des innocents.

Une des invités alors parla de cet étrange livre paru il y avait un peu plus d'un an : *Le Manuscrit de Clara.* Salmon fut parcouru de frissons. Clara ! Il ne voulait pas qu'on en parle, comme s'il était le seul à avoir des droits sur elle ! Par chance, personne ne connaissait cette histoire et, à son grand soulagement, le petit groupe changea de sujet. Il en profita pour raconter, avec fierté, les nouvelles prouesses de sa fille. Devant le succès de Notre-Dame de Paris, Yaël et son équipe avaient décidé de remonter une nouvelle comédie musicale, toujours au profit des enfants malades. Grand fan de sa fille, Salmon lui avait promis de faire de la publicité auprès de ses amis. Il était content car cet évènement allait lui changer les idées et lui mettrait un peu de baume au cœur, il avait besoin d'un peu de pureté après les noirceurs de Nelly. Corinne, enthousiasmée, lui demanda une dizaine de places.

Plus tard donc, tout sourire, il se rendit comme prévu rue des Martyrs pour récupérer auprès de Stéphane, un des acolytes de sa fille, les places demandées par Corinne. En sortant de la boutique de Stéphane, Dominique l'appela lui indiquant que Nelly venait de se mettre en ménage avec Georges Nelson. Elle regrettait pour Salmon mais il n'était pas l'homme de sa vie, elle s'était trompée. Dominique expliqua qu'elle s'était emportée avec « son amie » et qu'elle avait raccroché assez brutalement, lui demandant de ne plus jamais l'appeler. Salmon était amer, un peu fébrile même. Quelle humiliation ! Alors qu'il s'apprêtait à traverser la rue il marcha sur un petit objet. Déséquilibré, il s'affala de tout son long sur le trottoir au moment où une camionnette, dont les freins venaient de lâcher, s'écrasait sur un véhicule en stationnement juste à côté. Salmon était interdit, il venait d'échapper à un terrible accident. Il ramassa l'objet, il s'agissait d'une alliance, en cuivre, sans réelle valeur, qui avait dû être perdue par quelqu'un. Elle lui avait sauvé la vie. Il dit en lui-même : « Merci ! » Instinctivement, il la mit dans sa poche et songea à cette alliance qu'il avait déposée sur la tombe de son père dans ce rêve étrange, fait juste avant d'opérer Nelly. Il rappela Dominique, inquiète, qu'il rassura.

Le soir même, il fêta « son sauvetage » par un bon dîner, seul, dans un restaurant près de chez lui. Puis rasséréné, avec l'alliance toujours dans sa poche, il rentra dans son studio pour revoir, une énième fois le film sur Ben-Hur qui était donné à la télévision. Après ces émotions vécues, et la sinistrose qui n'arrêtait pas de lui tenir compagnie, ce divertissement rempli de symboles, d'énergie et de passion était exactement ce qu'il lui fallait.

Au bout d'un moment, sans aucune raison, il se leva comme un ressort, et se dirigea vers un des cartons qu'il n'avait pas encore ouverts. Il y plongea brusquement la main et en ressortit un livre : *Le Manuscrit de Clara* ! Ça alors ! Il avait oublié qu'il était dans un des cartons qu'il avait amené avec lui dans le studio. Une bouffée de tendresse l'envahit, alors qu'au même moment sur le petit écran, Charlton Heston enlevait l'alliance de sa partenaire pour l'enfiler sur son propre index.

Immédiatement il fit le rapprochement avec l'alliance de la rue des Martyrs du matin. Là, il s'était levé d'un bond, comme en Israël, lorsque dans la chambre d'hôtel il avait pris de façon impulsive et incontrôlée le livre qu'il avait emprunté à la librairie du foyer français parlant de Narcisse. Certes les médicaments qu'il prenait contre le HIV donnaient, selon la notice, des troubles parfois hallucinatoires, mais la similitude avec Israël était troublante. Et pourquoi, comme le livre *la Porte du ciel* en Israël, *Le Manuscrit de Clara* revenait-il en force.

Le moment semblait être arrivé de le lire. Effectivement, il était très comparable à *La Porte du ciel,* Clara parlait avec émotion de ses vies antérieures avec son âme de femme juive, de l'amour qu'elle avait eu avant la guerre avec son mari, là-bas à Varsovie, avant de mourir à Auschwitz. Puis elle se retrouva dans ce corps d'adolescente dont la tumeur inopérable lui avait donné accès à l'indicible.

Salmon revint à la réalité du moment. Sauf à avoir été lui-même juif à Varsovie dans une vie précédente, Clara ne pouvait pas avoir été son épouse, mais tout était tellement complexe dans ce monde inaccessible ! De toute façon ce livre lui faisait du bien. Clara ou pas, il n'avait pas l'intention de le lâcher.

Clara indiquait dans ces pages que sa maladie lui avait donné des dons de voyance et qu'elle était en contact avec de nombreuses âmes pures. Dans l'autre monde, disait-elle, tout est en communion, la pensée de l'un est partagée avec la pensée de l'autre. Une sorte de moule unique et global qui a la connaissance du tout. Salmon se dit en lui-même : c'est Dieu tout ça.

Il releva un passage étrange qui était la conclusion du livre :

« *l'âme est immortelle. Lorsqu'elle quitte le corps terrestre qu'elle a animé, elle rejoint un univers immatériel où se rassemblent toutes les autres âmes. Dans ce grand moule, il n'y a pas d'individualité, les âmes se retrouvent et se fondent en une seule unité où la connaissance de l'une devient la connaissance de l'autre. Connaissance d'hier, d'aujourd'hui ou de demain faisant, là aussi, un seul bloc. En fait cette petite étincelle qui anime notre corps durant sa vie terrestre est une parcelle de ce Tout global que l'on appelle Dieu. Ainsi nous pouvons dire que nous sommes tous un peu Dieu et parfois ce petit bout d'âme qui a animé un corps terrestre tente de communiquer avec les vivants. »*

Il en parla par téléphone, un peu plus tard à Dominique, qui lui demanda encore une fois d'oublier ça.

— Mais je ne fais rien, ça vient à moi ? Chaque fois que je suis en souffrance, j'ai cette sorte de don ! Que puis-je y faire !

— Descends à Aix ? tu as besoin de changer d'air.

— Oui, dans quelques jours je serai chez toi. Demain je dédicace mes livres, je suis invité dans une librairie et après la quille. En plus mon traitement sera allégé et tout sera plus facile.

Sarah Attias –
Mercredi 13 septembre 2000

Une quarantaine de livres empilés devant lui, Salmon, stylo en main, était assis devant une table dans la librairie Bibliophane, rue des Rosiers. Invité par David Rein, le libraire, il y dédicaçait ses ouvrages. Alors qu'il en avait signé déjà une quinzaine, Brigitte, une amie peintre, que Salmon avait revue quelques jours plus tôt pour lui prescrire trois médicaments classiques et à qui il s'était quelque peu confié, pénétra dans la boutique. Le visage figé, elle s'exclama :

— Bonjour Salmon, c'est étrange ils ont mis sur l'étagère située derrière toi *Le Manuscrit de Clara*. Il est à la hauteur de ta tête et de loin il te fait comme une auréole.

Elle connaissait ce livre dont lui avait parlé Salmon.

— Vous avez encore *Le Manuscrit de Clara*, il est sorti il y a un an ! s'étonna Salmon auprès de David, le libraire.

— Non c'est une erreur. On en a trouvé un exemplaire ce matin au sous-sol et nous l'avons placé ici, en attendant. S'il vous gêne, je vais l'enlever.

— Surtout pas, laissez-le là où il est.

Encore ce livre ! Au même instant une femme entra dans la librairie et s'approcha de Salmon qu'elle observa avec insistance :

— Vous êtes Salmon Chouraqui ?

— Oui !

Le visage de cette femme ne lui disait rien.

— Je suis Charlotte Grinber, la sœur de Sarah Attias de Marseille !

— Sarah !

Charlotte était émue :

— Te souviens-tu ?

— Oui, bien sûr. On se souvient toujours de sa première histoire d'amour. On était si jeune, là-bas à Marseille. Comment va-t-elle ?

— Elle est morte.

— Elle est morte !

— Oui, il y a presque vingt ans, d'un accident de voiture.

— Un accident ! Mais... Charlotte je ne peux pas te parler, il faut nous revoir. Tu habites Paris ?

— Je suis ici pour quelque temps, je loge chez des amis près de la Muette.

— C'est parfait, moi aussi. Tu pourrais demain à 14 heures 30 à La Flûte Enchantée, avenue Mozart ?

— Oui. Je viendrai avec ma sœur Louise, elle voudra certainement te revoir.

Sarah morte ! Et il l'apprenait au moment précis où le manuscrit de Clara se manifestait encore.

Le lendemain il ouvrit la porte vitrée du salon de thé de La Flûte Enchantée, les deux sœurs de Sarah étaient déjà installées. Il remarqua sur la table voisine une bague, oubliée par le client précédent.

— Quelqu'un a laissé cet objet, dit-il à la serveuse.

Les deux sœurs étaient étonnées.

— Chaque fois que Sarah veut se manifester, s'exclama Charlotte, c'est par l'intermédiaire d'un bijou. Ce que tu viens de trouver, c'est elle.

— C'est elle ? s'étonna Salmon.

— Oui, j'en suis certaine.

Troublé, Salmon les questionna sur les circonstances de sa mort. Aux réponses qu'il reçut, il comprit que c'est d'elle qu'il avait rêvé en 1984 lorsqu'il était parti à Marseille pour régler la succession de son père. Pour éviter de jeter le trouble, il n'en dit rien aux deux sœurs et les questionna à nouveau pour être certain.

— Quand est-elle morte ?

— En 1984.

Il resta interdit, c'était bien son rêve. Louise était troublée :

— Oh Salmon ! dit-elle. Que je suis heureuse de te revoir ! Tu me rappelles tellement notre jeunesse.

— Oui, Sarah fut mon premier amour, mais je n'ai plus jamais eu de ses nouvelles après mon départ de Marseille.

— Bien sûr elle a fait sa vie avec de beaux enfants, mais elle était très sensible à son passé, à sa jeunesse, malheureusement cet accident de voiture a tout arrêté.

Salmon prit conscience de cette immense tragédie dans laquelle il se sentait impliqué malgré lui. Pourquoi n'avait-il pas gardé ce beau contact !

— Ce bijou que tu viens de trouver c'est un signe. Je connais ma sœur, elle veut dire quelque chose, elle t'envoie des messages, j'en suis sûre, intervint Charlotte.

Ainsi l'alliance de la rue des martyrs et celle de Charlton Heston dans le film Ben Hur, serait-ce elle ? Sans trop savoir pourquoi, Salmon avait apporté le synopsis de sa fresque musicale que les deux sœurs s'empressèrent de consulter.

— C'est très beau, s'extasia Charlotte.

Elle parcourut ensuite le CV de Pierre Weint. Il était né un 20 novembre.

« *Sarah est morte un 20 novembre* », dit-elle, émue.

Il était sans voix ! Il eut des frissons. C'est bien d'elle dont il avait rêvé il y avait seize ans justement un 20 novembre, en 1984 ! Sarah se manifestait-elle par l'intermédiaire du livre de Clara, sans qu'il en prenne conscience ? Avait-elle utilisé le canal d'une jeune voyante qui venait de mourir, pour lui parler. Elle lui avait adressé de nombreux clins d'œil et il n'avait rien compris. Comment l'aurait-il pu, elle était sortie de sa vie depuis si longtemps ! Il l'avait confondue avec Nelly puis avec cette jeune Clara qu'il ne connaissait pas, jusqu'à imaginer, de façon complètement irrationnelle et absurde, que la jeune fille avait été son amour dans une vie antérieure.

Sarah le soutenant dans les difficiles moments qu'il était en train de vivre ! Sarah à ses côtés lorsqu'il avait écrit ces textes sur les Manuscrits de la mer Morte ! Sarah lui faisant rencontrer Pierre Weint, né un 20 novembre ! Sarah lui adressant une alliance rue des Martyrs, alors qu'il venait d'échapper à un accident de voiture ! Sarah venant à lui dans un des passages de Ben-Hur ! Charlotte lui précisa que sa famille comptait un Saint homme, un rabbi, enterré en Israël, très vénéré et que Salmon avait vu d'ailleurs une fois à Marseille en 1962. Sarah, de son vivant, en avait été fortement imprégnée et cultivait son goût pour le mystique et l'extraordinaire. Elle utilisait souvent les actions et les situations théâtrales qu'elle affectionnait particulièrement pour se manifester. Elle avait donc mis ses deux sœurs sur le chemin de Salmon pour qu'elles lui expliquent l'importance de la date du 20 novembre 1984. Décédée brutalement, elle n'avait pas eu le temps de faire tout ce qu'elle avait à faire. Fervente admiratrice de Qumran, peut-être avait-elle poussé Salmon, à son insu, pour qu'il réalise ce rêve divin. Pourquoi des gens de « là-bas » reviennent-ils aider des gens « d'ici », sans que ce soit forcément des très proches, on ne le saura jamais !

Salmon était donc à nouveau assailli par ces intuitions si précises. Était-ce sa détresse et sa fragilité qui permettaient, là aussi, à son esprit torturé de trouver secours et refuge auprès de cet immatériel sublimé ? Était-ce vrai ou était-ce inventé par son moi profond ? Comment le savoir ?

Salmon demanda où reposait Sarah et par la réponse il comprit qu'elle dormait dans le carré juif du petit cimetière du sud de la France, qu'il avait rêvé six mois plus tôt. Il réalisa que son esprit embrumé avait alors tout mélangé : Son père enterré anachroniquement dans le Sud, l'étrange alliance de ses parents sur leur tombe alors que sa mère était vivante et Nelly, cette liaison mort-née. Peu à peu il se libérait, ses poumons étaient moins oppressés. Les pièces du puzzle étaient presque toutes en place.

Après avoir eu Dominique, il appela Solange Mallet, à Marseille, pour lui raconter cette incroyable histoire. N'était-elle pas impliquée dans son second rêve prémonitoire ! Il n'arriva pas à la joindre, le téléphone sonnait dans le vide, il ne put même pas laisser de message. Ce sera pour une autre fois, se dit-il.

« Le feu du ciel ! »

Ce vendredi 15 septembre, Salmon, avant de partir pour Aix en Provence, rentra dans les locaux de l'association médicale où il exerçait, pour y prendre son courrier et saluer le personnel médical. Toujours sous traitement, même s'il allait mieux, on lui avait déconseillé de retravailler pour l'instant.

Il suivit, sans y prendre part, la conversation animée qui s'était engagée entre plusieurs soignants. Un jeune infirmier, vindicatif, menait les débats. Salmon avait eu à plusieurs reprises maille à partir avec cet homme qui ne cessait de lui reprocher son côté bourgeois. Pour lui, les riches n'étaient que des menteurs et des tricheurs. Ils se forgeaient une bonne conscience auprès des indigents pour se dédouaner de l'argent qu'ils se faisaient sur le dos des pauvres. Salmon le laissait habituellement parler, sans jamais faire cas de ses propos très souvent désobligeants. Pourtant là, l'infirmier l'apostropha directement révélant sa vraie nature. Il dit avec hargne :

« *C'est sur Israël que devrait tomber le feu du ciel !* »

Salmon eut un haut-le-cœur. L'homme avait manifestement bu plus que de raison et s'était lamentablement déchaîné. Pour lui l'engeance juive était néfaste à l'humanité. Salmon avait l'impression d'entendre les discours des nazis, qui, un demi-siècle plus tôt, avaient tenté d'éliminer le Peuple du Livre de la planète. Il se souvint alors des quelques altercations qu'il avait eues dans sa jeunesse avec d'anciens pétainistes. Ne connaissant pas ses origines, ils lui parlaient de cette « race » maîtresse du monde, à qui l'ONU avait eu le tort de donner un État. Il aurait mieux valu les parquer quelque part dans le monde ou à défaut contrôler leurs activités. À chaque fois Salmon les laissait déverser leur fiel jusqu'à la lie, voulant savoir jusqu'où ils étaient capables d'aller. Une fois leur diatribe terminée, il intervenait avec calme, expliquant qui il était. Le courage abandonnait alors ces misérables détracteurs qui se confondaient en excuses, expliquant à notre médecin qu'il était différent des autres, ce qui était la réaction habituellement classique de ce genre d'individus. Là c'était trop et Salmon s'adressa alors à l'homme : « *Tu n'es qu'un sale con jaloux et envieux, sois maudit. Je ne viendrai plus travailler ici, je ne veux plus voir ta gueule.* »

Et il partit sous l'œil médusé des quelques soignants qui se trouvaient là.

C'était bien ainsi. Salmon n'était pas à l'aise avec ces gens et il ne regrettait absolument pas d'avoir pris une telle décision. Il trouverait une autre association plus accueillante et où il s'exprimerait mieux. Pour l'heure, il lui restait 2 jours pour préparer son départ. Il appela Pierre Weint qui avait sa tête des mauvais jours, son dos lui donnant quelques soucis. Salmon lui proposa de son joindre à lui, Aix était une belle ville. Non c'était impossible. Ils se retrouveraient à son retour avec vraisemblablement de nouvelles musiques, Pierre se disait très inspiré.

Aix en Provence –
dimanche 17 septembre 2000

Salmon s'était installé à la terrasse des « Deux garçons », cours Mirabeau, heureux de passer quelques jours dans l'une des plus belles villes de Provence. Il savourait la douceur de vivre et la quiétude qui s'offraient à lui, avec l'espoir que les vents mauvais qui l'avaient assailli ne soient bientôt plus qu'en mauvais souvenir. Il était encore sous le choc, la tête pleine des étranges moments qu'il venait de vivre. Comment tout avait-il pu se dégrader aussi rapidement, en pratiquement quelques jours. Son mal-être était omniprésent, il était trop cartésien pour que les hypothétiques aides morales « d'en haut », Sarah, son père ou Clara, lui fassent oublier son quotidien difficile. Il n'était pas homme à aller prier et à s'en remettre à Dieu. Seule éclaircie à ce sombre tableau ces étranges musiques sur la paix auxquelles il pouvait se raccrocher. Oui, après toutes ses déconvenues, ce séjour à Aix ne pouvait lui faire que du bien. Il avait vraiment besoin de changer d'air, d'autant que la trithérapie venait d'être stoppée et les tests sanguins négatifs. L'ordinateur ouvert, il poursuivait l'écriture du livre commencé à Paris sur ces phénomènes étranges qui l'avaient assailli. Quel curieux roman ! Tout y passait : visions, prémonitions, divinations, spectacle musical.

Le lendemain il descendit à Marseille pour se recueillir sur la tombe de son grand-père, enterré avec son frère jumeau. Après ce petit moment d'émotion, il se retrouva boulevard Rodocanachi à deux pas de la maison qu'habitait autrefois Sarah, y reniflant l'odeur de son souvenir. Il avait prévu pour le jour suivant de se rendre au cimetière où elle était enterrée pour lui rendre hommage. Il avait une nouvelle fois appelé Solange pour lui demander de l'accompagner, mais elle ne répondait pas. Peut-être avait-elle changé de numéro de téléphone.

L'après-midi, il chemina jusqu'au centre communautaire d'Aix-en-Provence pour y faire une visite de courtoisie à Mario, le directeur, qu'il avait eu l'occasion de rencontrer à plusieurs reprises. Il était absent. Sur le point de repartir, une forte pulsion, de la même nature que celles qu'il avait eues pour le mettre sur le chemin d'évènements importants, l'entraîna vers une porte dérobée menant au sous-sol. Il se retrouva dans un lieu agréablement aménagé, où étaient exposés des tableaux. Sur un pan de mur, deux peintures étaient accrochées, l'une au-dessus de l'autre, représentant deux rabbins très connus, dont l'un était petit parent de Sarah. Une légende mentionnait le lien entre les deux personnages : « *Le miracle des Jumeaux* ».

Quelle étrange analogie avec la visite du matin sur la tombe de son grand-père et de son frère jumeau ! Il griffonna le titre du tableau sur une feuille de papier qu'il glissa dans son cartable. Il s'interrogea sur cette étrange coïncidence auprès de Dominique :

— Le miracle des Jumeaux ! Y aurait-il quelque chose derrière ces mots, en rapport avec ces rabbins connus pour leur grand mysticisme.

À cet instant, le téléphone de Salmon sonna. Il eut la surprise d'entendre la voix de Solange. Elle avait changé de numéro et ne consultait plus qu'occasionnellement son ancien portable dont elle allait bientôt résilier la ligne, c'était la raison pour laquelle il n'avait pas pu la joindre. Il lui raconta les dernières péripéties de son singulier parcours personnel. Elle accepta de le retrouver, avec son mari, le lendemain vers 11 heures à l'entrée du cimetière dont il lui donna l'adresse.

— Voilà, lui dit Dominique, le rêve bizarre que tu as fait il y a quelques mois va en quelque sorte se concrétiser. Après la tombe de ton père et celle de « Nelly », tu vas sur celle de Sarah. Étrange quand même ton rêve de mars qui se révèle entièrement exact, mais où tu as tout mélangé. Tu as bien fait de louer ce véhicule. J'ai pris tout le restant de la semaine pour être avec toi, je ne travaillerai pas. Je t'accompagnerai donc mais je t'attendrai dans la voiture en feuilletant deux ou trois magazines. Je suis chrétienne et je crois qu'il vaut mieux que je vous laisse seuls, ma place n'est pas parmi vous dans cet endroit.

Comme dans le rêve, le cimetière était en pleine campagne, loin du bruit, au sommet d'une apaisante colline verdoyante. Salmon s'était cependant perdu et il avait dû appeler la sœur de Sarah pour qu'elle lui indique le bon chemin. En compagnie de Solange et de son époux, il ouvrit l'austère portail grillagé, invisible de la route, donnant accès à l'ultime demeure de Sarah. Il faisait beau, les oiseaux chantaient. Certes il n'entendit pas, là aussi comme dans son rêve du mois de mars, la voix de l'ange lui dire : « *Salmon Chouraqui, ils t'attendent* », mais c'était tout comme. Avec Solange et son époux, il avança d'un pas lent sur l'étroite allée du cimetière, bordée d'une multitude d'étoiles de David et de Bibles en pierre déposées sur les stèles. Une vive clarté illumina les arbres et la prairie environnante, ils étaient dans l'antichambre du paradis. Il n'y avait personne, tout était silence, hormis le bruit de leurs pas crissant sur ce sol mal stabilisé. Les trois personnages arrivèrent enfin devant la tombe. Elle était sobre, rectangulaire, tout en marbre blanc, sur son socle étaient posés trois paniers remplis de fleurs multicolores. Deux dates : 1942-1984 ! Étrange, les mêmes que celles du rêve mais une était la date de mariage de ses parents : 1942 et l'autre celle de la date de la mort de son père : 1984.

Salmon déposa délicatement sur la dalle froide un modeste bouquet de roses. Un immense sentiment de reconnaissance l'envahit. Solennellement Solange lui donna l'alliance qu'il avait trouvée rue des martyrs et qui lui avait sauvé la vie, nul doute que Sarah en était à l'origine. Pour la remercier, il la déposa sur la stèle, ainsi qu'un exemplaire de *La Porte du ciel,* comme il l'avait vu dans le rêve. À ce moment son portable retentit. C'était Yaël, sa fille, elle ne lui annonça pas, comme dans le rêve, qu'il allait être grand-père, mais qu'elle avait pris une grande décision. Elle allait se marier avec Raphi, son compagnon.

Après cet intense moment d'émotion, Salmon retrouva Dominique qui l'attendait dans la voiture. Il proposa à Solange et son mari de les retrouver au village voisin et d'y prendre une collation. Ils ne pouvaient pas, ils étaient attendus à Marseille. Ils avaient reporté un rendez-vous important pour venir avec lui. C'était pour eux un devoir de l'accompagner jusqu'ici et pour rien au monde, ils ne se seraient dérobés, mais là ils étaient pressés. Gêné, Salmon les remercia :

— Je crois que, seul, je n'aurais certainement pas eu le courage de pénétrer dans ce cimetière.

— Il était écrit que tout se passe ainsi, lui répondit avec émotion l'époux de Solange.

Et ils partirent en faisant un petit signe de la main de leur véhicule.

La maison de Marie Madeleine

Il n'était pas encore midi et Salmon proposa à Dominique une grande balade pour le restant de la journée. Après avoir éliminé toutes les villes par trop connues de la région, ils s'engagèrent sur les petites routes peu fréquentées qui jalonnaient délicieusement le secteur. Le temps était clément, d'une anormale douceur en cette époque de l'année, et ils étaient sûrs de découvrir de magnifiques paysages. Inutile de programmer quoi que ce soit, Salmon et Dominique décidèrent donc de se laisser aller au gré du vent… Campagne à perte de vue, bosquets intimistes, animaux allongés dans les prés qu'ils croisèrent avec une certaine paix intérieure. Après une heure de route, approximativement dans l'ère de Toulon, ils aperçurent dans le lointain une montagne. Salmon interrogea Dominique

— Tu connais ?

— Non, je ne suis jamais venue par-là, je suis à Aix depuis pas si longtemps que ça.

Ils n'eurent pas à se poser trop longtemps la question, un moment plus tard, un panneau leur indiqua : « Massif de la Sainte Baume ».

— Eh bien voilà ! Nous avons la réponse, c'est le massif de la Sainte Baume qui se pointe devant nous, dit Salmon.

—Je ne connais pas, répondit Dominique.

— On y va ?

— Pourquoi pas !

Ils se dirigèrent donc vers cet imposant massif montagneux, à l'altitude respectable, au sommet duquel la vue devait être imprenable. Salmon croisa plusieurs routes, s'engageant à l'instinct sur celle qui lui semblait être la bonne. C'était agaçant cependant, il n'y avait aucune indication, l'accès au massif de la Sainte Baume n'était pas si évident que ça. Au bout d'un moment ils se perdirent, Salmon s'énerva, il rebroussa chemin et se perdit encore plus sur ces petits chemins.

Il aperçut enfin un panneau vert avec comme indication : « *La Maison de Marie Madeleine* ».

— Oh ! C'est quoi ?

—Je ne sais pas ! répondit Dominique.

Intrigués, ils suivirent les panneaux qui les menèrent au pied de la Sainte Baume. Un paysage remarquable, une douceur de vivre quasi éternelle, une campagne calme et heureuse qui inspirait la méditation et des arbres à perte de vue. Pourtant il n'y avait personne, ce n'était certainement pas la bonne saison. De plus en plus étonné Salmon et Dominique remarquèrent au milieu de rien une église, une hostellerie, sorte de maison religieuse tenue par des dominicains et qui accueillait des pèlerins, et un magasin de souvenirs vendant des objets pieux essentiellement consacrés à Marie Madeleine. Ils apprirent qu'au sommet de la montagne se trouvait un sanctuaire où elle avait vécu.

— Marie Madeleine, ici ! s'étonna Salmon auprès du marchand d'objets pieux de l'endroit.

— Oui, répondit l'homme, elle s'est retirée du monde durant trente ans dans cet endroit.

— Écoute, lui dit Dominique en train de feuilleter un livre consacré à la région. « *Marie Madeleine, avec sa sœur Marthe, ses cousines, Joseph d'Arimathie, Maximin et d'autres proches de Jésus, échouèrent aux Saintes-Maries-de-la-Mer quelques années après la crucifixion. Puis le groupe se disloqua et Marie Madeleine, après avoir évangélisé Aix et Marseille, se retira dans une grotte située au sommet de la sainte Baume où elle vécut durant 30 années en ermite. Aujourd'hui La Sainte Baume possède, dans sa grotte de l'ermitage, situé à plusieurs centaines de mètres d'altitude, le reliquaire de Marie Madeleine, à l'intérieur duquel sont déposés un fragment de tibia de la sainte, ainsi qu'une mèche de cheveux. Ce lieu est l'objet de pèlerinage pour tout le monde chrétien.* »

— Incroyable que nos pas nous aient menés jusqu'ici, dit Salmon. Il faut monter jusqu'à la grotte.

— Tu as vu la côte, tu ne vas pas y arriver !

— Si, il le faut, ce n'est pas le hasard qui nous a menés jusque-là. Et s'il y a des prêtres, là-haut, je pourrai leur parler de la chanson. Si ça se trouve on pourra même la leur faire écouter. J'ai pris le CD avec moi.

— Là, tu rêves, mais après tout tu as raison, il faut y aller.

Alors Salmon Chouraqui, le juif, entreprit avec Dominique cet étrange pèlerinage consacré à celle qui accompagna le Christ sur son chemin de croix. Les deux « pèlerins » commencèrent leur escalade en traversant une belle forêt de chênes et de hêtres centenaires. Tout était sombre et silencieux, tout respirait l'éternité. Avec son CD sous le bras, après presque trois quarts d'heure d'ascension assez difficile dans cette forêt très touffue, entrecoupée de pauses, où il mettait par écrit sur le cahier qu'il avait pris la précaution d'emporter, tout ce qu'il ressentait durant cette montée, Salmon, accompagné de Dominique, arriva au bout de son périple. Ils empruntèrent pour terminer les nombreuses marches d'un escalier qui leur permit d'accéder à une terrasse.

Là, un parapet surmonté d'une croix en pierre dominait toute la vallée. Sur le côté se profilait la boutique pour touristes, en face le presbytère où vivait la communauté des dominicains et tout à gauche, au nord de la terrasse, un fronton très sobrement décoré avec deux portails, dont l'un était entrebâillé et qui ne demandait qu'à être poussé.

Ils franchirent le seuil de la porte. L'obscurité et la fraîcheur des lieux étaient saisissantes : ils étaient dans la grotte. Elle était imposante, en forme d'hémicycle majestueux. Face à eux se trouvait le maître-autel entouré de bancs rustiques pour les pèlerins, derrière, dans une excavation de la roche, une statue de Marie Madeleine. Un peu partout des ex-voto, des vitraux représentant la sainte dans sa vie près de Jésus. Le sol était humide, de l'eau suintait en permanence des parois, laissant échapper un doux murmure. De très nombreux cierges scintillaient un peu partout, donnant à cette obscurité une luminosité transcendantale.

Salmon fut attiré par une faible lueur éclairant une sorte d'armoire venant du fond de la grotte, il questionna Dominique :

— Qu'est-ce que c'est ?

— C'est le reliquaire de Marie Madeleine.

— C'est quoi le reliquaire de Marie Madeleine.

— Ses restes, idiot.

Devant cet étrange meuble, ce reliquaire donc, il y avait un prie-Dieu et un petit banc sur lequel le médecin de Qumran s'assit.

Il resta ainsi durant un bon quart d'heure, prostré, les yeux fermés, mains jointes, comme emporté ailleurs. S'il était chrétien il s'agenouillerait bien. Son amie, surprise par cette attitude inhabituelle chez lui et qui pour elle était une sorte de contemplation, comme elle le lui dira plus tard, s'inquiéta à plusieurs reprises, lui demandant si tout allait bien. Dans un état second, sans pouvoir dire un seul mot, Salmon la repoussa d'un geste de la main.

Au bout de cet étonnant quart d'heure de prostration, sans même avoir conscience de ce qui s'était passé, il se leva brutalement. Il voulait voir les dominicains dans le presbytère, tout à côté, malgré les réserves de son amie. Il voulait leur parler de la musique de Marie Madeleine, même s'il savait dans son for intérieur qu'ils ne l'écouteraient pas, car un peu partout il y avait des pancartes recommandant le silence.

Ils furent reçus par le frère Henri D… Salmon lui raconta comment ils étaient arrivés jusqu'à lui et expliqua, si le dominicain le souhaitait, qu'il pouvait lui offrir, un peu plus tard, un CD de la musique sur Marie Madeleine. Frère Henri D… remercia Salmon et lui proposa d'écouter la chanson dans le cœur même de la grotte.

Instinctivement Salmon se couvrit la tête avec son cahier, le prêtre partit quelques instants et revint avec une kippa, celle d'André Chouraqui, l'écrivain, qui avait séjourné ici. Salmon expliqua qu'André Chouraqui était un petit-cousin. La musique se fit entendre douce et solennelle, entrecoupée par le chuchotement cristallin de l'eau gouttant des parois de la grotte. Ainsi dans le respect de sa religion, Salmon put entendre la chanson de Marie Madeleine, sa sœur juive, au cœur de la terre.

Il ressortit de la grotte, ému et s'assit quelques instants sur le banc situé à l'extrémité du terre-plein dominant toute la vallée. La vue était exceptionnelle.

— Extraordinaire moment d'émotion que nous venons de vivre, dit Dominique.

— Oui, je comprends que Marie Madeleine ait pu rester entre méditation et contemplation durant tant d'années ici.

Salmon appela Pierre Weint qui ne répondit pas. Il lui indiqua quand même, par messagerie, que les notes de la chanson sur Marie Madeleine venaient de vibrer dans le cœur de ce lieu sacré qu'est la Sainte Baume.

Dominique était songeuse :

— Il est étrange quand même que nous nous retrouvions dans cet endroit alors que rien ne le laissait supposer ce matin. C'est comme si Là-Haut quelqu'un t'avait conduit jusqu'ici.

— Peut-être Sarah, répondit en souriant Salmon.

Il était quand même assez perplexe, tant l'indicible semblait vouloir lui tenir la main.

Le miracle des jumeaux

Il était temps pour Salmon de faire un vrai break. Aussi, le lendemain, pour revenir à une réalité plus palpable et se changer les idées, il décida, avec Dominique, de faire une balade dans le Luberon avec pour objectif: Fontaine-de-Vaucluse et une pensée émue pour Sarah qui avait tant aimé cet endroit magique. Tout en haut du village, Salmon se recueillit quelques minutes devant l'impressionnant gouffre en forme d'entonnoir vertical d'où coulait une source. Là il avait déclaré autrefois sa flamme à celle qui fut son premier amour. En redescendant, pour le souvenir de sa belle, ils ne purent faire autrement que de visiter le musée consacré à Pétrarque qui avait tant marqué Sarah. Juste après avoir payé les quelques euros nécessaires à la visite du lieu, une affiche immense leur sauta aux yeux. Elle représentait Marie Madeleine, symbolisant le grand colloque qui avait eu lieu la semaine précédente et consacré à la compagne de Jésus. Salmon esquissa un petit sourire complice en direction de Dominique qui partit d'un grand éclat de rire :

— Tu as raison de prendre ainsi les choses, dit Salmon riant à son tour. J'en ai ras le bol de ces synchronismes. Ils me fatiguent.

Ils avaient suffisamment bougé et le lendemain fut consacré au farniente absolu. Par chance il faisait encore beau et doux, ce qui incita Salmon à s'installer, place des Prêcheurs, dans un des nombreux cafés du coin. Il avait tout son attirail avec lui pour poursuivre l'écriture de son nouveau roman. Il venait de raconter dans le détail l'épisode de la Sainte Baume, et il relisait les paroles de la chanson sur Marie Madeleine en y modifiant quelques mots :

« Dans la Judée, dans le passé
J'étais sacrée, mais rejetée
Et aujourd'hui si je reviens
C'est pour l'amour et pour la paix

Le temps des luttes est terminé
Force et lumière je donnerai
À vous mes sœurs qui bâtirez
Le nouveau Temple du monde entier

Oh vous les hommes qui gouvernez
À vos enfants il faut penser
Les protéger et les aimer
Loin de la guerre, dans l'amitié. »

Dominique arriva alors, l'œil tout guilleret, tout en jetant un coup d'œil au dernier écrit de Salmon.

— Il y a quand même beaucoup de hasard autour de Marie Madeleine en ce moment ! dit-elle

— Oui, c'est vrai.

— C'est comme si elle t'appelait.

— C'est toi, la sceptique qui me dit ça ?

— Je suis bien obligée d'y croire, après tout ce que je vois.

— C'est peut-être mon inconscient qui l'appelle et même, à quoi ça sert ?

— Eh bien c'est clair, elle ne veut pas que tu l'enlèves du spectacle musical.

Salmon faillit s'étouffer :

— C'est impossible, je te l'ai dit. La partie consacrée à Jésus et Marie Madeleine est trop longue, il faut la supprimer.

— Réfléchis ! lui dit-elle en conclusion.

— Hum !

Comment faire ? Il verrait plus tard. Il sortit son agenda pour écrire le numéro de téléphone du frère Henri D.... qu'il avait mis sur un bout de papier. Il retrouva alors, coincé entre deux pages, le mot qu'il avait griffonné la veille au centre communautaire : « *Le miracle des Jumeaux* ».

Il eut soudain une idée saugrenue : faire l'anagramme de cette phrase ! Armé d'un crayon il griffonna des mots qu'il ratura pour en écrire d'autres.

— Que fais-tu ? s'étonne Dominique.

— Je te dirai après, dit-il.

Et il continua son travail de fourmi, il ne lui fallut pourtant que peu de temps pour trouver une phrase incroyable : *m Jérusalem axe du ciel (Aime Jérusalem axe du ciel).*

— Étonnant, dit-il à Dominique, l'anagramme de la phrase *Le miracle des Jumeaux*, c'est *m Jérusalem axe du ciel (Aime Jérusalem axe du ciel).*

— Jérusalem, la ville de Jésus, dit Dominique.

— Et aussi du Maître de justice, répond-il.

— Leur histoire est curieusement similaire, poursuivit-elle, ce sont de véritables jumeaux, comme dans ta phrase.

— Des jumeaux ! Des jumeaux ! Mais bon sang j'ai trouvé, dit Salmon tout excité. Les jumeaux ce sont Jésus et le Maître de Justice ! On ne peut les séparer. Il faut remettre Jésus dans la fresque, mais Jésus en tant qu'Essénien ! Je vais donc restructurer, simplifier et synthétiser les textes de la première partie. Je raconterai l'histoire de Jésus l'Essénien, l'héritier du Maître de justice, prêchant sur la mer Morte parmi cette secte de prêtres purs, mais juifs. Jésus près de Marie Madeleine, son véritable premier disciple, cette femme qui sacrifia tout bien terrestre pour l'Amour de celui qui l'avait choisie. Ainsi je reviens à mon idée initiale qui était d'expliquer que le christianisme était né chez les Esséniens. Et nous n'aurons que deux heures de spectacle, si spectacle il y a.

« Bravo, Salmon tu vois que c'est possible… il est là le miracle des jumeaux que tu as vu au centre communautaire d'Aix en Provence. »

— Oui et Marie Madeleine en sera le final. Après l'Apocalypse, elle revient vers les humains et annonce, du ciel, que le temps de la paix est enfin arrivé. Et Yaël chantera cette chanson.

— Voilà du bon boulot.

— Oui, en attendant on va retourner à la Sainte Baume ce dimanche, nous avons encore la voiture de location, pour offrir au frère Henri D… le CD que je lui ai promis. Je l'appelle tout de suite.

Le père Piprot d'Alleaume

Il obtint un rendez-vous auprès de l'ecclésiastique à l'auberge cette fois-ci, dans la plaine, et non pas en haut du massif de la Sainte Baume. C'était mieux pour Salmon, il se voyait mal refaire ce long chemin escarpé à travers ces arbres magnifiques même si la température était clémente. Le dimanche matin il y avait beaucoup de fidèles dans la grande chapelle du bas où était dite la messe. Le frère les reçut vers 14 heures en leur offrant un bon café dans le restaurant réfectoire qui commençait à se vider. Il remercia Salmon du présent et parla tout naturellement de Marie Madeleine et des polémiques existant à son sujet :

— En fait dit le Dominicain, dans ces temps très anciens, lorsque les Romains expulsèrent les habitants de la Judée, ils les transportèrent sur des galères vers tous les pays qu'ils contrôlaient, en Afrique du Nord, en Espagne ou en Gaule. Au large de ces pays, ils mirent les proscrits sur des radeaux qui échouèrent sur les plages environnantes. Ce fut le cas pour Marie Madeleine et tous ceux qui l'accompagnaient, dont la barque échoua aux Saintes-Maries-de-la-Mer. De là la tradition chrétienne des Saintes Marie de la Mer.

— Ah ! La barque n'est donc pas venue directement de Judée ? s'étonna Dominique.

—Non, bien sûr, c'est une légende qui aujourd'hui fait presque force de loi. De même elle n'était nullement une prostituée comme certains l'affirmaient, mais une femme de noble extraction, originaire de Magdala. Comme plusieurs femmes portant le nom de Marie existaient dans les Évangiles, dont une de petite vertu, par commodité et pour simplifier, au Ve siècle, l'Église les avait toutes réunies en un seul et même personnage. D'où la confusion actuelle.

Il s'absenta quelques instants et revint avec un livre entre les mains :

—Je vais vous faire ce petit cadeau puisque vous m'en avez fait un. J'ai reçu il y a peu de temps ce livre d'une centaine de pages, il devrait vous intéresser. Selon l'auteur, une de vos coreligionnaires née à Oran, après avoir débarqué aux Saintes Marie de la Mer, Marie Madeleine et ses compagnons d'infortune se seraient réfugiés dans les toutes proches communautés juives d'Arles et de Narbonne.

La plupart des membres de la barque échouée aux Saintes-Maries-de-la-Mer restèrent parmi leurs frères d'Arles et de Narbonne. Quant à Marie Madeleine, elle partit, avec Saint Maximin, méditer en solitaire du côté d'Aix-en-Provence. Elle pleurait Jésus. Ainsi les proches de Marie Madeleine s'intégrèrent aux communautés juives locales, sans transmettre, pour d'évidentes raisons de sécurité, le message de leur origine. Avec le temps, tout fut donc oublié et les juifs de cette région ignorèrent qu'ils pouvaient être les descendants de la famille et des proches de Marie Madeleine.

Plus tard, les communautés d'Arles et de Narbonne furent chassées. Leurs membres se retrouvèrent, au gré des circonstances, pour certains d'entre eux probablement en Espagne, du côté de Barcelone et Gérone, qui étaient les deux communautés juives les plus proches et les plus florissantes. Encore plus tard, en 1391 après les premiers grands massacres qui secouèrent la péninsule ibérique et avant l'expulsion de 1492 décrétée par Isabelle la Catholique, les juifs de cette région partirent et se retrouvèrent en Afrique du nord, plus spécifiquement en Algérie. On peut donc imaginer qu'un certain nombre de juifs, installés au début de l'ère chrétienne du côté d'Arles et de Narbonne, se soient retrouvés d'abord en Espagne, puis en Afrique du Nord. C'est ainsi qu'une descendance de Marie Madeleine ou plus exactement de l'entourage de Marie Madeleine peut se retrouver aujourd'hui parmi de nombreux juifs sépharades… Voilà ce que dit cette femme dans ce livre.

— Et vous en pensez quoi ? questionna Salmon.

— C'est une séduisante théorie, mais qui ne repose sur rien. Je vous raccompagne.

Alors qu'il était sur le point de sortir, Salmon fut attiré par une plaque en acier collée sur un mur avec un texte singulier. On y parlait d'un prêtre, le Père Piprot d'Alleaume, qui dans ces lieux, avait sauvé en 1941 des griffes des nazis, des jeunes filles juives allemandes.

Salmon demanda quelques explications au frère qui lui indiqua que durant la guerre, une association juive l'OSE, Œuvre de secours aux enfants, avait placé une vingtaine de jeunes filles à la Sainte Baume pour les sauver des rafles nazies qui secouaient la France. Le frère lui indiqua que cette association existait toujours et qu'elle possédait même un centre médical important à Paris. Instinctivement Salmon savait où il allait dorénavant travailler.

L'OSE – Mardi 3 octobre 2000

Dès son retour Salmon prit contact avec l'OSE qui, en plus de plusieurs maisons d'enfants qu'elle gérait, possédait effectivement comme le lui avait indiqué le dominicain de la Sainte Baume, un centre médical. On y soignait indistinctement les personnes de toutes origines et de toutes confessions.

— L'OSE c'était « médecin du monde » avant l'heure, dit-il à Dominique par téléphone. Elle fut créée en Russie en 1912, où une équipe de médecins dynamiques, avec dévouement et patience, gérait des dispensaires et distribuait de la nourriture aux nécessiteux. Après la révolution russe, elle s'expatria à Berlin puis en 1933 à Paris, avec l'arrivée d'Hitler au pouvoir en Allemagne. C'est alors qu'elle entra dans la légende. La nuit de cristal en Allemagne et les nouvelles lois discriminatoires amenèrent un flot de réfugiés juifs en France, qui fuyaient l'Allemagne et l'Autriche. L'OSE, seule association à ce moment possédant des maisons d'enfants, recentra son action sur ces malheureux proscrits, tout en continuant son activité sociale habituelle. Mais devant la pression allemande, l'OSE prit le chemin de la clandestinité et avec de nombreux chrétiens, elle créa un réseau secret pour sauver des enfants des camps d'extermination, en les plaçant dans des familles d'accueil catholiques. Voilà l'histoire de l'OSE, ma chère Dominique.

— Je ne savais pas. Elle existe donc encore aujourd'hui ?

— Oui, elle a la même vocation qu'avant, mais elle s'occupe aussi bien d'enfants que d'adultes, sans distinction religieuse. Albert Einstein en fut le président d'honneur. C'est là que je vais travailler, ils sont ravis de m'accueillir.

Le 10 octobre rue Vieille du Temple, au centre médico-social de l'OSE, commença la nouvelle vie professionnelle de Salmon, parmi des confrères dynamiques, sans esprit de rivalité ou d'arrière-pensées malsaines. Le médecin des beaux quartiers qu'il était auparavant devenait le médecin des gens simples et gentils. Son passage à Qumran avait transformé l'homme. Sa première patiente fut son amie Brigitte, la peintre. « *Je tiens à être la première à venir te consulter, je porte bonheur* », lui avait-elle dit sous forme de boutade. « *Je t'ai retrouvé presque par hasard,* poursuivit-elle, *je sais que tu es mal et je ne te laisserai pas, moi au moins.* »

Salmon lui avait fait comprendre qu'il était ravi de partager avec elle certaines choses, mais sans plus. Il avait une période de reconstruction à entreprendre et il voulait la faire seul.

Le soir même il reçut un appel téléphonique de Mendel qui retardait son voyage à Paris d'un mois. Les choses allaient mal en Israël, la seconde intifada était en train de tout bousculer. La visite d'Ariel Sharon le 28 septembre, le chef de l'opposition Israélienne, sur l'esplanade des mosquées et le mont du temple, avait mis le feu aux poudres avec le déclenchement de nombreuses émeutes palestiniennes.

— *Bis repetita,* indiqua Mendel par téléphone. Une telle situation s'est déjà produite dans le passé. Sous l'identique prétexte que plusieurs juifs avaient foulé de leurs pieds l'esplanade des mosquées, les foules arabes s'étaient soulevées dans tout le pays avec des centaines de morts. La Palestine était alors sous mandat britannique, mais par la grâce de Dieu maintenant nous sommes un état souverain et on ne peut plus tuer autant de juifs.

Salmon, fataliste, acquiesça, mais il évita de lui parler de ce qu'il venait de vivre : Marie Madeleine, Sarah et le reste. Mendel trop mystique ferait des interprétations que Salmon n'avait pas envie d'entendre, c'était assez compliqué comme ça.

Le lendemain il avait rendez-vous avec Pierre Weint porte de Saint Cloud au café Les Trois fontaines pour faire un point. Les retrouvailles furent chaleureuses. Le compositeur avait pratiquement fini la première partie consacrée aux esséniens, il avait travaillé à une vitesse insolente, ça lui plaisait tellement que l'inspiration venait toute seule. Il avait commencé la seconde partie plus complexe et concernant le conflit israélo-palestinien. Il était cependant préoccupé, il avait un mauvais pressentiment, ce qui se passait en Israël ne l'incitait guère à l'optimisme. Enfin il continuait quand même la composition avec les textes de Salmon qui l'inspiraient terriblement. Ils avaient encore un moment à attendre Robert Suav, le producteur, qui était toujours à l'étranger.

Le café de la plage – 15 novembre : 2000

Un mois plus tard, Salmon était installé à la Rotonde, Brigitte avait tenu à l'accompagner. Il attendait Mendel qui venait enfin d'arriver d'Israël. Il jeta un œil circonspect sur les tables pratiquement toutes occupées de la brasserie. Il y avait toujours beaucoup de monde ici, c'était devenu un lieu fétiche pour lui, avec cet étrange hasard qui avait mis sur sa route Eric Bruneton et indirectement Pierre Weint. Au moment où il regardait, avec un peu d'impatience, sa montre, l'Israélien fit enfin son apparition, un peu essoufflé. Après les présentations d'usage Mendel s'expliqua :

— Pardonne-moi pour ce petit retard, dit-il, mais lorsque je viens d'Israël je suis assailli de rendez-vous, d'appels téléphoniques, d'obligations en tout genre que j'ai du mal à gérer. Je me fais vieux, tu sais. Bon ! La situation en Israël n'est pas des meilleures. Quel dommage les accords d'Oslo, qui nous avaient permis d'espérer une paix, avec cette poignée de main entre Yitzhak Rabin et Yasser Arafat sur la pelouse de la maison blanche en 1993, sont dorénavant définitivement morts, se lamenta Mendel.

— Oui l'assassinat de Rabin par un extrémiste juif et ces terribles attentats islamistes ont enlevé toute confiance entre ces deux peuples, surenchérit Brigitte.

— Il faudra du temps pour s'en remettre. Si on s'en remet, dit Salmon, amer.

— Bref j'ai une mauvaise nouvelle, rajouta Mendel. Je ne voulais pas te le dire par téléphone mais la secrétaire de l'ambassade a égaré le livre sans couverture. Elle ne sait pas où il se trouve, on le retrouvera certainement un jour et tu pourras le consulter alors, mais là...

Salmon leva les yeux au ciel.

— Bon ! Tant pis ! A l'impossible nul n'est tenu, mais sans ce livre je ne peux plus avancer ! C'est bien dommage la phrase *: Ici destinée magique de l'arche sainte*, restera un mystère, sauf si un jour on retrouve le livre.

— Je ne viens pas les mains vides, répondit Mendel. Je t'ai apporté un certain nombre d'objets qui ont appartenu à l'homme qui a écrit le livre sans couverture. La secrétaire de l'institut me les a donnés, je vais les découvrir avec toi.

Il tendit gauchement une vieille boîte à chaussures. Salmon, avec précaution, souleva le couvercle et étala sur la table les objets qu'elle contenait : Une montre à gousset en or avec des initiales « G. R », une photo jaunie représentant un café : Café de la Plage, une page de l'*Écho d'Alger* datée du 2 février 1962 et quelques pièces de monnaies d'Algérie.

— La secrétaire de l'institut de Tel Aviv m'a indiqué que l'homme était âgé d'une quarantaine d'années, très secret, ne se confiant à pratiquement personne, il venait d'Algérie. Elle a été incapable de me donner son identité. Il est mort à la guerre des 6 jours, il dormait, d'après ce qu'elle m'a dit, au kibboutz de Ein Gédi dans une sorte de car qui a explosé durant la guerre en prenant un obus qui venait de la Jordanie située juste en face. Il ne restait plus grand-chose, tout avait été soufflé par la déflagration.

Salmon eut un tressaillement ! Il se rappelait avoir dormi dans ce kibboutz, non loin de ce car éventré, justement peu après la fin de la guerre des 6 jours, lors de son premier séjour dans ce pays. Étrange parallélisme entre cet homme et lui qui s'étaient peut-être retrouvés dans le même endroit à quelques semaines d'intervalles. Lui était vivant, l'autre était mort.

— Comme c'est étrange, dit-il, j'ai dormi dans ce kibboutz quelques jours après la mort de cet homme. Bizarre ! Enfin pour revenir à nos moutons, au vu des objets contenus dans cette boîte, poursuivit-il, cette montre devait lui appartenir : « G. R » Ce sont certainement ses initiales ! Dans certaines familles, comme la mienne par exemple, il est d'usage d'offrir un tel bijou lors d'une bar-mitsva.

— Oui chez moi aussi, sourit Mendel. On a la même tradition, et pour cause, n'oublie pas que nous sommes petits cousins.

— La photo semble intéressante, précisa Brigitte, elle a été prise sur une plage d'Algérie. Café de la plage.

— Montrez-moi le cliché, demanda Mendel qui l'examina attentivement.

— Mais ! Mais ! C'est le café de la plage de Castiglione ! poursuivit-il, interdit.

— Mais, oui, je connais ce café ! s'étouffa Salmon. On y allait, lorsque j'étais enfant, tout le temps avec mes parents. Castiglione ! Ce port de pêche si prisé à 45 kilomètres d'Alger, un petit Saint-Tropez. Comment oublier cette plage magnifique et les fous rires que je prenais avec mes cousins là-bas. Une partie de ma famille est originaire de cette petite ville.

— Moi aussi et pour cause, dit Mendel.

Ils examinèrent alors la page du journal de l'Écho d'Alger du 2 février 1962. Un paragraphe que Salmon lut était entouré au crayon :

« *Mardi dernier un homme a été assassiné au pied de la casbah, dans sa boutique. Il vendait des objets de culte juif, les témoins ont vu deux Arabes armés sortir de son magasin. L'homme bon et sage était apprécié de tous, il ne faisait pas de politique. Il est encore une des victimes innocentes de ce terrible conflit qui secoue notre Algérie. Son seul tort était d'être juif et de vivre dans un quartier arabe. On a retrouvé un mot avec l'inscription la valise ou le cercueil. Tout à côté un magasin a été complètement dévasté par une bombe.* »

Mendel était perdu dans ses pensées, cet article le replongeait soudain quelques décennies en arrière :

— La valise ou le cercueil ! répéta-t-il, nostalgique. Oui, c'était terrible. J'avais presque oublié cette période épouvantable de notre vie. Nous qui vivions en Algérie, bien souvent avant les Arabes, du temps même des Phéniciens, étions considérés comme des colonisateurs. Des colonisateurs ! Réalises-tu ! Des colonisateurs alors que tant des nôtres ont été persécutés et humiliés en terre d'Islam. Il a fallu fuir comme de vulgaires voleurs et c'est nous qu'on accuse de persécuteurs. Je crois rêver, je suis écœuré.

— C'est le passé mon cher Mendel.

— Peut-être pour toi en France, mais pas pour le pays d'Israël qui est mis à l'index parce qu'il ose relever la tête.

L'histoire est un éternel recommencement. Le juif est depuis la nuit des temps le bouc émissaire de tous les maux du monde, il n'a qu'un seul droit, aux yeux de beaucoup, celui d'errer et de se taire. L'État que l'ONU nous a accordé n'est qu'un leurre pour beaucoup, un accident de parcours que peu d'Arabes sont prêts à accepter. Pour ces gens, Israël a le tort d'exister. Toutes ces jeunes générations françaises, bien pensantes, ont une méconnaissance absolue de l'histoire tourmentée des nôtres en terre d'Islam.

— Tu t'es défoulé, Mendel.

— Oui, mais je viens de comprendre qui est l'auteur du livre sans couverture.

— Ah !

— Oui c'est la photo du café de la plage de Castiglione et la montre à gousset qui m'a mis la puce à l'oreille : « G. R », c'est Gabriel Rosenberg. Cette montre lui appartient, mes parents la lui ont offerte pour sa bar mitzva, on a été élevés ensemble. Il était venu, enfant, de Russie où tous les siens avaient été massacrés.

— Oui, je connais cette histoire ! Ma mère m'a parlé de cet homme.

— Dramatique sa vie ! poursuivit Mendel. Nous sommes partis, lui et moi, en Israël en 1946 au Kibboutz de Bé'eri, j'avais 17 ans et lui 24. Il voulait y rester, il avait découvert l'amour en la personne d'une jeune femme, Eva Moatti, une petite parente à moi et à toi Salmon. Ses ancêtres étaient partis au XIXe siècle en Palestine alors sous l'Empire ottoman. Il voulait vivre là-bas, mais elle est morte, assassinée, alors il est revenu à Alger, écrasé de douleur.

Il ne s'est jamais marié. Il avait un petit commerce qui jouxtait celui de l'homme, lui aussi assassiné au pied de la casbah, et qui vendait des objets pieux. L'article de l'*Écho d'Alger* du 2 février 1962 m'a tout remémoré. Il a, lui aussi, été menacé de mort par le FLN et son magasin a été plastiqué, il ne pouvait plus travailler et après la fusillade de la Grande Poste d'Alger le 26 mars 1962, il est passé de l'autre côté du miroir. Comment oublier ce drame atroce ! Bab-el-oued était bouclé par les militaires, personne ne pouvait ni entrer, ni sortir. Malgré l'interdiction ordonnée par la préfecture, de nombreux hommes, femmes et enfants se pressèrent rue Michelet pour apporter vivre et nourriture à Bab-el-oued assiégé. La foule bon-enfant, scandant des slogans prônant son attachement à la France, grossissait de minute en minute. Soudain les mitrailleuses crépitèrent et ce fut le déclenchement d'une épouvantable fusillade. Les victimes tombaient les unes sur les autres, les trottoirs se transformèrent en rigoles de sang. Dans le tumulte des détonations, on entendait, en vain : « *Halte au feu ! Halte au feu !* » Le spectacle était insoutenable. Nous étions tout près avec Gabriel, impuissants, cachés dans un hall d'immeuble. Nous avons eu beaucoup de chance. Et puis le feu s'est arrêté. Nous étions hébétés, des cadavres, du sang, des cris, des pleurs partout. Nous avons apporté les premiers secours aux victimes et puis nous sommes partis, hagards. Gabriel a vomi, il m'a dit qu'il ne fallait pas que ce crime reste impuni, il était prêt lui aussi à tuer. Je ne l'ai plus revu à Alger.

— C'est horrible cette histoire, s'étonna Brigitte. Moi je suis originaire du Maroc et je ne connaissais pas ça.

— Oui moi aussi j'étais à cette manifestation avec mes parents, indiqua Salmon. On était un peu loin et on a eu beaucoup de chance. Comment as-tu retrouvé ce Gabriel ?

— À l'indépendance de l'Algérie je suis d'abord venu en France et je faisais des escapades régulières en Israël où je n'ai définitivement habité que plus tard. J' ai revu Gabriel en 1964, en Israël. C'est notre petit-cousin Moshé Moatti de Jaffa, le frère de la pauvre Eva qui m'a permis de le retrouver, il avait gardé le contact avec lui. Il était complètement différent du garçon que j'avais connu à Alger. Il était fermé, très secret, il était devenu assez religieux, mystique même. Un jour, en 1966 je crois, il s'est un peu plus confié. Il m'a expliqué son étonnant départ d'Algérie. Aujourd'hui je peux tout raconter, c'était il y a longtemps et puis Gabriel est mort. Ainsi après les menaces de mort qu'il avait reçues à Alger, le plasticage de son magasin et tous ces morts de la grande poste, il décida de rejoindre les groupes armés qui luttaient pour que l'Algérie reste française. Il n'avait rien à perdre, il n'avait plus rien. Lui, le pacifique, le non violent avait dorénavant la rage et la haine. Pourtant au début, il refusa de rentrer dans la violence, il était peu actif, servant de courroie de transmission, de porteur de lettres. Et puis son groupe lui demanda une aide un peu plus active, ils attaquèrent un détachement de CRS et il y eut plusieurs victimes. Malheureusement dans sa fuite, Gabriel perdit ses papiers récupérés derechef par la police. Il était démasqué, impossible de rentrer chez lui. C'est la raison pour laquelle il ne nous a plus donné signe de vie, comme il me l'a dit quand je l'ai revu en Israël. Son équipe dut lui trouver des planques, il changeait tous les soirs de cache. Il fallait qu'il quitte le pays. Quelqu'un lui procura d'autres papiers avec un nom d'emprunt et il partit, par bateau, en Espagne et de là, il put rejoindre, clandestinement, grâce à la complicité d'un de ses amis pieds noirs, le sud-ouest de la France où il est resté une année, je crois, avant de partir en Israël. Là il a retrouvé Moshé Moatti qui l'a hébergé à Jaffa au tout début. Après il a erré un peu partout surtout dans les kibboutz du Sud, à Bee'ri en particulier, où il était bien car il y côtoyait des hommes de paix, comme il disait, qui voulaient vivre en bonne intelligence avec les Palestiniens, et cela lui plaisait, même si Eva Moatti, sa promise, avait été assassinée par l'un d'entre eux. Il m'a également indiqué, sans préciser quoi, qu'il avait découvert des choses extraordinaires et qu'il les dévoilerait dans deux livres. Le livre sans couverture certainement puisqu'il est de lui et apparemment un autre ouvrage. L'a-t-il écrit ou pas, je n'en sais rien. Voilà ce qu'il m'a raconté lorsque je l'ai revu en Israël et que je vous livre aujourd'hui. Jusqu'à présent je n'avais pas fait le rapprochement entre le livre sans couverture et lui, mais maintenant tout est clair. C'est vrai qu'en Israël son corps n'a pas été retrouvé après la guerre des 6 jours, ni ses papiers d'identité, d'où cette ignorance.

— En attendant, il a dû trouver quelque chose. Ce livre sans couverture semble très intéressant. Dommage ! insista Brigitte.

—Je chercherai à nouveau en rentrant, je chercherai, je te promets, Salmon, conclut Mendel.

Salmon était dépité. La piste du livre sans couverture s'arrêtait là. Il aurait certainement plus de chance avec le spectacle. Il prit congé de Mendel sans lui parler de la comédie musicale, ni de ses rêves sur Sarah, ni de sa visite au cimetière. Plus tard peut-être, là il avait besoin de faire le vide.

Deux jours plus tard il avait rendez-vous avec Pierre Weint chez le producteur Robert Suav qui était enfin rentré. Ce dernier les reçut dans ses locaux autour d'une grande table dans la salle de réunion avec deux de ses associés. L'air grave, il parla :

— Je suis désolé, mais la donne a changé. Les évènements qui se produisent actuellement en Israël ne m'incitent guère à donner suite à ce projet, du moins pour l'instant. Plus tard peut-être, mais pas maintenant.

Pierre semblait soulagé :

— Bien sûr. J'ai beaucoup travaillé sur les textes de Salmon qui sont magnifiques, mais on aura du mal aujourd'hui à trouver notre public. C'est vrai que j'avais bien avancé pour les chansons, mais il faut stopper, rien n'est perdu, ce sera pour plus tard.

Salmon accusa le coup, il était désabusé, la réunion se termina sur quelques paroles banales. Il contacta à nouveau Nagib Kha, avec lequel il avait sympathisé, pour lui demander son avis : « *Non Salmon, ce n'est pas le moment !* »

Faisant contre mauvaise fortune bon cœur, il accepta ce coup du sort. De toute façon il avait réussi son pari. Le premier message de Qumran était complet, même si pour l'heure il n'était pas concrétisé. Quant au second message qu'il avait cru recevoir à En Gédi : Rien ! Il dit en conclusion à Dominique au téléphone le soir même :

« *Sur cette terre divine que mes pas ont foulée en ce printemps de l'année 2000, sur ces lieux où des hommes s'en sont remis dans le passé au Tout-Puissant en bannissant la violence, je ne sais pas trop qui, peut-être les Fils de Lumière, peut-être mon père ou Sarah, peut-être mon inconscient malheureux, m'ont guidé pour écrire ces textes. Ce monde agressif, toujours en guerre, a besoin d'apaisement et de quiétude. Laissons les diplomates à leurs jeux, les théoriciens à leurs explications. Plutôt que d'annoncer des prophéties étranges avec des mots violents ou agressifs, l'indicible semble m'avoir invité à écrire des mots d'amour et de fraternité, qui accompagneront peut-être un jour des mélodies sur la paix.* »

Dimanche 8 janvier 2023 – Marie Woda

En cette belle matinée hivernale de janvier, où les restes des sapins de noël commençaient à s'étaler sur les trottoirs parisiens, la direction de l'OSE avait ouvert les portes de son centre d'accueil Joseph-Weill pour recevoir, 80 ans après la seconde guerre mondiale, Marie Woda.

À 95 ans, elle était la dernière survivante d'un groupe d'une vingtaine de jeunes filles juives de l'OSE, cachées en 1943 à la Sainte Baume par un Prêtre dominicain. Elle allait rencontrer les enfants d'Hilda Mayer, sa camarade de chambrée, décédée quelques années plus tôt. Ils étaient venus spécialement des états unis pour cette rencontre évènement. Marie et Hilda, avaient été cachées, adolescentes, en 1943 à la Sainte Baume par le Père Piprot d'Alleaume, les sauvant des griffes des nazis. Dans ce haut lieu de la chrétienté ce prêtre avait fait des miracles, la vingtaine de jeunes filles juives, qu'il avait hébergées, avaient toutes été sauvées.

Salmon était arrivé en avance. Il avait de quoi être fier, son livre : *Et les enfants furent sauvés*, racontant les prouesses de Marie et d'Hilda ainsi qu'une vingtaine d'autres adolescentes juives, avait été remarqué par un producteur de cinéma qui souhaitait en faire une adaptation audiovisuelle. Il était d'autant plus fier que lui, le Sépharade, avait été à l'origine, de par son livre, de la nomination comme Juste parmi les nations de quatre personnes qui avaient sauvé ces jeunes filles.

Toute l'équipe était là : la productrice, le preneur de son, le réalisateur et plusieurs autres personnes. Une véritable ruche qui s'affairait pour que tout soit en place, au moment du tournage de ces moments inoubliables.

Belle consécration pour Salmon ! Médecin libéral durant plus de 30 ans dans les quartiers chics de la capitale, puis praticien des démunis à l'OSE durant 20 ans, les siens pouvaient être fiers de lui au moment où il prenait une retraite bien méritée.

Quelques jours plus tôt, à l'occasion de l'année nouvelle, il avait été interviewé par un média qui lui avait demandé ce qu'était, pour lui, le courage. Il avait répondu derechef :

— Le courage ! Le courage pour moi, c'est, au bout de 30 ans d'un exercice professionnel passionnant, important et lucratif, en tant que médecin libéral, de laisser volontairement mon outil de travail alors que rien ne m'y obligeait et de changer de vie. Le courage, c'est de se retrouver, là aussi volontairement, de suite après dans un centre médical qui soigne essentiellement des pauvres ou des démunis. Un centre médical, l'OSE (l'œuvre de secours aux enfants), extrapolation moderne d'une ONG avant l'heure dont le passé est mythique, puisqu'elle s'occupa des juifs persécutés par les nazis, en plaçant des milliers d'enfants dans des familles d'accueil chrétiennes. Le courage et disons la fierté, c'est que je puisse dire, à l'automne de ma vie, grâce à mon action à l'OSE et les révélations que j'ai faites dans le livre que j'ai écrit, *Et les enfants furent sauvés*, qu'il y a eu quatre nouveaux Justes parmi les nations : les dirigeants des éclaireurs de France qui durant la guerre sauvèrent 3 jeunes filles juives, hébergées à Vichy, dans la maison qu'occupait Pétain et à son insu. Le courage enfin c'est après une dizaine de livres écrits sur la mémoire des juifs d'Algérie, après avoir dirigé une association de mémoire et être cofondateur d'une autre association sur les juifs séfarades, le courage c'est d'avoir écrit deux livres collectifs avec des Algériens qui sont venus me le demander, en revendiquant ma judéité, et d'être publié, aujourd'hui, en Algérie. Le courage c'est d'avoir écrit le livret et les textes d'un spectacle musical sur la paix entre Israéliens et Palestiniens.

Il lança un sourire à Rachel, sa compagne, qui l'accompagnait toujours pour les grandes occasions. Il l'avait rencontrée lors d'une des nombreuses conférences qu'il donnait régulièrement autour de ses livres un peu partout et concernant essentiellement la culture juive. Petite de taille, blonde comme les Ashkénazes savent l'être, douce et énergique à la fois, elle lui avait permis de retrouver un équilibre et surtout une force qu'il pensait perdue à tout jamais. Elle l'avait même accompagné à une réception officielle. En effet remarqué par l'Élysée, Salmon avait fait partie de la commission sur la guerre d'Algérie : « mémoires et vérité ». Il avait cru à une boutade d'un de ses amis lorsqu'on l'avait appelé du « Château » pour lui demander de participer à cette commission. Il en avait d'abord été tout excité. Lui, hors politique et hors m'as-tu-vu, on l'appelait pour travailler sur la mémoire. Et puis il s'était calmé. Bof! Vanité tout ça s'était-il dit! À quoi cela pouvait-il servir, puisque de toute façon la vérité est soit tronquée soit interprétée de façon biaisée, par celui d'en face qui ne voudra croire que ce qu'il veut bien croire, même si on lui apporte des preuves qui vont à l'encontre de sa pensée initiale.

La productrice le dérangea dans ses pensées en lui demandant quelques petits renseignements sur la Sainte Baume et Marie Madeleine, avant que les protagonistes n'arrivent. La Sainte Baume! Marie Madeleine! Que de souvenirs! Quelque part on pouvait dire que Salmon avait écrit son livre sur le sauvetage de ces jeunes juives grâce à Marie Madeleine, lorsque ses pas l'avaient mené fortuitement dans cet endroit mythique. Il se replongea alors 20 ans en arrière au moment où sa vie avait brutalement basculé passant d'un univers pragmatique et cartésien à un monde rempli de rêves et de chimères, basé sur des messages « divins » plus ou moins envoyés par le Ciel. Ces moments fous avaient quand même accouché d'un spectacle musical sur la paix et d'un étrange livre sans couverture, véritable arlésienne de l'époque. Et puis tout s'était bloqué, brutalement. La seconde intifada avait refroidi définitivement les ardeurs du producteur et les contacts avec Pierre Weint, le compositeur, s'étaient alors raréfiés pour s'être avec le temps totalement arrêtés. De ce milieu, le seul avec qui il avait encore quelques relations était Nagib Kha, qui naviguait dans le monde de la production des spectacles vivants. Il l'avait revu à plusieurs reprises, récemment d'ailleurs, pour des conseils d'ordre médicaux.

Pour le livre sans couverture, là aussi ce fut le néant. Le mystère n'avait pas pu être résolu. Mendel, décédé trois ans plus tôt, n'avait rien trouvé en Israël et Dominique son soutien de l'époque avait, elle aussi, quitté cette terre dans les années 2000. Quant à Brigitte elle avait disparu aussi vite qu'elle était apparue. Aussi Salmon avait-il définitivement tourné la page, consacrant sa vie à l'OSE, à ses livres et à son travail de mémoire dans plusieurs associations qu'il dirigeait. Sa situation personnelle s'était largement stabilisée, il avait assez rapidement quitté son petit studio, pour s'installer au pied du bois de Boulogne avec les arbres comme témoins. La photo de son père ne l'avait pas lâché, elle était posée sur sa table de chevet, à deux pas de son lit.

Soudain une agitation dans la salle de l'OSE, et une porte s'ouvrit.

— Les voilà, dit Rachel.

Ils arrivèrent en même temps, Marie, petit bout de femme encore très alerte accompagnée de sa petite fille, et Jones et Lilia les enfants d'Hilda. Intuitivement ils se reconnurent immédiatement et tombèrent dans les bras les uns des autres, les yeux mouillés de larmes. Par pudeur on les laissa seuls quelques minutes, sous quand même l'œil des caméras et les crépitements des appareils de photos. Ensuite la production installa ces héros du moment sur un vaste canapé, Salmon, lui aussi ému, sur un fauteuil en face d'eux. L'interview, immortalisée par l'image, dura un peu plus d'une heure.

Daphna Benichou

Au moment du départ, une belle femme, d'une soixante d'années, dynamique, s'approcha de Salmon.

— C'est très émouvant, dit-elle, je suis contente d'avoir pu assister à un tel évènement. Puis-je vous parler quelques instants ? questionna-t-elle, au moment où Rachel s'approchait d'eux.

— Bien entendu.

— Je suis Madame Daphna Benichou, je viens d'Israël et je vous ai trouvé grâce à une relation commune. J'ai quelque chose pour vous : le livre sans couverture de feu votre cousin Mendel !

— Je ne comprends pas, il est mort depuis plusieurs années ?

— Oui, mais en déplaçant un vieux meuble à l'Institut français de Tel Aviv, une des secrétaires vient de retrouver le livre coincé derrière un mur. Elle me l'a donné, elle savait que je venais à Paris. Elle connaissait cette histoire, tout comme moi, dont Mendel nous parlait souvent. J'étais moi aussi une amie de votre cousin et je suis très impliquée dans la communauté juive francophone d'Israël, tant politiquement que culturellement.

— Magnifique. Et le livre ? répondit Salmon.

—Je vous le donnerai plus tard si vous êtes libre, j'ai pensé qu'ici ce n'était pas le bon endroit.

Le lendemain en compagnie de Rachel, Salmon attendait Daphna Benichou à la Rotonde, le café du quartier de la Muette, qu'il avait tant fréquenté lorsqu'il habitait le coin.

L'Israélienne arriva avec quelques minutes de retard. Comme Mendel se dit Salmon dans son for intérieur. La conversation s'engagea, animée et sympathique. Rachel qui avait quelques notions de grec demanda l'origine de son prénom, qu'elle trouvait particulièrement beau :

— Daphna veut dire le laurier en grec ancien, n'est-ce pas et aussi dans la mythologie grecque, Daphné était une nymphe d'une très grande beauté ?

—Eh bien non. En fait ça vient de l'araméen et ça signifie la paroi qui soutient le temple… et je tiens d'ailleurs à cette explication sur mon nom, dit-t-elle sous forme de boutade.

Daphna était très engagée politiquement, elle avait énormément de relations dans tous les milieux. Elle était partie prenante des accords d'Abraham, espérant cette fameuse paix introuvable entre juifs et arabes et même, pourquoi pas entre Israéliens et Palestiniens. Salmon se souvint de la conversation un peu brutale qu'il avait eue récemment avec un de ses amis :

« Il n'y aura jamais de paix avec eux. Tu ne comprends pas, il est inscrit dans leurs textes sacrés que nous, les juifs, n'avons pas respecté la parole de Dieu, contrairement à eux. Il y a donc un mépris total à notre encontre, surtout de la part d'un certain nombre de ces mouvements très actifs et qui influencent la plupart des gens du monde arabo-musulman, je veux parler des frères musulmans. »

Salmon n'était pas d'accord. Optimiste, il pensait que la paix, malgré ces idées prônées par ces mouvements extrémistes arabes, était possible. Les accords d'Abraham en étaient la preuve.

Après quelques civilités de circonstance, Daphna sortit de son sac le fameux livre sans couverture de feu Gabriel Rosenerg. Il était là dans son intégralité, sous le regard ému de Salmon. Il reconnut les deux premiers chapitres qu'il avait lus en Israël et qui avait bousculé sa vie. À l'époque il n'avait pas été plus loin dans la lecture. Le troisième paragraphe qu'il survola, était écrit manuellement, comme le reste. Il se terminait sur une interrogation concernant ce manuscrit en araméen, perdu peut-être à tout jamais. Tout ça pour ça se dit-il en lui-même, sans rien laisser paraître. Il tourna, avec fébrilité, les pages du livre et arriva au chapitre suivant qui s'intitulait : « *Réflexion sur Flavius Josèphe* ».

Gabriel commentait avec force détails l'œuvre multimillénaire de Flavius Josèphe : *La guerre des juifs contre les Romains.* Il insistait tout particulièrement sur le passage très violent concernant la destruction du Temple. Quelques pages plus loin, Salmon tomba sur un texte encadré dont il reconnut la première phrase qu'il avait lu 20 ans plus tôt en Israël quand le livre lui avait échappé des mains. *Ici destinée magique de l'arche sainte.* Ce texte était précédé de quelques lignes de l'auteur :

« Moi Gabriel Rosenberg, en quittant l'Algérie en 1962, je suis d'abord passé dans le sud-ouest de la France. J'y suis resté plusieurs mois avec quelques expériences particulières, dont je parlerai plus tard dans un second livre. Je suis parti ensuite en Israël. J'étais malheureux et perdu, après tous ces drames qui m'ont touché dans mon ancienne vie. Avant de me retrouver à Be'eri où j'ai souhaité me rapprocher de la nature et des étoiles, j'ai vécu quelque temps chez Moshé Moatti que j'avais connu en 1946. J'ai souhaité me recueillir sur la tombe de sa sœur Eva, la seule femme que je n'ai jamais aimée. Ensuite j'ai passé une nuit épouvantable de tristesse et d'angoisse, faite de rêves où le visage d'Eva était omniprésent. Au petit matin comme un automate j'ai écrit le texte ci-dessous écrit en italique ».

« Ici destinée magique de l'arche sainte trésor caché de « Salomon »

Dieu a donné sur le Mont Sinaï à Moïse son alliance avec les Tables de la Loi. Après cependant le Temple de la Bible, joyau consacré à l'amour du divin, rayonna au cœur des hommes.

Et les Romains, Titus leur guide en tête, amenèrent jusque dans les affres du néant les juifs maudits. Le Temple alors et les Prêtres furent outragés et empalés, holocauste que la mémoire de tous à jamais n'oubliera.

Ils restèrent un long moment silencieux devant ces incroyables lignes. Salmon n'avait pas tout perdu, ce passage semblait intéressant.

— Il a dû passer un temps fou pour écrire tout ça à la main. Et pourquoi ? s'étonna Salmon.

— C'est extraordinaire, dit Rachel, ces lignes sont d'un autre temps. Elles ressemblent aux phrases que l'on peut lire dans l'ancien Testament. Tout est dans la symbolique, cet homme était possédé.

— Moi je dirais plutôt inspiré, coupa Salmon.

— Pourquoi sont-elles en italiques ? s'étonna Daphna.

— Je ne sais pas. Cela devait représenter quelque chose de très important pour lui.

— Le reste n'est pas mal aussi , répliqua Rachel.

Suivait le texte, toujours écrit à la main.

Voilà ce qui en est dit dans les écritures Saintes : « *Dieu demanda à Abraham de marcher et d'emmener son fils Isaac au loin afin de le lui offrir en sacrifice. Au bout d'un certain temps Abraham aperçut une couronne de nuages qui lui désigna le lieu du martyr. Alors qu'il s'apprêtait à sacrifier son fils Isaac, Dieu lui intima l'ordre de le remplacer par un bélier. Il lui révéla qu'en ce lieu serait construit le Temple des nations. C'était le Mont Moriah. Plus tard, en cet endroit, Jacob, fils d'Isaac, s'assoupit sur une pierre et rêva d'une échelle sur laquelle montaient et descendaient des anges du ciel. À son réveil il dit : « Que ce lieu est redoutable, ceci n'est autre que la maison de Dieu et ici est la Porte du ciel.* »

Sur cette Pierre du Mont Moriah, appelée donc La Porte du ciel, Salomon plaça l'Arche d'alliance qui contenait les tables de la loi reçue par Moïse sur le Mont Sinaï. Cet endroit, sacré s'appelait le Saint des Saints et c'est autour de lui que fut construit le Temple de Jérusalem.

Le Saint du Saint contenait uniquement l'Arche d'alliance. Nul n'avait le droit d'y pénétrer, hormis le grand prêtre une fois par an le jour du Yom Kippour. Il était séparé par un rideau du Saint qui comprenait trois objets sacrés : La ménorah, la table des pains de proposition et l'autel des offrandes de parfum.

— La Porte du ciel ici aussi ! s'étonna Salmon.

— Décidément, elle te poursuit, insista Rachel.

— Étrange que Gabriel nous parle du Temple et de tous les objets sacrés qui s'y trouvaient ! dit Daphna.

— Ils ont été volés pat Titus qui a tout amené à Rome lorsqu'il a détruit le Temple. À Rome, j'ai vu l'arc de Titus, qui commémore sa victoire sur les juifs. On y remarque huit soldats romains transportant les objets sacrés du Temple de Jérusalem, dont l'immense chandelier tout en or massif. Il faisait presque un mètre quatre-vingt-dix de haut, je crois, dit Rachel.

— Oui, c'était la Ménorah ! Une grande symbolique pour le peuple juif, expliqua Salmon.

— Et l'arche d'alliance ? questionna Daphna.

— Elle a disparu lors de la destruction du premier Temple, celui de Salomon.

— Tous ces objets doivent être quelque part, on ne les a jamais retrouvés, s'étonna Rachel.

— Bon, dit Daphna, c'est bien. L'histoire du temple et l'arche d'alliance, mais ce livre ne fait pas avancer nos affaires.

— Oui, il nous manque quelque chose pour comprendre. C'est peut-être dans le second livre, mais on ne l'a pas, conclut Salmon.

— Ou bien dans rien. Il n'a pas forcément de message là-dedans, termina Daphna.

— Ce ne sont pas des messages. Les messages c'est autre chose. En Israël, sur la Mer Morte à Qumran et En Gédi, j'ai cru en recevoir deux : Le premier c'est la comédie musicale, le second à En Gédi, je n'ai pas trouvé. Il faudrait que j'y retourne pour voir s'il y a quelque chose ou non.

C'était l'heure du départ, Salmon proposa à Daphna de revenir chez lui quelques jours plus tard pour faire un nouveau point sur ces textes étranges, mais surtout pour lui parler du spectacle avorté de Qumran. Elle avait pas mal de contacts en Israël et ailleurs qui seraient vraisemblablement intéressés par cette œuvre.

Nedd

C'était l'heure de la détente et du repos bien mérité pour Salmon et Rachel. Yael lui avait réservé deux places pour sa nouvelle comédie musicale, avec sa troupe de comédiens amateurs.

Que de chemin parcouru par sa fille ! En plus de son métier à fortes responsabilités, dans une des plus grosses entreprises française, elle continuait toujours à produire des spectacles pour des causes humanitaires. Elle avait créé l'association NEDD, Notre Envie De Donner, cela faisait plus de 20 ans maintenant, dont l'objectif était de monter des comédies musicales solidaires et engagées, afin d'en reverser les sommes récupérées à des associations s'occupant d'enfants handicapés. Après le Bataclan en l'an 2000, ce fut le Palais des congrès, Mogador et d'autres salles prestigieuses où sa troupe, fort d'une soixantaine de membres, se produisait, bien sûr bénévolement.

Là, ce soir, c'était aux Folies Bergères que ces artistes amateurs dont Yael était la Présidente jouaient au profit des enfants autistes. Ils jouaient « Toujours à la vie ! », une vingtaine d'extraits musicaux d'une dizaine de spectacles qui avaient fait le tour du monde. Salmon était arrivé parmi les premiers avec Rachel. Énormément de monde, on jouait à guichets fermés, Yael devait être très satisfaite, elle avait récolté une belle somme d'argent qui permettrait d'améliorer le quotidien de ces enfants. De nombreuses personnalités du monde du spectacle étaient présentes. Un homme s'assit non loin de Salmon. Il semblait le connaître. Mais oui, c'était Nagib Kha, le producteur ! Pas trop étonnant qu'il soit là, il était quand même un des piliers du monde du spectacle.

— Nagib ! appela Salmon.

L'homme se retourna.

— Salmon ! Mon Dieu, Ça va ?

— C'est ma fille, Yael, qui monte ce spectacle avec sa troupe.

— Je sais, je suis avec un ami, président de l'association pour qui joue ta fille. Il faudrait qu'on se revoie.

Nagib avait tutoyé tout naturellement Salmon, c'était de bon augure.

— Bien sûr. Mais le hasard fait bien les choses. J'allais te contacter, j'ai pas mal de choses à te dire.

— Pas de soucis, quand tu veux ! répondit Nagib.

Le lendemain Daphna arriva pour la pause-café.

— Finalement à la réflexion, ce livre sans couverture, certes un peu particulier, n'a pas apporté grand-chose, dit-elle.

— Si, je suis désolé, répondit Salmon. On a permis à ce malheureux Gabriel Rosenberg dont l'existence a été un véritable drame de revivre un moment. Et ça, c'est très important. Et puis ses textes sont intéressants. Il a peut-être trouvé quelque chose sur le Temple, mais on ne le saura jamais, sauf si on retrouve son second livre.

Salmon parla ensuite à Daphna du spectacle qui n'avait pas pu se monter à l'époque. Il lui fit écouter les extraits musicaux.

— C'est magnifique ! dit-elle.

— Merci, mais ce ne sont que des maquettes, donc imparfaites ! Et tout ça date de 23 ans déjà !

— C'est toujours d'actualité, c'est bon et je ne vois pas de différence avec un travail définitif, s'étonna Daphna.

—Le compositeur, oui. C'est un puriste, il veut quelque chose de parfait. Je vais le recontacter d'ailleurs.

— Bravo, mais pour moi, c'est déjà du parfait, ce qu'il a fait. Comment l'avez-vous appelé ?

— *QUMRAN – il était une fois la Paix*. L'intifada a découragé notre producteur à l'époque et on a laissé tomber.

— L'intifada est loin, dit-elle. Nous en sommes aux accords d'Abraham maintenant, j'ai beaucoup de contacts et je peux vous en faire profiter. Ils seraient ravis de participer à une telle aventure. Une œuvre sur la paix, par la musique, c'est excellent. Je m'occupe de vous.

— Bien. Je pourrai même venir en Israël pour en parler, si des gens étaient intéressés par le projet.

Rachel émit quelques réserves :

— Comment les Palestiniens accueilleraient un tel projet, dit-elle. Il y a des extrémistes chez eux !

— Comme chez nous, d'ailleurs, répondit Daphna. Le Hamas peut faire peur, c'est vrai, de même que le Hezbollah, leur charte prône la destruction de l'État d'Israël, mais ils sont dans leur coin, les uns à Gaza et les autres au Liban. Non c'est un beau projet qui vaut la peine d'être défendu et qui plaira à la jeunesse.

Rachel était dubitative :

— Quelle jeunesse ! Les jeunes ne connaissent rien ! Le Hamas est pour eux un mouvement de résistance honorable. Ils ignorent l'action mortifère et violente de cette entité terroriste auprès de son peuple qui, soumis à son diktat, en subit de catastrophiques et dramatiques conséquences. Faire une paix belle avec les Palestiniens, oui, avec ceux qui appellent à la mort, non.

— Bien sûr, conclut Salmon. Faire la paix dans ce moyen orient tumultueux relève, aujourd'hui, de l'utopie et du défi. Dans ce monde violent où l'ignorance et la haine semblent avoir gagné la bataille sur la raison et la tolérance, un tel spectacle, où l'indicible est le maître des horloges, peut apporter un réconfortant moment de sérénité. Réunir des hommes et des femmes de bonnes volontés d'origines et de cultures diverses est mal aisé et ardu, mais il faut le faire, même par des actions qui sembleraient naïves ou candides, mais qui touchent les cœurs et les âmes.

Rachel pour apaiser l'atmosphère qui devenait tendue approuva timidement :

— Espérons, espérons, dit-elle, mais elle n'en pensait pas moins, désabusée devant une certaine jeunesse, l'élite de demain pour certains d'entre eux, et cette extrême gauche opportuniste.

Ils se décrivaient bien-pensants, mais ils étaient formatés de telle façon qu'ils s'imaginaient détenir, eux seuls, la vérité. Rien, ni personne ne les ferait changer d'avis, ils avaient et auraient toujours raison.

Salmon donna à Daphna le synopsis avec un résumé bien explicite :

« Le spectacle musical « QUMRAN » raconte l'extraordinaire épopée de la mystique secte juive des Esséniens, vivant il y a plus de 2000 ans à Qumran, au pied de la mer morte. L'assassinat de leur guide fut le point de départ de la révolte de Juda Maccabée contre les Grecs, qui aboutit à la fête d'Hanoukka. La doctrine de ces « fils de lumière », comme on les appelait, fut à l'origine du Christianisme. La seconde partie du spectacle se déroule à l'époque moderne dans la même région. Toujours sur fond de manuscrits de la mer morte, après une catastrophe planétaire majeure annoncée par un message venu de l'Au-delà, Solal, un juif, Leila une musulmane et Gabriel un chrétien s'unissent pour apporter un message de paix et d'espoir aux survivants de l'apocalypse. »

— Magnifique, dit Daphna, puis elle prit congé, toute guillerette.

Ravi, Salmon appela Nagib Kha, il était peut-être la solution ! Il lui parla de Daphna et de ses nouveaux contacts qui pourraient participer, enfin, à l'élaboration du spectacle sur les trois religions.

Salmon lui dit :

— L'auteur est juif, le compositeur chrétien et toi, le producteur, tu es issu du monde arabo-musulman. On est l'équipe idéale pour un tel spectacle œcuménique !

— Banco je marche, dit Nagib.

Salmon contacta Pierre Weint. Ce fut compliqué, il avait changé d'adresse et de numéro de téléphone.

Pierre était ravi de pouvoir remettre ça. Il se promit de donner toute son énergie pour que ce beau projet sur la paix voit le jour.

En attendant Salmon, tout ragaillardi par ces bonnes nouvelles, décida de partir en Israël. Le premier message de « QUMRAN » était sur le point d'aboutir. Le moment était opportun pour retourner à Ein Gédi et tente de découvrir « son second message ».

Festival NOVA – Dimanche 2 avril 2023

Salmon était dans un avion d'Air France en route pour Israël, seul. Rachel trop occupée par des obligations familiales n'avait pas pu se joindre à lui. Ils avaient passé quelques jours dans le Sud, du côté d'Antibes qu'appréciait particulièrement Rachel. Ils avaient poussé jusqu'au petit cimetière où était enterrée Sarah. 23 ans plus tard Salmon se souvenait encore du chemin, malheureusement il était fermé.

— Sarah sait que tu es heureux avec moi, dit Rachel sous forme de boutade, alors elle n'a plus besoin de t'aider.

— Oui. En fait c'est un petit cimetière, en pleine campagne, c'est la mairie ou la communauté juive qui doit avoir les clés. Tant pis, on laisse tomber ! avait dit Salmon après avoir pris quelques photos avec son téléphone portable.

Dans l'avion il tenta de s'assoupir, tout en pensant avec grande satisfaction au synopsis du spectacle donné à Daphna, et au résumé des musiques qu'il avait pris avec lui pour le faire écouter à qui de droit en cas de contacts intéressants. Bien lui en avait pris, puisque l'Israélienne lui avait obtenu une série de rendez-vous avec des personnes très intéressées par cette comédie musicale. En particulier, il était question d'un grand festival de musique : NOVA près du kibboutz Reïm, à deux pas de Be'eri. Il se déroulerait en octobre. C'était parfait d'autant qu'une très belle association musicale, comprenant les plus belles voix de la chanson française, avait donné son accord pour monter le spectacle. Tout s'enchaînait à merveille, d'ailleurs la chanson « La Prière pour la paix » dans laquelle un Israélien et une Palestinienne en partance pour le ciel, après un gravissime accident, clament leur souffrance, serait lancée en avant-première. Les paroles se terminaient par :

« Les Arabes sont fils d'Ismaël
Et les juifs descendent d'Israël
Nous pouvons nous aimer ».

Les bénéfices du disque et des passages télé de ce duo émouvant, Yael étant une des deux interprètes, seraient reversés au profit d'une association humanitaire s'occupant d'enfants israéliens et palestiniens handicapés. Les choses se mettaient en place de manière remarquable et Salmon avait jugé utile de se rendre dès maintenant en Israël, pour commencer à concrétiser par écrit toutes ces bonnes intentions. De toute façon, il reviendrait en octobre avec Rachel et ils iraient à Be'eri, ce lieu magnifique, symbole de ce qui était pour lui le vrai Israël profond, qui avait marqué la vie de Mendel, et dont les idées de générosité et de mains tendues correspondaient à sa personnalité.

Apporter une pierre à la paix avec des Palestiniens, ne serait-ce que par de la musique, était un beau pari. Malgré les réticences de certains de ses amis, qui lui disaient que non seulement il était un doux rêveur, mais que tant que les Palestiniens seraient animés par cette haine des juifs et tant qu'ils ne changeraient pas leur charte, surtout celle du Hamas, prônant la destruction d'Israël, rien ne serait possible avec eux.

— Bof! Vous vous trompez, répondit Salmon. Les temps ont changé, il faut tendre la main aux modérés.

Ce style de réflexions le dérangeait car il était un pacifiste né. Pour l'heure il avait du mal à s'assoupir sur son siège peu confortable et ses pensées tourbillonnaient. Il pensait à ce genre de propos qu'on venait de lui assener, également à tous ces événements qui l'avaient assailli durant toutes ces années et qui revenaient en force après l'avoir abandonné. Indépendamment de ce spectacle en devenir, aboutissement de son « premier message », qu'il avait reçu il y avait 23 ans maintenant, il irait aussi à Ein Gédi pour comprendre, peut-être ou peut-être pas, « son second et énigmatique message » qui était resté en plan.

« *Va sur la montagne au cœur de biche, là où tu jouais avec Adam. À mi-pente tu verras un gros rocher noir dont la forme rappelle la tête d'un lion. Tu y porteras la Porte du ciel qui orne la synagogue de Bagaï et tu la placeras sur ce rocher. Lorsque s'y réfléchiront les rayons du soleil, tu suivras l'ombre portée de la lumière. Alors ton peuple sera sauvé.* »

Ainsi, ce 2 avril 2023 il se retrouvait, à Tel Aviv, dans le même hôtel que 23 ans plus tôt, certes pour deux nuits, mais au même étage et presque dans la même chambre. Il eut une petite appréhension, mais tout était normal. Le guéridon était à sa place, la commode ne bouge pas pensa-t-il en souriant et il n'était pris d'aucune pulsion étrange. Après s'être un instant détendu sur le lit, il décida de retourner sur la plage, là où tout avait commencé. Il avança jusqu'au niveau des vagues, mais il n'aperçut aucun radeau en bois échoué et n'eut absolument pas l'impression de revivre des scènes de son livre : *La Porte du ciel*. Rassuré, il rentra à l'hôtel pour se reposer un moment, avant de rejoindre Daphna et son époux dans la vieille ville de Jaffa. Ils avaient prévu un dîner brochettes-merguez dans un restaurant arabe, comme en l'an 2000 avec Mendel se dit Salmon, il ne partirait que le surlendemain d'abord pour Bé'eri, puis pour la Mer Morte. Daphna lui confirma plusieurs réunions importantes pour le lendemain matin. Elle avait même obtenu deux rendez-vous en devenir avec le consul général de France à Jérusalem et l'Institut français de Tel Aviv à partir d'octobre, puisqu'à cette époque seraient nommés les nouveaux responsables de ces organismes officiels. Ainsi aurait-il le temps d'affiner d'autres rendez-vous, en particulier avec plusieurs responsables du festival NOVA prévu pour le 7 octobre. Certes, il ne pourrait pas être présent au festival Nova, Rachel étant occupée à cette date, et ils ne seraient en Israël que le 14, mais ils rencontreraient tout ce beau monde à ce moment-là, dans un lieu à définir.

Be'eri

Le surlendemain, serein, après avoir assumé très tôt ses deux rendez-vous prometteurs à Tel Aviv, et avec lesquels il avait pris date, là aussi, pour octobre, dans sa voiture de location, il prit la direction de Be'eri. Grâce à Daphna, il avait pu obtenir très aisément une chambre habituellement réservée aux volontaires qui aidaient les kibboutznik lors des récoltes. Il s'y reposerait trois jours avant de terminer par la Mer Morte. Il devait bien ça à Mendel et Gabriel dont cet endroit avait marqué leur vie.

Il traversa des étendues sauvages et désertiques, uniques maîtres de ces lieux empreints de mystère et de plénitude. Israël ne se résumait pas qu'à Jérusalem et à la visite des monuments historiques, c'étaient aussi ces étendues désertiques, où l'on pouvait retrouver Dieu à chaque instant, dans chaque petit bosquet, dans chaque rocher, caillasse, éboulis écrasés par le poids des siècles. Que d'émotions !

Il musarda, prenant le chemin le plus indirect qui soit, traversant des localités dont il n'avait jamais entendu le nom. Que de paysages extraordinaires qui avaient vu défiler tant de personnages bibliques. Moise ! Abraham ! Jacob ! Josué ! Jésus ! Salmon avança avec humilité sur ce sol précieux. Sur la route, de façon anachronique, un panneau publicitaire le ramena à la réalité de ce difficile vingt et unième siècle. Il représentait une affiche sur laquelle on pouvait découvrir le visage rieur et délicat d'une femme vantant les qualités d'une marque de parfum. Elle ressemblait à Yaël ! Il esquissa un petit sourire.

Les distances étaient courtes en Israël, il arriva en vue d'une petite ville, Nétivot, non loin du désert, dont il n'avait jamais entendu le nom. Il comprit au bout d'un moment qu'ici était enterré le rabbi, dont il avait vu le portrait exposé au centre communautaire d'Aix en Provence. Était-ce le hasard qui avait guidé ses pas dans cet endroit ? il n'aurait jamais spontanément, de son propre fait, voyagé jusque-là, mais puisqu'il y était, il se devait de se rendre sur sa tombe. Il l'avait quelque part aidé avec son « *miracle des jumeaux* », et puis il était un petit parent de Sarah qui semblait l'avoir soutenu à un moment difficile de sa vie. Il ne savait pas grand-chose sur ce rabbin dont la renommée avait traversé les continents. Son aura fut si forte qu'il était consulté par les plus grandes sommités juives de son époque. Avec le temps sa renommée fut mondiale et des dizaines de milliers de pèlerins venaient ici à la date anniversaire de sa mort.

Salmon avait de la chance. Il n'y avait pratiquement personne aujourd'hui. Tant mieux, il préférait être seul, il détestait les foules compactes. Il ne put s'empêcher de penser à ce verset biblique : « *Dans la vallée, au pays du Moab, mourut Moïse, mais jusqu'à ce jour nul n'a connu son tombeau* ». Ils étaient sages et toujours dans l'humilité les anciens. Ils avaient tenu secret à dessein le lieu de sépulture du plus grand Prophète des Hébreux pour éviter qu'il ne soit vénéré comme un sanctuaire. Le sage et humble Rabbi enterré ici, loin des foules grouillantes des grandes cités, serait certainement contrarié de voir tant de gens l'aduler. Mais c'est ainsi, l'homme a besoin de se raccrocher à certains symboles pour continuer à croire.

En pénétrant dans le mausolée et avant de se recueillir, on donna à Salmon un petit livret en français, narrant les prouesses accomplies par le Saint Homme. Il ne put s'empêcher de faire la comparaison avec d'autres rabbins du quinzième siècle qui vivaient à Tlemcen, en Algérie. Vénérés par tout un peuple, venant prier sur leurs tombes, ils accomplissaient eux aussi des miracles, sauvant des malades, réconfortant les âmes défaillantes. Salmon en avait parlé dans son livre *La Porte du ciel*. Quelle étrange parabole ! Aujourd'hui leurs tombes pleuraient, elles étaient laissées aux herbes amères et elles n'auraient plus jamais de visiteurs, le rabbi d'ici les avait remplacés dans le cœur des hommes.

Un long moment plus tard, en milieu d'après-midi, il arriva sur un chemin caillouteux dans une zone semi-désertique mais plutôt dégagée. Il se retrouva au milieu d'une petite foret peu fournie, à la végétation sauvage, où des arbres caressaient les ruines de plusieurs bâtiments anciens. Il comprit qu'il se trouvait à l'emplacement initial du kibboutz de Be'eri, qui avait été déplacé plus tard, plus au Sud, de plusieurs kilomètres. Il descendit de sa voiture et s'approcha des restes de ce qui avait été le château d'eau, criblé de nombreuses traces de balles. Salmon pensa aux combats acharnés qui s'étaient déroulés dans ces lieux où des hommes et des femmes peu entraînés avaient héroïquement fait face aux armées égyptiennes, contenant leurs avancées en attendant l'arrivée tardive mais salvatrice de la Haganah. Il eut une pensée pour Gabriel, Mendel, Moshé et Eva qui avaient foulé de leurs pieds cet endroit mythique. Il éprouva le besoin de poser une petite pierre anonyme sur le rebord d'un des bâtiments aujourd'hui solitaires et voués aux herbes et aux fleurs sauvages du souvenir.

Puis il repartit et se retrouva peu de temps après à Be'eri. Cet endroit de légende était l'un des plus riches d'Israël, un des fleurons du jeune état. On y pratiquait une culture diversifiée, mais pas seulement. Il possédait une importante imprimerie qui travaillait pour tout l'État d'Israël avec des techniques de pointe. On y fabriquait aussi bien des cartes bleues que des papiers d'identité, tous objets indispensables à la vie quotidienne.

Aux portes du désert, Be'eri était un paradis sur terre. Une place ombragée, un théâtre, un réfectoire géant dans ce village communautaire, tout était conçu pour le bien-être physique et moral des habitants et des hôtes de passage. Un peu plus loin, on remarquait des maisons bien entretenues, des arbres reposants, une végétation fleurie montrant que le printemps viendrait très bientôt prendre possession de ces lieux idylliques.

Le dôme de fer, efficace système de protection aérienne, était le garant de cette vie sereine. Aucune roquette palestinienne n'était jamais tombée sur les maisons. Lorsque parfois les sirènes retentissaient chacun se rendait aux abris, plus par réflexe que par crainte. Dans la plupart des cas, ces pièces, souvent transformées en bureau ou chambres d'enfants, ne contenaient ni arme, ni provision, ni verrou. Pour quoi faire ! Ils ne risquaient rien. Gens de gauche, adeptes de la main tendue et des idées généreuses, personne ne les attaqueraient ni se risqueraient à les prendre en otage.

Salmon se retrouva dans une chambre fraîche et accueillante. Il décida une séance de farniente absolue sur une chaise longue dans les magnifiques espaces verts de ce lieu paradisiaque, la température étant des plus clémentes dans ce milieu d'après-midi, il avait encore deux bonnes heures avant la tombée de la nuit. Tout près de lui de nombreux vélos d'enfants, un peu plus loin de sympathiques aires de jeu, manifestement le basket y était à l'honneur et de nombreux fauteuils de jardins. Un quidam, barbu, arriva à son tour et après un généreux sourire, se dirigea vers des arbres situés au bout de l'allée toute proche. Armé d'une règle graduée, il semblait prendre des mesures un peu partout, qu'il retranscrivait sur un bloc note.

À un moment l'homme s'adressa à Salmon en hébreu.

— Je ne comprends pas, je suis désolé.

— Vous êtes français ? répondit le barbu avec un fort accent.

— Oui.

— Je vous demandais si vous pouviez surveiller quelques instants mes affaires, je vais aux toilettes… Je parle assez bien votre langue, j'ai vécu longtemps dans votre pays.

Salmon acquiesça par courtoisie.

À son retour, Salmon, intrigué, l'interrogea :

— Que faites-vous ?

— Je travaille sur le nombre d'or et la divine proportion.

— Le nombre d'or ! Je ne connais pas, avoua Salmon.

— Cher Monsieur, répondit le barbu, le nombre d'or traduit l'équilibre, l'harmonie et la beauté de ce qui compose la vie. Il correspond à un rapport entre deux dimensions. Il fut baptisé « Divine Proportion » par le moine Fra Luca Pacioli et par Léonard de Vinci. Sa valeur correspond à 1,618 et se retrouve partout dans la nature.

— Je ne savais pas, dit Salmon, étonné.

— Oui, poursuivit l'homme, maintenant exalté. Il est connu depuis la nuit des temps, on le retrouve dans le corps humain, dans les molécules d'ADN, dans le système solaire, l'Art et l'architecture, dans la Musique, la Bible et bien d'autres domaines. Quelques exemples, cher Monsieur, du nombre d'or : si on divise la hauteur d'un homme par la hauteur qui va de son nombril au sol, on trouve toujours 1,618. Il en est de même des rapports des spirales des hélices d'ADN. De nombreux peintres eurent recours au nombre d'or que l'on retrouve dans les tableaux de Dali, Picasso, Léonard de Vinci. De nombreux monuments tels la pyramide de Khéops ou le Parthénon, les constructions de l'architecte le Corbusier, la pyramide du Louvre, le Temple d'Andros et bien d'autres encore utilisent cette technique. Étrangement c'est la plupart du temps à l'intuition que la main de l'homme a façonné ces œuvres respectant les règles de la divine proportion. Ce qui semble être un calcul mathématique toujours constant (1, 618) n'obéit en réalité qu'aux seules règles de la nature.

— Et où cela vous mène-t-il ?

— Je pense que la Bible est codée, lui répondit-il très sérieusement, et le nombre d'or me permettra peut-être de trouver les messages secrets qui y sont enfermés

« *Quelle étrange quête*, se dit Salmon. *La Bible codée ! Et le décryptage grâce au nombre d'or !* »

La clé du potier

Assez tôt le lendemain, avant de partir dans les champs du Kibboutz pour y découvrir un monde agricole qui ne lui était pas familier, Salmon raconta par téléphone à Rachel l'étrange rêve qu'il avait fait :

— J'étais à Nétivot, là où je me suis retrouvé pratiquement par hasard hier, comme je te l'ai dit hier soir. Sarah Attias est apparue devant la tombe de son parent, le Saint juif si connu, elle est venue vers moi, elle tenait dans sa main des parchemins vierges, comme des rouleaux de Torah et elle m'a dit : *Le roi Salomon m'a demandé de te donner ces rouleaux, car les murs d'Israël sont nus et tu dois les réécrire.*

— Mon pauvre chéri, tu as fait un balagan dans ta tête ! rit Rachel.

— *Balagan* !

— C'est de l'hébreu, tu as tout mélangé. C'est normal entre ta visite loupée du cimetière pour Sarah quand tu étais avec moi, celle de Nétivot hier, le texte de Gabriel sur l'arche Sainte, plus cet homme en train de rechercher des codes dans la Bible, tu t'es fabriqué un beau rêve.

— Je ne sais pas mais il était de la même nature que les deux autres rêves que j'ai fait justement sur cette malheureuse Sarah, il y a plus de 20 ans et qui étaient prémonitoires !

— Oui et alors.

— Eh bien, peut-être y a-t-il un message là-dedans, un code quoi !

— N'importe quoi ! répondit Rachel.

— Oui, n'importe quoi, tu as raison. Mais je suis en vacances et on peut prendre ça comme un jeu, pour se détendre, passer le temps. Quoi.

— Oui, tu as raison. C'est bon de rêver un peu, répondit Rachel tout en riant.

— Laisse-moi réfléchir… S'il y a quelque chose de toute façon c'est autour de la Porte du ciel.! Cette phrase revient tout le temps. Et c'est comme les rouleaux de torah du rêve que j'ai fait.

— Admettons, et après ?

— Après… Hum ! Ce doit être un peu plus compliqué que ça ! Il faudrait un miracle pour trouver !

— Miracle ! Ah ! Je me rappelle à Aix en Provence j'avais fait l'anagramme de la phrase « *le miracle des jumeaux* » et j'avais trouvé : « M. *Jérusalem axe du ciel* ». Allez, faisons l'anagramme de *La Porte du ciel.*

Il fit quelques essais et trouva assez rapidement : *La clé du Potier.*

— Ça alors, dit Rachel. L'anagramme de *La Porte du ciel,* c'est *La clé du Potier.*

— Oui, j'ai lu, un jour, que pour certains, surtout en Afrique, Dieu était appelé aussi le Potier, celui qui a modelé le monde, tel un faïencier.

— Et après ! questionna Rachel

— Je ne sais pas. Il faudrait des chiffres peut-être, comme l'homme hier. Il utilisait le nombre d'or, 1,68 sur lequel il pensait appliquer les lettres de textes bibliques. Le nombre d'or ! Je n'y connais rien.

— Et pourquoi pas des chiffres en rapport avec Sarah puisque, selon ta logique, c'est elle qui t'envoie des messages.

— Exact ! dit-il tout en poursuivant par téléphone. J'ai les dates de sa stèle, on peut dire que ce sont des chiffres. Je m'en rappelle lorsque j'ai été sur sa tombe en l'an 2000 avec Solange et son époux, c'étaient ses dates de naissance et de décès : 1942- 1984. C'est étrangement aussi celle de mon rêve de l'époque avec la date de mariage de mes parents 1942 et la date de la mort de mon père 1984.

— 42-84… Le double, dit Rachel étonnée. Et si on inverse ou si on lit à l'envers c'est aussi le double 24-48 !

— Cette étrange symétrie en miroir me fait penser à un livre que j'ai parcouru il y a un certain temps et qui rappelait que *les Dix commandements avaient été gravés par Dieu des deux côtés des Tables de la Loi*, c'est-à-dire sur deux espaces à la fois, comme en miroir ! dit Salmon.

Puis d'un trait, il écrivit :

« 12-21-24-42-48-84 ... Tous double et miroir! » Dit-il

— Eh bien voilà, dit Rachel toujours par téléphone alors qu'il lui dévoilait la nature de ces chiffres, c'est comme le nombre d'or du barbu. C'est peut-être la clé. Essayons-la sur les lettres.

—J'ai une idée, dit Salmon, je vais l'essayer. Je te rappelle après.

Il sortit de sa poche un morceau de papier sur lequel il écrivit plusieurs fois de suite : *La clé du Potier.*

Sur cette suite de mots, il appliqua les 6 chiffres trouvés à partir des dates de ses parents et de Sarah : 12-21-24-42-48-84. Ainsi en comptant la 12ème lettre de la clé du Potier il arriva sur *e*, puis en comptant la 21ème de la clé du Potier répété, il arriva sur la lettre *P*, puis la 24ème lettre : *i*, la 42ème : *c*, la 48ème : *o*, la 84ème : *d*.

lacléduPotierlacléduPotierlacléduPotierlaclédu
12 21 24 42
PotierlacléduPotierlacléduPotierlacléduPotier
48 84

Il obtint : *ePicod.* Ce qui ne voulait rien dire ! Il pensa alors au chiffre en miroir, inversé : 12- 21, il fallait donc, là aussi, inverser les lettres. Il obtint : *codePi.*

Il resta pantois. Le code de Dieu c'était Pi ! *Pi* qui désigne le rapport de la circonférence d'un cercle à son diamètre. *Pi,* nombre irrationnel, dont les chiffres ne sont pas prévisibles, *Pi* qui va jusqu'à l'infini et qui peut être compris par les petits hommes verts, même aux confins de l'univers. *Pi* permettant peut-être de décrypter les messages de Dieu renfermés dans la bible ou ailleurs. Voilà donc l'explication du livre posé sur la tombe de son père.

Bien ! Il avait le code, enfin son code, puisque pour le barbu, c'était le nombre d'or. Peut-être avaient-ils raison tous les deux et quand bien même sur quel texte l'appliquer ? Sur un texte sacré, un texte venant presque de l'au-delà, un texte mystique, un texte quasi divin ? Il pensa aux 6 lignes en italique du document de Gabriel où il était question du trésor caché de « Salomon ». Il était tout à fait adapté à la situation, d'autant que Gabriel avait été manifestement guidé lui aussi. Il releva sur internet les premiers numéros de Pi qu'il nota :

« *Pi : 3, 1415926535 8979323846 2643383279 5028841971 6939937510 5820974944 5923078164 0628620899 8628034825 3421170679 8214808651 3282306647 0938446095 5058223172* ».

Mais comment faire correspondre les chiffres de Pi et les lettres de l'alphabet ? Après plusieurs tâtonnements et essais infructueux il trouva la bonne méthode. Les chiffres après la virgule de la formule de Pi serviraient à désigner les lettres constituant le message codé issu d'un texte symbolique et choisi. Mais lequel ! Oui ! Celui en italique de Gabriel, véritable codex des temps modernes, pourrait peut-être convenir. Pourquoi ne pas essayer. Mais pour chaque nouvelle lettre du message codé, on recommençait tout à zéro en sautant à chaque fois 3 lettres, correspondant au chiffre 3 de Pi.

Ainsi, il compta trois lettres, correspondant au nombre 3 de Pi, (ICI), puis il releva la première lettre après la virgule ce qui donna la lettre *D* (*Ici, d – 3,1*).

Il continua, selon la formule de Pi, en sautant toujours les 3 lettres suivantes du message de Gabriel (EST), puis il releva la quatrième lettre après la virgule, ce qui donna la lettre *E*, (*Est, inée – 3,14*) et ainsi de suite :

Ici, d est, inée mag, ique de l'arche sainte trésor caché de « salomon »

dieu a donné sur le Mont sinaï à moïse son alliance avec les tables de la loi. Après cependant le Temple de la bible, joyau consacré à l'amour du divin, rayonna au cœur des hommes.

Et les romains, titus leur guide en tête, amenèrent jusque dans les affres du néant les juifs maudits. Le Temple alors et les prêtres furent outragés et empalés, holocauste que la mémoire de tous à jamais n'oubliera

Il obtint le message suivant :

Ici, d	*3,1*	*D*
Est, inée	*3,14*	*E*
Mag, i	*3,141*	*I*
Que, del'a	*3,1415*	*A*
Rch, esaintetr	*3,14159*	*R*
Eso, rc	*3,141592*	*C*
Ach, éde«Sa	*3,1415926*	*A*
Lom, on »Di	*3,14159265*	*I*
Eua, don	*3,141592653*	*N*
Nés, urleM	*3,1415926535*	*M*
Ont, SinaïàMo	*3,14159265358*	*O*
Ïse, sonallian	*3,141592653589*	*N*
Cea,veclest	*3,1415926535897*	*T*
Abl, esdelaloi	*3,14159265358979*	*I*
Ap, rès	*3,141592653589793*	*S*

Et ainsi de suite… jusqu'à la fin du message encadré de Gabriel[1], ce qui donnait en relevant les lettres dans l'ordre, le message en latin suivant :

" DEI ARCA IN MONTIS NEBO CAVO CELATUM JEREMIA PROPHETA "

Et avec la traduction en français :

« L'arche d'alliance fut cachée dans une grotte du mont Nébo par le prophète Jérémie ».

Salmon rappela Rachel et lui expliqua ce qu'il avait trouvé. Elle était perplexe.

— L'arche d'Alliance perdue à tout jamais et qui serait quelque part sur les pentes du Mont Nébo, là où mourut Moïse ! S'étonna-t-elle. Est-ce vrai seulement ! Comment le savoir ? Je vais chercher, on doit bien trouver quelque part des traces de ce que tu viens de décrypter.

En fin de journée elle le rappela.

— Dans mon quartier, il existe tout près de ma synagogue, une grande bibliothèque spécialisée dans les écrits bibliques. J'y suis allé. J'ai fait beaucoup de recherches, pratiquement toute la journée. Un narratif journalistique indique que pour certains l'arche d'alliance se trouverait en Ethiopie conservée dans le couvent Sainte-Marie-de-Sion. L'Église éthiopienne raconte que Salomon l'aurait donnée à son fils Ménélik né de sa liaison avec la reine de Saba. Mais cela ne repose sur aucune documentation sérieuse. J'ai

1. Pour le détail du message, voir l'annexe à la fin de livre.

trouvé une autre explication sur l'arche qui aurait été emportée par les troupes du roi Nabuchodonosor, lors de la destruction du premier temple. Là aussi il n'y a pas d'écrit. Mais j'ai eu accès à une documentation assez intéressante confirmant que ton message venu de nulle part semble correspondre à une réalité. En effet j'ai trouvé la traduction d'un texte latin, datant de 1722, du bénédictin Dom Augustin Calmet, qui indique qu'en effet l'Arche d'Alliance avait bien été placée par le Prophète Jérémie dans le *Locum speluncæ* (« maison en forme de caverne ») sur le Mont Nébo. Sceptique, j'ai continué à lire d'autres ouvrages jusqu'à tomber presqu'en arrêt sur le second *Livre des Maccabées*, rédigé un siècle avant Jésus Christ. Là, l'auteur, s'appuyant sur un écrit encore plus ancien du Prophète Jérémie, disait au chapitre 2.(4-5) : *« Averti par un oracle, le prophète Jérémie se fit accompagner par le tabernacle et l'arche, jusqu'à ce qu'il fût arrivé à la montagne où Moïse, était monté et avait vu l'héritage de Dieu. Arrivé là, Jérémie trouva une caverne et y porta le tabernacle, l'autel des parfums et l'arche d'alliance. Puis il en obstrua l'entrée. Quelques-uns de ses compagnons, étant venus ensuite pour marquer le chemin par des signes, ne purent le retrouver. Lorsque Jérémie l'apprit, il les blâma et dit que ce lieu demeurerait inconnu jusqu'à ce que l'Éternel ait rassemblé son peuple dispersé et qu'il lui ait fait miséricorde. Alors le Seigneur manifestera de nouveau ces objets, la gloire du Seigneur apparaîtra ainsi que la Nuée, comme elle se montra au temps de Moïse et quand Salomon pria pour que le saint lieu fût glorieusement consacré »*. Voilà. Je ne sais pas comment tu as fait, mais ce que tu as trouvé est exact ! Ton rêve d'hier soir avec Sarah qui te dit : *« Le roi Salomon m'a demandé de te donner ces rouleaux, car les murs d'Israël sont nus et tu dois les réécrire »* était encore prémonitoire !

Il correspond au décodage symbolique du texte de Gabriel » conclut-elle.

Salmon ne releva pas sa dernière phrase, il ferma les yeux devant ces étranges révélations qui avaient interpellé si peu de monde jusque-là. Les archéologues avaient de beaux jours devant eux. Peut-être trouveraient-ils, un jour, ce trésor divin. la boucle était bouclée. Trésor spirituel de Dieu, l'arche d'alliance existait peut-être toujours dans ce Moyen-Orient déchiré.

Rachel le rappela un moment plus tard :

— J'ai une théorie qui vaut ce qu'elle vaut, dit-elle. Gabriel et toi, vous vous êtes retrouvés pratiquement en même temps à Ein Gédi en 1967 et au même endroit. Gabriel, dont l'âme avait quitté cette terre, était dans ce car éventré, et toi, terrorisé, tu avais dormi, peu de temps après lui, à proximité de ce même car éventré. Ainsi peut-être que vos inconscients se sont croisés à ce moment-là.

— Tiré par les cheveux ton explication. Et alors ?

— Eh bien, depuis cette époque vous êtes connectés l'un à l'autre, sans même que tu t'en rendes compte.

— Mon Dieu ! C'est un peu n'importe quoi ! dit Salmon.

— Oui, mais on peut rêver, non, et c'est ta façon de penser qui m'inspire ce genre de théorie. On peut même aller plus loin en disant que Sarah, de l'autre monde, a été le catalyseur qui a permis à ton inconscient de se manifester à nouveau auprès de celui de Gabriel, mort pourtant plus de 50 ans plus tôt, mais dont « l'essence » subsiste toujours.

— Bon, on peut même continuer dans le délire, poursuivit en souriant Salmon, en expliquant que cette hypothèse crédibiliserait la formulation de la jeune Clara, qu'elle développe dans le livre qu'elle a écrit, avant de mourir. Je la cite :

« Lorsque l'âme quitte le corps terrestre qu'elle a animé elle rejoint un univers immatériel où se rassemblent toutes les autres âmes. Dans ce grand moule, il n'y a pas d'individualité, les âmes se retrouvent et se fondent en un seul bloc et la connaissance de l'une devient la connaissance de l'autre. En fait, l'âme est une petite parcelle de ce tout global que l'on appelle Dieu. Ainsi nous pouvons dire que nous sommes tous un peu Dieu et parfois ce petit bout d'âme qui a animé un corps terrestre tente de communiquer avec les vivants. »

Ben Gourion

Le lendemain ce fut l'heure du départ, il quitta le kibboutz heureux, après avoir reçu en cadeau quelques succulents fruits juteux, qui venaient d'être cueillis et un bouquet d'anémones rouges qui couvraient toute la région. Il y reviendrait en octobre avec Rachel. Avant de prendre le chemin de la Mer Morte, but ultime de ce voyage mythique, il décida de se rendre un peu plus au sud. Il voulait se recueillir sur la tombe de David Ben Gourion, ce grand homme d'État, qui avait été enterré, selon son vœu, en plein désert du Néguev.

Il parcourut quatre-vingts kilomètres pour se retrouver au sommet d'un impressionnant canyon. Il arriva à proximité de la sépulture de l'ancien premier ministre d'Israël, situé dans un parc majestueux, loin de toute civilisation et fréquenté uniquement par les bouquetins.

Tout ici était propice à la méditation. Il descendit de sa voiture de location et déposa, comme il en était l'usage, une pierre sur la tombe de Ben Gourion et sur celle de son épouse, avec le Ciel comme seul témoin dans cette immense étendue solitaire.

Ce grand pionnier des temps moderne, qui avait bouleversé par son action le devenir du Peuple du Livre dans cette région, qui avait fait fleurir le désert, s'était retiré à la fin de sa vie dans le kibboutz Sde Boker. Il y prenait une retraite douce et méditative, devenu simple berger et vivant humblement.

Salmon pensa à une des célèbres phrases de ce grand homme qu'il avait lu quelque part :

« *Peu importe ce que le monde dit d'Israël, peu importe ce qu'il dit de nous ailleurs. La seule chose qui compte, c'est que nous puissions exister ici, sur la terre de nos ancêtres. Et si nous ne montrons pas aux Arabes que le prix à payer pour assassiner des juifs est élevé, nous ne survivrons pas.* »

Salmon hocha de la tête, il se demandait, malgré quelques exceptions notables, pourquoi un certain nombre d'acteurs du monde arabo-musulman ne comprenait que la force. Pourquoi les modérés, mus certainement par la peur, n'arrivaient pas à se faire entendre, submergés par ceux qui ne comprenaient que la violence et qui avaient pris le pouvoir, tels le Hamas et le Hezbollah.

Dans les temps d'aujourd'hui, au nom de la lutte contre l'antisémitisme, le monde pouvait plaindre et compatir au sort d'un juif passif, persécuté ou humilié. Il ne fallait plus que cela puisse exister. L'antisémitisme au XXIe siècle était inacceptable pour les nations. Par contre un juif qui refusait d'être humilié, qui se battait pour sa liberté et sa survie, qui défendait le petit bout de terre que l'ONU lui avait chichement donné, était un sioniste. On le combattrait donc et on le condamnerait, au nom de l'antisionisme, variété moderne de l'antisémitisme, n'en déplaise aux donneurs de leçons.

Il soupira en se souvenant de la phrase de Mendel, prononcée 20 ans plus tôt, au café de la Rotonde à la Muette, toujours d'actualité : « Le juif est depuis la nuit des temps le bouc émissaire de tous les maux du monde ! » Oui, il n'y avait rien de nouveau sous le soleil !

Après cette méditation salvatrice Salmon laissa Ben Gourion, ce grand pionnier des temps modernes, dans cet univers infini et définitif et il prit le chemin de la Mer Morte. Il arriva à l'hôtel qu'il avait réservé en fin de matinée. Il déposa sa valise dans sa chambre et observa quelques instants de son balcon cet endroit mystérieux, calme et silencieux, recelant tant de secrets. Il faisait bon en ce matin d'avril, le soleil commençait à s'imposer et très vite il dominerait cet horizon salé. Salmon sentait la force des lieux, il était temps d'aller au bord de l'eau, il avait besoin de faire le vide et tout ici était idéal pour la méditation, tout respirait l'absolu. Cette journée serait consacrée au repos, ce n'est que le lendemain qu'il se rendrait sur « sa montagne au cœur de biche » à Ein Gédi pour y découvrir, peut-être le second message qu'il avait cru recevoir en l'an 2000.

Il était allongé sur un des matelas que l'hôtel avait mis à la disposition de sa clientèle sur la petite plage privée qui lui faisait face. Un sable ocre artificiel, une eau saumâtre et salée, quelques vagues indolentes, une étrange sensation d'oppression. Ses pensées vagabondaient. Il observa l'étrange personnage assis près de lui, un colosse, qui écrivait sur un bloc de papier tout en consultant plusieurs ouvrages posés sur une petite table devant lui, certains en hébreu, d'autres apparemment en latin que comprenait correctement Salmon. Il devait s'agir de livres consacrés aux manuscrits de Qumran, leurs couvertures montrant des images de parchemins très anciens et des jarres très significatives de la région.

— Vos écrits concernent-ils les manuscrits de Qumran ? ne put s'empêcher de demander Salmon.

L'homme comprenait le français et il répondit avec un petit accent :

— Oui, je suis italien et je viens de Rome. Je fais une étude pour ma paroisse. Je suis Dominicain, tout comme le Père Roland de Vaux, un français, qui fut le directeur de l'école biblique et archéologique française de Jérusalem dans les années 50.

— Oui, je sais qui était ce Prêtre. Moi, j'ai connu à la Sainte Baume dans le sud de la France, du côté de Toulon, il y a plus de vingt ans un dominicain, tout de blanc vêtu, lui aussi très versé dans les écritures saintes.

— Notre ordre comprend de nombreux frères spécialisés dans l'étude et l'interprétation des textes bibliques. Et, poursuivit-il avec un petit sourire, nous ne sommes pas toujours obligés de nous habiller en blanc.

— Cette histoire me passionne aussi, répondit Salmon et je suis également ici un peu pour cette secte juive, qui vivaient dans la région il y a plus de deux mille ans. En quoi consiste votre travail ?

— C'est complexe, disons qu'après avoir décortiqué le rouleau de Damas qui pour moi comporte les textes les plus importants des Esséniens, qui se considéraient comme le vrai Israël, j'en relève les phrases les plus symboliques. Elles sont toutes très imagées, l'utilisation des paraboles est une constante chez les esséniens. J'en ai fait un petit inventaire.

— Vraiment impressionnant, dit Salmon. Et là, poursuivit-il, tout en montrant un autre livre écrit en latin.

— C'est autre chose. J'ai eu la chance d'avoir entre les mains un exemplaire d'un livre datant de 1695 d'Hadrian Reland, un néerlandais. Ce livre écrit en latin s'appelle : PALESTINA.

— Hadrian Reland ! Je ne connais pas, dit Salmon.

— Il était le recteur de l'université d'Utrecht au pays bas, c'était un homme très rigoureux et aux ouvrages reconnus en son temps. Il fut envoyé en 1695 en voyage d'études en Palestine.

— Ce n'est pas commun ! insista Salmon

— Oui il fit un travail remarquable en recensant près de 2 000 villes, villages ou autres lieux de la région tels qu'ils étaient nommés dans les textes bibliques. Il en a fait un ouvrage, contenant de nombreuses cartes et planches gravées, intitulé comme vous le voyez : PALESTINA.

— Extraordinaire ce livre.

— Oui, c'est une photographie exacte de la Palestine à la fin du XVIIe siècle, d'autant que nous n'avons pas beaucoup d'autres documents, disons géographiques, de cette région à cette époque. À chaque fois, Reland mentionne le nom de la localité visitée et le verset biblique exact auquel il se réfère. Il s'intéresse dans cet écrit aux populations de la région et s'efforce d'en faire le recensement.

— C'est excessivement intéressant et quels sont les résultats de cette étude ? poursuivit Salmon.

— Eh bien, selon Reland, un auteur très sérieux, à cette époque la région était très peu peuplée, voire quasiment déserte. La majorité des habitants se concentraient dans les villes de Jérusalem, de Saint Jean d'Acre, de Safed, Yafo, de Tibériade et de Gaza. La population était majoritairement juive, avec quelques chrétiens et peu de musulmans, bédouins pour la plupart. La grande majorité des villes ou villages portaient un nom hébreu, quelques-uns un nom grec ou latin. Pratiquement aucune des villes à l'époque ne possédait un nom arabe. À Jérusalem il y avait 5 000 habitants, presque tous juifs, quelques-uns chrétiens. Tibériade et Safed étaient entièrement juives. Pour Gaza, Reland recensait 500 habitants, moitié juifs, moitié chrétiens. Nazareth était entièrement chrétienne. Et ainsi de suite, les chiffres allant toujours dans le même sens. On trouvait par contre des musulmans à Naplouse tous issus de la même famille : les Natashe.

— Mais ce n'est pas ce que disent les Palestiniens.

— Oui, mais c'est la réalité et les faits sont les faits. En fait c'est surtout au XIXe et au début du XXe siècle que les Arabes sont venus des pays voisins, attirés par le nouvel essor économique de la région, dû à l'arrivée d'immigrants juifs en Palestine.

Salmon était impressionné, il lui fit part de son spectacle sur la paix et lui offrit un extrait des musiques qu'il avait avec lui. Cet homme d'Église le méritait bien. En échange, le Prêtre lui offrit à son tour un livre : *L'ecclésiaste*. Salmon sourit ! Le frère H. Dominique à la Sainte Baume, il y avait plus de vingt ans, lui avait aussi offert un livre sur la descendance de Marie Madeleine.

— *L'Ecclésiaste*, ce magnifique livre de l'Ancien Testament est très important pour le monde chrétien, expliqua le dominicain. Il commence par la phrase : *Moi, Qohéleth, j'ai été roi d'Israël à Jérusalem.* On a longtemps pensé que l'auteur était le roi Salomon, mais en fait ce livre a été écrit plus tardivement, 300 ans avant l'ère chrétienne, certainement par un homme pieux et anonyme, pétri d'humilité, se recommandant de l'illustre roi Salomon à la sagesse bien connue, à un moment où le judaïsme subissait l'influence suffisante et fallacieuse du monde helléniste.

—Je n'avais pas fait le rapprochement de ce texte avec le roi Salomon. Je pensais qu'il faisait partie des canons de l'église, dit Salmon.

— Oui un peu, puisque le mot Qohéleth en hébreu signifie celui qui rassemble et en grec il est traduit par : *ecclésia* qui signifie qui *rassemble* bien sûr. Et dans le christianisme *l'ecclésiaste* rassemble d'où les termes institutions ecclésiastiques, d'où aussi le mot *église* issu directement de ce texte hébraïque.

— Ah je comprends mieux.

— Oui ces textes permettent de comprendre le vide et le désespoir de ceux qui ne connaissent pas Dieu. Il met l'accent sur le caractère passager des choses de ce monde. Surtout c'est dans ce texte qu'on trouve les expressions célèbres que beaucoup attribuent à Salomon ou à ce sage juif. Tout le monde connaît ces expressions qui sont issues de l'Ecclésiaste. Je vous les cite :

« Rien de nouveau sous le soleil

Il y a un temps pour tout

Vanité des vanités, tout est vanité ».

— Je ne savais pas que *Vanité des vanités, tout est vanité* ou *Rien de nouveau sous le soleil,* tellement repris par les hommes sages, d'église ou d'ailleurs, étaient des textes d'origine hébraïque. Merci.

Perplexe, Salmon se retira en répétant : « *vanité tout n'est que vanité.* »

L'ÉCHELLE DE JACOB

Le lendemain, Salmon, tout imprégné des sages propos du dominicain qui lui avait offert le livre l'*ecclésiaste*, prit la direction du promontoire rocheux de Qumran. C'était beau, c'était grave, c'était imposant. Dieu semblait parler aux hommes ici. Dire qu'une partie de l'histoire de l'humanité s'était écrite dans cet endroit et que le monde l'ignorait, comme si l'humilité et la quiétude du site imposaient ce silence coupable aux hommes, laissant aux seuls initiés le droit de savoir. De savoir que Jésus était là au début de son ministère au milieu des Esséniens, de savoir que Moïse, juste en face, dans ce qui aujourd'hui s'appelle la Jordanie, laissa son peuple entrer en Terre promise, de savoir que peut-être là-bas, sur les pentes de cette montagne sacrée se trouvait enfouie quelque part l'Arche d'Alliance. Non, ils préféraient tous, juifs, arabes, chrétiens se recueillir, en masse compacte et presque agressive, dans les vieilles rues de Jérusalem.

Son ordinateur en bandoulière, Salmon monta jusqu'aux premières grottes de Qumran pour faire écouter les maquettes des musiques au ciel. Il resta ainsi longtemps entre méditation et contemplation.

Il était temps maintenant pour lui de se rendre à Ein Gédi et de reprendre l'expérience commencée en 2000, avec l'espoir qu'elle puisse cette fois-ci aller à son terme. À l'époque, il était arrivé trop tard, les grilles du parc fermaient, il n'avait pas pu aller jusqu'au bout et voir où se perdaient les rayons du soleil couchant.

Vers 14 heures, il entreprit avec un peu d'appréhension la montée de cette magnifique oasis du désert, paradis perdu des bouquetins du Néguev. Par chance le gardien laisserait les portes du parc ouvertes jusqu'à 18 heures. Il aurait donc tout le temps de vérifier si au bout de ces rayons de soleil se trouvait un des secrets de l'univers ou un mauvais leurre imaginé par son cerveau défaillant. Il relut une fois de plus la phrase étrange qu'il avait soulignée 23 ans plus tôt :

« *Va sur la montagne au cœur de biche, là où tu jouais avec Adam. À mi-pente tu verras un gros rocher noir dont la forme rappelle la tête d'un lion. Tu y porteras la Porte du ciel qui orne la synagogue de Bagaï et tu la placeras sur ce rocher. Lorsque s'y réfléchiront les rayons du soleil, tu suivras l'ombre portée de la lumière. Alors ton peuple sera sauvé.* »

Il emprunta le sentier des biches, il n'y avait aucun animal comme ce fut le cas en l'an 2000. Alors que le sol crissait sous ses pas mal assurés, il était envahi par une grande émotion, il ne pouvait s'empêcher de penser à tous ces personnages bibliques dont on lui avait tant parlé dans sa jeunesse et qui avaient séjourné ici : le roi David fuyant les troupes de Saül à sa recherche, Joseph venu chercher un apaisement au milieu des palmiers et des cascades de cet Éden improbable ou le prophète Ézéchiel communiant avec le Très Haut dans ce morceau de paradis terrestre. Au bout d'un moment, il arriva au niveau d'une épaisse masse caillouteuse noire qui ressemblait vraiment à *la tête d'un lion.* Il avait eu la bonne idée de prendre le miroir qui se trouvait dans sa chambre d'hôtel. Il allait le placer sur le rocher à tête de lion et attendrait le coucher du soleil pour suivre l'ombre portée de la lumière.

Où l'installer ? Cet endroit était étonnamment sphérique, il avait pourtant sur un de ses côtés une très petite zone de terre rouge qui venait trancher sur l'uniformité sombre du reste du rocher. Notre médecin de Qumran devait-il y installer son miroir ? Il relit le début du message qu'il croyait avoir reçu, il y avait quelques années : « *Va sur la montagne au cœur de biche, là où tu jouais avec Adam.* » Soudain il se souvint d'une conversation qu'il avait eu avec un ami : *« Adam... vient de l'hébreu Adama, qui signifie la terre rouge ! »*. Terre rouge ! Oui, c'est sur le bout de terre rouge qu'il fallait placer le miroir. Il ouvrit le couvercle de son ordinateur, jusqu'à ce qu'il fasse un angle de 130 degrés avec sa base et il y plaça le miroir, puis il attendit en scrutant le ciel.

Il avait coupé son portable, il ne tenait pas à être dérangé, il se devait d'être seul dans ce grand moment de communion avec l'indicible. L'endroit était frais, tranchant avec les températures habituellement effroyablement élevées au niveau de la mer Morte. Cette situation était logique, le rocher était encaissé dans une sorte de défilé étroit, à l'ombre presque tout le temps, les rayons du soleil ne s'y réfléchiraient qu'un court instant, en fin de journée. Il faudrait faire vite.

Il attendit avec fébrilité. Enfin ce fut l'heure : un éclat de lumière apparut se réfléchissant sur le miroir. Il fallait suivre le rayon lumineux, dans une minute il disparaîtrait. Il s'enfonça dans des taillis peu touffus, il arriva sur une zone sèche remplie de cailloux, très vieux, certains gris noir, oxydés semblant ici depuis la nuit des temps. Rien que des gravats ! Il était déçu. Mais non ! Le rayon s'était figé sur une pierre complètement cachée portant une inscription manifestement très ancienne, un dessin plutôt fait par la main de l'homme : une porte soutenue par deux portiques, « La Porte du ciel ? »

Notre médecin de Qumran resta un long moment devant cette pierre qu'il prit la précaution d'immortaliser, car il avait eu la bonne idée de prendre un petit appareil photo.

D'où venait-elle ? Avait-elle été cachée quelque part dans le désert et puis elle se serait retrouvée là, après avoir été transportée sur des kilomètres et des kilomètres, par les quelques rares pluies que peuvent subir ces endroits et qui ont alors l'effet d'un torrent tourmenté et dévastateur.

Cette pierre était-elle *la Porte du ciel* qui le hantait depuis qu'il était venu en Israël et qui bousculait son esprit sans qu'il en comprenne la raison ? Était-ce la pierre de fondement du Temple de Jérusalem, la pierre du Saint des Saints ? Il réalisa l'importance de ce qui se trouvait à ses pieds. Il était face à une pierre qui avait eu peut-être, ou peut-être pas bien sûr, une histoire extraordinaire, une pierre sacrée, qui sait. Il la prit dans ses mains et la caressa. Dieu qu'elle était légère ! Elle avait manifestement été taillée par la main de l'homme, il y avait fort longtemps.

Un moment il fut tenté de la ramener avec lui à Paris. Non, elle ne pouvait pas lui appartenir. Devait-il en parler en Israël, à certaines autorités compétentes ? Il se souvint de la phrase de l'*ecclésiaste* attribuée à Salomon : « *Vanité, tout n'est que vanité.* » Non, l'homme ne la méritait pas, il était trop perdu dans ses désirs de conquête et de destruction. Il n'était pas encore prêt à recevoir un tel objet. Il décida de la laisser dans cet endroit, perdue au milieu de rien, dans sa solitude effrayante, jusqu'au jour où la fraternité des hommes permettrait à « *son peuple d'être sauvé* », tel qu'il l'avait souligné dans sa phrase mythique. Il la regarda une dernière fois avant de l'abandonner, là où il l'avait trouvée. Elle appartenait à Dieu et pas au simple Mortel qu'il était.

Son second message reçu à En Gédi 23 ans plus tôt venait enfin de se concrétiser. Là aussi il pouvait évoquer une des phrases phares de l'ecclésiaste, *il y a un temps pour tout*, traduction biblique de l'expression moderne, demandant au temps de prendre son temps. L'homme pressé croit que tout peut et même doit arriver durant son éphémère passage sur cette Terre, alors que la vie nécessite des millions d'années pour devenir la vie.

Il pensa alors à cette étrange phrase que lui avait soufflée le journaliste Stéphane Toune sur la plage de Tel Aviv, là aussi en l'an 2000, et qui semblait complètement adaptée à la situation qu'il venait de vivre :

« *Si une révélation authentique doit arriver, tu es porteur d'une force bouleversante qui, obligatoirement, déclenche des forces contraires. Si elle arrive à maturité, elle peut vaincre ces forces contraires, sinon elle est détruite.* »

Apaisé, avec la sensation du devoir accompli, le médecin de Qumran rentra sur Paris. Il retournerait le 14 octobre en Israël avec Rachel pour son spectacle musical sur la paix.

« Rien de nouveau sous le soleil »

Mai 2024

Les tragiques évènements d'Israël avaient obligé Salmon et Rachel à annuler leur voyage d'octobre 2023 et à reporter les rendez-vous pris concernant le spectacle :

QUMRAN – Il était une fois la Paix.

Six mois plus tard, ils étaient toujours en état de sidération, mais la vie continuait. Ils avaient invité, chez eux à Boulogne, Daphna Benichou en visite officielle à Paris. Responsable des Français résidents en Israël, elle avait eu plusieurs rendez-vous avec le ministère des affaires étrangères. Elle était appelée, par ses interlocuteurs, la tigresse de Tel Aviv tant elle défendait bec et ongles ses administrés, dont certains étaient les parents d'otages encore aux mains du Hamas. Elle s'était rendue à Be'eri, un des kibboutz martyrs, où on avait recensé de nombreux morts. Les traces du carnage étaient toujours très visibles et il faudrait beaucoup de temps pour oublier, pour peu qu'on puisse oublier de telles horreurs. Ô ironie du sort ! Le mémorial du «Farhud», terme signifiant pogrom en arabe, édifié à Be'eri, commémorant les massacres de 1941 contre les juifs en Irak, où ils étaient présents pourtant depuis l'époque babylonienne, servit aux terroristes du Hamas de lieu de regroupement. Daphna avait été frappée par le destin aussi horrible qu'héroïque d'une jeune ambulancière qui s'était retranchée dans la clinique de Be'eri. Elle avait communiqué par téléphone jusqu'au dernier moment avec ses sœurs.

— Il y a une infirmière et un dentiste avec moi, avait-elle dit. Nous faisons ce que nous pouvons pour soigner les blessés, plusieurs personnes se vident de leur sang, on essaie de les soigner, mais c'est compliqué. Il y a des morts avec nous, on est bloqué ici depuis 6 heures. C'est sans fin. Il y a beaucoup de terroristes dans le kibboutz. Ils sont dans les maisons des gens.

Un moment plus tard elle envoya un dernier message :

« *Ils sont dans la clinique. Je viens de me cacher dans la cuisine, avec un couteau. Je ne pense pas pouvoir m'en sortir. Soyez forts s'il m'arrive quelque chose, je vous aime. Ils sont sur moi ! Ils ont tiré sur mes jambes !* »

Puis ce fut le silence.

— Il y a d'autres histoires aussi terribles Salmon, dit Daphna. Vous comprenez pourquoi nous n'en sommes pas encore remis en Israël, pourquoi nous sommes toujours dans l'angoisse.

Salmon eut une pensée émue pour sa petite-cousine Eva Moatti, infirmière, qui, 77 ans plus tôt, avait été assassinée par un terroriste après avoir participé à la construction de Be'eri. Étrange destinée parallèle !

— Merci pour cette invitation Salmon, poursuivit Daphna, tout en dégustant un carré de chocolat à la menthe, je ne pouvais pas repartir en Israël sans vous rencontrer et cela me fait beaucoup de bien. Vous êtes en pleine verdure ici et vous pouvez aisément vous évader, ce n'est pas le cas chez nous. Je rentre après-demain à Tel Aviv et j'ai encore beaucoup de travail. J'ai rencontré une étudiante d'une grande école parisienne, elle veut partir en Israël. Elle ne m'a pas masqué son désarroi. Voilà ce qu'elle a dit :

« *Après la terrible attaque du 7 octobre du Hamas contre les kibboutz bordant le Néguev, ce fut le silence total dans mon école et ailleurs aussi. Il n'y eut aucune compassion, aucune manifestation ou témoignage de soutien pour toutes ces victimes du Hamas. Par contre, quand quelques jours plus tard Israël commença à riposter, ce fut un déchaînement de haine contre lui, qu'on traitait d'État colonial. Pire, à Science Po, une de mes meilleures amies s'est fait interdire l'accès à un amphithéâtre parce que juive sioniste, sans que personne ne connaisse ses opinions politiques, d'autres ont été menacés ou se sont fait éjecter de groupes de soi-disant amis pour les mêmes raisons.* »

Vous voyez, Salmon tout est dit dans le témoignage de cette étudiante, qui est pourtant pour la solution à deux états au Moyen Orient, comme elle me l'a indiqué, et qui n'apprécie pas le gouvernement israélien actuel, trop rigide et pas assez ouvert selon elle. Quel comportement doit-elle avoir quand elle est obligée, par peur, de cacher l'étoile de David qu'elle portait jusqu'alors tout naturellement autour du cou.

Salmon hocha la tête, il en avait gros sur le cœur, lui aussi :

— Ils ont tout oublié ces gens à la cervelle fractionnée ! Ils ont oublié la solution finale prônée par les nazis, ils ont oublié les horribles bûchers de l'Inquisition espagnole contre les juifs, ils ont oublié les massacres et les conversions forcés en terre d'Islam pendant les siècles obscurs, seul compte dorénavant pour les extrêmes d'aujourd'hui l'éradication de l'entité sioniste. Mais bien sûr, disent-ils, ils ne sont absolument pas antisémites. Pour eux, il n'y aura, après, qu'un État libre, du Jourdain à la mer, débarrassé de l'idéologie coloniale et libérale qu'est, toujours selon eux, Israël, oubliant totalement la charte terrifiante du Hamas et le soutien très fort de ses sympathisants.

— C'est plus diabolique que ça, s'indigna Rachel. La gauche, surtout l'extrême gauche, a toujours été la grande spécialiste de la décolonisation. Il fallait libérer les peuples opprimés, dont les Arabes bien entendu, de l'occident dominateur et mauvais. La plupart de ces pays sont aujourd'hui indépendants et le prétexte colonial ne peut plus alimenter le fonds de commerce de ces gens. Donc ils se ruent sur ce tout petit bout de terre, à peine visible sur une carte, noyé au milieu d'une masse d'États arabes, mais, oh sacrilège, occupé par des gens, les juifs bien sûr, qui, même s'ils sont sur la terre de leurs ancêtres, représentent encore l'occident coupable. Donc haro sur le baudet ! Ces extrémistes malhonnêtes ont enfin un nouvel os à ronger. Voilà l'histoire.

La conversation continua quelques minutes avec l'espoir que tout se calme et que le spectacle Qumran soit bientôt à l'ordre du jour. Puis Daphna prit congé.

Salmon médita quelques instants encore. Force était de constater que l'histoire était un éternel recommencement. Certes le nazisme était mort, mais il était remplacé subrepticement par un extrémisme islamiste, savamment entretenu par les perfides réseaux sociaux, qui envahissent insidieusement le monde civilisé. Cette dogmatique nébuleuse rétrograde est en train de se développer sous l'œil amorphe des nombreux modérés de tous bords, craintifs, qui, sous le prétexte de ne pas mettre de l'huile sur le feu, laissent et laisseront faire, même la tête sur le billot. On pourrait alors craindre une nouvelle ère de violence et d'intolérance touchant alors juifs et non juifs, ici et ailleurs, si, par malheur, ces monarques de l'obscur prenaient le pouvoir. Enfin comment ne pas voir la nouvelle croisade que mènent de façon perfice un certaine nombre d'états, guidés par l'Iran et l'Afrique du Sud. Israël doit disparaître. Ses habitants reviendraient ainsi, ce qu'ils ont été durant 2000 ans, des parias de l'histoire.

Mais Salmon ne voulait pas rester sur ces idées noires qui cognaient à sa porte. Il avait au fond de son âme, depuis toujours, une petite lumière d'espérance qui, il le savait, ne s'éteindrait jamais. « *Liberté, liberté chérie* », avait dit Rouget de l'Isle dans la *Marseillaise.* Plût au Ciel que la civilisation des lumières puisse continuer à déclamer une telle phrase et que ces idéologues de l'extrême soient chassés par la connaissance qui brillera dans le monde, où plus jamais il n'y aura de Folie.

Salmon eut une pensée émue pour son compositeur qui venait de quitter ce monde. Mais l'œuvre QUMRAN était là pour le meilleur et pour la fraternité.

Salmon pensa à cette phrase trouvée par son amie Corinne, la négociatrice de biens, dans un livre consacré à l'Islam : « *Ton Seigneur ne t'a pas abandonné… Il t'a trouvé égaré, il t'a guidé… Il t'a trouvé miséreux, il t'a enrichi.* »

Eh bien, Inch'allah, un jour Dieu guiderait et enrichirait à nouveau les fils d'Abraham vers une paix commune.

Rachel à ses côtés, il regarda de sa fenêtre les arbres de ce magnifique bois de Boulogne à la si radieuse clarté qui berçait son quotidien. En attendant la venue de cette belle prophétie dictée par cette magnifique phrase du Coran, il ferma les yeux et pensa aux mots immortels du Roi Salomon dans l'*Ecclésiaste*: « *Rien de nouveau sous le soleil* ».

Le peuple du livre
3 000 ans d'histoire

LA PARENTHÈSE DE L'OUBLI
DES HÉBREUX À L'EMPIRE OTTOMAN

Il est dit dans les textes sacrés qu'un jour, Jacob, le fils d'Isaac, s'assoupit sur une Pierre et rêva d'une échelle sur laquelle montaient et descendaient des anges du ciel. À son réveil il ne put s'empêcher de dire avec gravité : « *Que cet endroit est redoutable, ceci n'est autre que la maison de Dieu et ici est la Porte du ciel* ». C'était le Mont Moriah.

C'est sur cette Pierre du Mont Moriah que fut placée l'arche d'alliance, contenant les tables de la loi reçues par Moïse, lors de la construction du Temple de Jérusalem par le roi Salomon.

Ce Mont Moriah, autour duquel s'est édifiée la ville de Jérusalem, fut le point de départ de l'une des plus fabuleuses épopées de l'histoire de l'humanité.

Jérusalem, cet axe du monde des temps anciens, que les cartographes du Moyen-Âge reproduisaient par le pistil d'une fleur et dont les pétales représentaient le reste du monde, fut conçue par David, le roi des Hébreux. Il en fit la capitale du royaume d'Israël.

Cette cité immortelle, que les exilés juifs en diaspora ont pleurée durant deux millénaires, en psalmodiant dans chacune de leurs prières : « que ma main droite se brise et que ma langue se dessèche sur mon palais si je t'oublie ! Oh Jérusalem ! », cette cité, légende indicible des Cieux, dont se réclament tant de nations, fut l'objet de toutes les convoitises.

Cette ville mythique, s'étalant sur des collines à l'atmosphère pure, aux milieux des cèdres, des cyprès et des pins permet à l'esprit de communier avec l'indicible. Baignée de lumière dans un ciel éclatant, où l'on sent peser sur soi le poids de l'histoire, de la force et de la foi, Jérusalem n'est pourtant qu'un simple petit bout de Terre, mais sur lequel repose tout le poids de l'humanité. Bâtie sur ce rocher mythique, maintes fois détruite et maintes fois reconstruites, surgissant aux sommets de nulle part, la cité multimillénaire est entourée de montagnes présentes pour l'Éternité.

À Jérusalem les imposants minarets, protégés par les muezzins à la voix perçante appelant les fidèles à la prière, rivalisent fièrement avec la sonnerie des cloches des églises voisines aux coupoles bariolées accueillant les pèlerins. Plus loin, au pied du mur des lamentations, se fait entendre le cri déchirant du *choffar,* symbolisant la corne du bélier qui remplaça Isaac sur le rocher du Mont du Temple, lors du sacrifice d'Abraham. Étrange Jérusalem où les différentes communautés dans ce XXIe siècle belliqueux se croisent sans se regarder !

Un jour un homme appelé Jésus de Nazareth chassa les marchands du Temple et apporta la Bonne Nouvelle. Alors les soldats de Ponce Pilate le crucifièrent, avant que son message de paix et d'amour n'ébranle avec force et douceur le monde civilisé de l'époque. Mais Jérusalem fut détruite sans pitié par les légions romaines, Titus leur guide en tête, amenant jusque dans les affres du néant les juifs qu'ils haïssaient. Les prêtres, servants immuables de Dieu, furent outragés et empalés, holocauste que la mémoire de tous à jamais n'oubliera

Le Temple de la Bible, joyau consacré à l'amour du divin, qui avait rayonné au cœur des hommes, fut brûlé en l'année 70. Il ne resta de sa splendeur qu'une muraille de soutènement, devenue avec le temps le Mur des Lamentations.

Malgré une résistance qui dura plus d'un siècle, Les juifs furent interdits de séjour dans la cité Sainte. Ils partirent en Galilée et dans les villes côtières qui devinrent les nouveaux centres de la vie des gens du Livre. Afin de punir Israël de sa révolte et d'effacer tout lien avec sa terre, Hadrien débaptisa cette région, il l'appela la province de Syrie-Palestine. Beaucoup prirent le chemin de l'exil, se réfugiant parmi les nations du monde, même si de nombreux noyaux d'irréductibles restèrent, assumant durant deux millénaires la continuité de la parole divine en Terre Sainte.

Lorsque l'empereur romain Constantin, en l'an 312, se convertit au christianisme tout changea. Jérusalem redevint Jérusalem et le monde chrétien redécouvrit avec bonheur la ville sainte. Sur tous les lieux visités par Jésus, on fit bâtir des églises et des sanctuaires.

Au VIIe siècle, Allah s'ajouta à Jéhovah et la vague de l'Islam submergea l'Orient. Le croissant prit le dessus sur la croix. Juifs et chrétiens n'eurent plus le droit de monter à cheval et durent porter un signe distinctif. Les mosquées remplacèrent les églises. L'esplanade du temple devint « Haram Ech-chérif », l'enclave sublime, et sur l'emplacement du Saint des Saints, le 5ème calife des Omeyyades fit construire la coupole du Rocher, appelé « la mosquée d'Omar ».

Puis les occupations s'enchaînèrent, les Seldjoukides succédèrent aux Omeyyades à leur tour chassés par les Fatimides. Les conquérants changèrent mais les communautés restèrent. Jérusalem fut divisée en trois grands secteurs : Le quartier juif non loin du Mur, le quartier chrétien tout près du Saint Sépulcre et le quartier musulman au niveau de l'aire du Temple.

Mais le temps de la révolte sonna en Europe, ce fut l'époque des croisades pour la délivrance du tombeau du christ. Le 15 juillet 1099, Godefroi de Bouillon entra à Jérusalem. Juifs et musulmans furent massacrés. Les mosquées redevinrent des églises et le Croissant fut remplacé par la Croix. La mosquée d'El-Aksa devint le Temple de Salomon et la Coupole du Rocher, le Temple du Seigneur. Entre le marteau et l'enclume, entre l'Islam vaincu et la Chrétienté triomphante, les misérables communautés juives présentes encore en Terre

Sainte survivaient, dans l'espoir qu'un jour l'Éternel se souvienne de son peuple.

Il s'installa alors un cycle de guerres entre chrétiens et musulmans. Ce fut d'abord Saladin qui, en 1187, en habile stratège, reprit Jérusalem, pour en faire de nouveau un des grands sanctuaires de l'Islam. La chrétienté résista, elle ne voulait pas s'avouer vaincue, mais l'éclatante prise de Saint Jean d'Acre un siècle plus tard, en 1291, par les Mamelouks, sonna le glas des croisés.

En 1517 les ottomans devinrent les maîtres de la région et la Palestine ne fut plus qu'une petite province de ce grand empire, comprenant la Turquie, les Balkans et les rives sud et est de la Méditerranée.

Le royaume de la « Sublime Porte » dura quatre siècles. D'abord flamboyant entre 1520 et 1566 au temps de Soliman le Magnifique, l'Empire Ottoman commença à décliner au milieu du XIXe siècle. Jérusalem était devenue une cité pauvre, sans intérêt et la région laissée à l'abandon. Les juifs religieux, soumis à la loi du *Dhimmi*, consacraient leur temps à l'étude, les Arabes, fatalistes, au gré de leurs nomadismes plus ou moins réguliers, y vivaient misérablement.

Mais l'histoire était en marche, un vent d'espoir souffla subrepticement dans cette région du monde à la fin de ce XIXe siècle. Une poignée de juifs, suivie par d'autres et d'autres encore, fuyant les pogroms sanglants qui jalonnaient leur vie en Russie, montèrent en Terre Sainte. Ils avaient à peine conscience qu'une idée folle était en train de faire son chemin de l'autre côté, en Europe, une idée véhiculée par Théodore Herzl, un visionnaire. Cet homme, à la longue barbe noire, aux yeux brûlants, n'avait qu'un seul objectif: créer un état juif.

LE MARCHÉ DES DUPES

DE L'EMPIRE OTTOMAN A LA CRÉATION DE L'ÉTAT D'ISRAËL

Lors de la Première Guerre mondiale, « La Sublime Porte » s'allia aux Allemands. C'est alors que le chérif de La Mecque, descendant de la famille du prophète Mohammed, lança la Grande Révolte de la nation arabe contre l'Empire Ottoman, avec l'aide des puissances occidentales. Il voulait se libérer de la tutelle ottomane et que les Arabes aient un grand état libre, allant d'« Aden à Alep ». Parallèlement le 2 novembre 1917 la Grande Bretagne indiquait, par « la déclaration Balfour », qu'elle *envisageait favorablement l'établissement en Palestine d'un foyer national juif.*

Les nationalismes arabe et juif avaient un but commun: s'allier pour mettre fin à l'emprise ottomane sur ces immenses territoires. Aussi le 3 juin 1919, l'Émir Fayçal, le fils du chérif de La Mecque, tout auréolé de son rôle majeur dans la Grande révolte arabe, et Chaïm Weizmann, qui deviendra le président de l'Organisation Sioniste Mondiale, signèrent un accord marquant l'approbation de l'émir pour les termes de la déclaration Balfour, en parallèle de la création d'un grand État arabe.

Mais après la guerre la Grande Bretagne ne tint pas parole, elle voyait d'un mauvais œil l'émergence d'un État arabe trop grand et trop puissant et l'accord entre Fayçal et Weismann ne put voir le jour. À la conférence d'avril 1920 de San Remo, Les Occidentaux démantelèrent l'Empire ottoman qui dut renoncer à ses territoires situés hors de l'Anatolie (actuelle Turquie), le reste étant partagé essentiellement entre la Grande Bretagne et la France sous forme de Protectorat. Ils laissèrent des miettes à l'Émir Fayçal chassé de Damas par la France, qui avait récupéré le mandat sur la Syrie et le Liban. Les Britanniques, quant à eux, nommèrent en 1921 Hadj Amine el Husseini, Grand Mufti de Jérusalem. Cet homme qui fut un allié inconditionnel d'Hitler bouleversa la donne au Moyen Orient par sa haine des juifs. Il devint le chef de l'Exécutif islamique international. Son pouvoir politique et spirituel était immense et son aura s'étendait dans tout le monde arabe.

Pendant ce temps, la minorité juive, qui représentait 18 % de la population en 1931 passa à 30 % en décembre 1935. De nouveaux kibboutz virent le jour augmentant de manière significative le nombre de ceux qui existaient déjà. Les Arabes réagirent avec inquiétude et violence, reprochant aux Anglais de pencher du côté des juifs. Chauffées à blanc par les harangues du grand mufti de Jérusalem, les foules arabes déclenchèrent des émeutes sanglantes, en 1920, 1926 et 1936 aux cris de « morts aux juifs ». On dénombra plusieurs centaines de morts.

Les Anglais, mandataires de la Palestine, étaient inquiets devant la tournure des évènements, ils ne voulaient pas s'aliéner le monde arabe, alors ils changèrent de tactique et ils publièrent un livre blanc en 1939 très favorable aux Arabes, limitant l'immigration juive et l'achat de terres par ces derniers. C'était une catastrophe pour les juifs, la déclaration Balfour était bafouée. Mais cette discrimination draconienne et injuste loin de les décourager leur donna au contraire encore plus de force. Le vent de la liberté était en marche et rien ni personne ne l'arrêterait. Les 2 000 ans de souffrance et d'humiliation étaient terminées et les mouvements sionistes organisèrent la résistance. Bravant l'interdiction, des terrains furent achetés, en utilisant les vieilles lois ottomanes qui n'avaient pas été abolies et qui permettaient ce genre d'initiatives. Ainsi purent-ils acquérir en toute légalité des terres avec l'accord des propriétaires arabes ou turcs. Sitôt achetées, des étendues de terre abandonnées depuis des lustres étaient cultivées par des hommes et des femmes, pétris de ce nouvel idéal et à qui rien ne faisait peur, devant le regard étonné, envieux et courroucé des Arabes.

La tâche était immense et les juifs avaient compris qu'il fallait changer d'allié, les Anglais n'étaient pas fiables. Ils se tournèrent alors vers les États-Unis et l'importante communauté juive de là-bas. Mais la seconde guerre mondiale calma leur ardeur et ils se rangèrent, sans aucune hésitation, derrière la Grande Bretagne, remettant à plus tard leur désir d'indépendance.

En 1945, après tous les massacres subis par le Peuple du Livre et l'ordre nouveau qui se mettait en place, le mouvement sioniste, plein d'espoir, reprit la lutte pour la création de l'État d'Israël. Il y avait David Ben Gourion à sa tête, plus incisif que le vieillissant Haïm Weizmann. « La première guerre mondiale nous a apporté la déclaration Balfour, la seconde nous apportera un état juif. » déclara-t-il.

Toujours en 1945 le roi Abdallah Ier de Jordanie fit part aux Britanniques de son désir de constituer une « Grande Syrie » avec la Syrie, le Liban, La Palestine et la Transjordanie à côté d'un état juif. Cette attitude provoqua l'inimitié des autres responsables arabes qui refusaient quelque état juif que ce soit.

Puis ce fut la douche froide, l'arrivée au pouvoir en Grande Bretagne du parti travailliste imposa des mesures très contraignantes, empêchant l'immigration en Palestine des survivants de la Shoah. Il s'agissait de réduire le foyer national juif, promis par la déclaration Balfour, aux proportions d'un ghetto confiné dans une étroite bande de terre située ente Tel Aviv et Haïfa.

Pour couronner le tout, le grand mufti de Jérusalem, soutien inconditionnel d'Hitler et qui semblait être voué à la corde, s'enfuit de Paris le 28 mai 1946, où il était en résidence surveillée. Il se réfugia au Caire, malgré les demandes d'extradition des alliés pour qu'il soit jugé en tant que criminel de guerre. Là, il reprit la direction du Haut Comité arabe avec la même haine contre les juifs, en jouissant toujours d'un prestige immense auprès des populations arabes.

Le Peuple du Livre ne pouvait encore une fois se laisser écraser par l'histoire. Bouc émissaire de l'humanité en tant qu'individus, il ne serait pas le bouc émissaire en tant que nation. Il devait continuer le combat pour avoir son état.

Excédés devant l'intransigeance et les versatilités arabes, après deux années de tractations infructueuses, les Anglais mirent la question palestinienne aux mains de l'ONU. Trois jours avant le vote du partage, Golda Meir, habillée en femme arabe, rencontra secrètement le modéré roi Abdallah 1er de Jordanie pour établir un accord. Le roi lui proposa une fusion entre la Palestine et la Jordanie à côté d'un état juif. Mais l'accord ne put voir le jour, devant le refus du reste du monde arabe et surtout de l'influent Grand Mufti de Jérusalem.

Le 29 novembre 1947, malgré le rejet du monde arabe, l'ONU vota le plan de partage de la Palestine. Dès le lendemain, la guerre civile éclata en Terre Sainte sous le regard passif des Britanniques qui préparaient leur retrait. Les communautés juives et arabes palestiniennes s'affrontèrent avec violence.

Le 14 mai 1948, après le départ des Britanniques l'État d'Israël déclara son indépendance, alors que les armées arabes de Transjordanie, d'Égypte, d'Irak et de Syrie entraient en guerre contre le nouvel état.

Le 20 juillet 1951, le roi Abdallah de Jordanie était abattu par un des partisans du Grand Mufti de Jérusalem. Avec lui, disparaissait le plus bel espoir de compromis entre Arabes et Israéliens.

Mais après 2000 ans d'exil, envers et contre tout, le Peuple du Livre retournait définitivement sur la terre de ses ancêtres.

Annexe

Ici, d	3,1	**D**
Est, inée	3,14	**E**
Mag, i	3,141	**I**
Que, del'a	3,1415	**A**
Rch, esaintetr	3,14159	**R**
Eso, rc	3,141592	**C**
Ach, éde«Sa	3,1415926	**A**
Lom, on »Di	3,14159265	**I**
Eua, don	3,141592653	**N**
Nés, urleM	3,1415926535	**M**
Ont, SinaïàMo	3,14159265358	**O**
Ïse, sonallia***n***	3,141592653589	**N**
Cea, veclest	3,1415926535897	**T**
Abl,esdelaloi	3,14159265358979	**I**
Ap, rès	3,141592653589793	**S**
Cep,en	3,1415926535897932	**N**
Dan, tle	3,14159265358979323	**E**

Tem, pledelaB	3,141592653589793238	**B**
Ibl, e,jo	3,1415926535897932384	**O**
Yau, consac	3, 14159265358979323846	**C**
Réà, la	3,141592653589793238462	**A**
Mou, rdudiv	3,1415926535897932384626	**V**
in,,rayo	3, 14159265358979323846264	**O**
nna,auc	3,141592653589793238462643	**C**
œu, rd*e*	3,1415926535897932384626433	**E**
sho, mmes. Etl	3,14159265358979323846264338	**L**
esr, oma	3,141592653589793238462643383	**A**
ins,,T	3, 1415926535897932384626433832	**T**
itu,sleurgu	3,14159265358979323846264338327	**U**
ide, entête,am	3,141592653589793238462643383279	**M**
enè, rentj	3, 1415926535897932384626433832795	**J**
usq, ue	3,14159265358979323846264338327952	**E**
dan, slesaffr	3,141592653589793238462643383279528	**R**
esd, unéantle	3,1415926535897932384626433832795288	**E**
sju, ifsm	3,14159265358979323846264338327952884	**M**
aud, i	3,141592653589793238462643383279528841	**I**
ts., LeTemplea	3, 1415926535897932384626433832795288419	**A**
lor,setlesP	3,14159265358979323846264338327952884197	**P**
rêt, r	3,141592653589793238462643383279528841971	**R**
esf, urento	3,1415926535897932384626433832795288419716	**O**

utr, agésetemp 3,14159265358979323846264338327952884197
169 **P**

alé, s,h 3,1415926535897932384626433832795288419
71693 **H**

olo, causteque 3, 141592653589793238462643383279528841971693 9 **E**

lam, émoiredet 3,14159265358979323846264338327952884197
169399 **T**

ous, àja 3,14159265358979323846264338327952884197
1693993 **A**

Ce qui donne en relevant les lettres dans l'ordre, un message en latin :

"DEI ARCA IN MONTIS NEBO CAVO CELATUM JEREMIA PROPHETA".

Table des matières

Éditions Erick Bonnier
5, rue du Helder
75009 Paris

N° d'impression :

6